Vol.101
2025 June

나들이 Small Journey

ISSN 2287-4216
ISBN 979-11-6754-042-3
KRW 18,000

9 791167 540423 03070

Hanroro, Kim Nahum & Ahn Sungkyung, Yi Seula, Boooruru,
Dong Kyungjin & Lee Juhee, JazzyMind, Kim Sujin, Soeon, Moon Yejin,
SongAh Choi, Museorok, THERMOS, Frauke Hameister

다시 시작하는 마음으로 101호를 준비했습니다. 《AROUND》 1호는 '캠핑'이라는 주제로 집 밖에서 천천히 걸으며 자연을 느끼는 이야기를 담았었죠. 그 마음을 다시 꺼내봤습니다. 길고 먼 여행, 잠깐 걷다 오는 산책이 아닌 지치지 않을 만큼의 짐과 여정으로 삶에 기운과 기쁨을 주는 정도의 여행을 말하고 싶었어요. 그러다 '집을 떠나 가까운 곳에 잠시 다녀오는 일'이라는 의미의 '나들이'가 떠올랐습니다. 거리상으로 어디까지를 나들이라고 해야 할지 애매모호한 주제에 사람들은 어떤 이야기를 꺼내 줄까 궁금해졌어요. 배순탁 작가님은 '나에게 외출은 바로 그 '작은 것'을 목격하기 위한 나만의 작은 여행이다.'라고 말했는데요. 우리가 만난 인터뷰이들 역시 걸으며 기록한 이야기를 음악으로, 글로, 그림으로 각자의 방식으로 표현하고 있었습니다. "산책처럼 인생도 가볍게 걸어 나가면 좋을 텐데." 의진 에디터가 인터뷰 중에 한 말도 마음에 와닿았어요. 산책과 인생의 무게를 비교할 순 없겠지만, 이번 호를 읽고 가벼운 마음으로 어딘가 나설 수 있다면 좋겠습니다.

김이경—편집장

Contents

Chasing Light

빛을 좇아 걷는 길

Along The Trail

CONTAX
CONTAX

Photographer

에디터 **차의진**

만나서 반가워요.

이야기 나누게 되어 기뻐요. 프라우케라고 해요. 독일에서 태어났고 지금은 세계 곳곳의 산과 바다를 여행하며 살아요. 주로 야외 환경에서 작업하는 사진가이자 창작자로 활동하고 있어요. '프라우키'라는 활동명을 쓴답니다.

대화를 나누는 지금은 어디예요?

노르웨이 로포텐Lofoten 제도요. 지금도 시선이 자꾸만 산과 바다가 어우러진 아름다운 풍경에 머물러서 마음이 조금씩 산만해질 정도예요. 저는 카메라를 처음 손에 쥐었을 때부터 로포텐을 오가며 사진을 찍었어요. 언젠가는 정착할 수도 있겠다는 생각이 들 정도로 이곳이 주는 감정은 말로 다 설명하기 어려워요. 그 감상을 사진으로 조금이나마 담아내려 애쓰고 있어요.

자연에 머무는 시간을 무척이나 소중히 여기겠어요. 사진에서도 여유와 행복이 비쳐요.

자연은 저의 중심을 잡아주는 존재예요. 본격적으로 자연을 기록하는 일을 시작하기 전에도, 고향 근처의 숲이나 호숫가로 종종 도망치듯 떠났죠. 숨을 고르고, 조금 천천히 걷고 싶어서요. 그때는 이 모든 것이 직업이 될 거라고는 상상도 못 했지만(웃음). 지금도 마찬가지예요. 다만 무거운 카메라를 메고 산을 오르기보다는 가벼운 마음으로 '트레일 러닝Trail Running'을 하곤 해요. 머릿속을 이렇게나 말끔하게 비워주는 일은 아직 달리기 말고 없는 것 같아요.

문밖으로 떠나는 모험은 어떤 감각을 선물하나요?

자연 속에 있으면 오롯이 지금 이 순간에 집중하게 돼요. 날씨는 순식간에 변하고, 지형을 계속 살피며 걸어야 하니까요. 그러다 보면 어느새 정말 놀라운 세계 안에 들어와 있다는 감각이 생겨요. 책을 읽거나 영화를 볼 때와는 또 다른 몰입감이 있달까요. 밖으로 나가는 일은, 나라는 존재보다 훨씬 더 큰 무언가의 일부가 되는 일처럼 느껴져요.

나들이에서 잊지 못할 순간도 있을 텐데요.

최근에 새로운 친구와 함께 트레일 러닝을 했던 날이 기억나요. 거센 바람이 몰아치고, 빗방울은 옆에서부터 날아들고…. 온통 구름에 덮인 산 정상까지 길을 찾으며 달렸죠. 그러다 어느 순간, 구름이 걷히면서 로포텐의 거친 해안선이 한눈에 내려다보이는 멋진 풍경이 펼쳐졌어요. 그 장면을 마주하니 그동안 얼마나 이 길과 이 장소, 그리고 폭풍을 뚫고 나아가는 감각을 그리워했는지를 깨달았죠.

산과 바다로 떠나지 않는 일상에서 쉼이 필요할 때는 무얼 해요?

여행을 떠나지 않을 때는 독일의 라이프치히Leipzig라는 도시에 살아요. 특히 겨울철엔 회색빛이 도시 전체에 감도는 날이 많죠. 그런 하루가 조금씩 제 기분에 영향을 주는 게 느껴지면, 밖으로 나가요. 도시 안에서도 좋아하는 호수까지 달려보거나, 아늑한 카페에서 커피를 마시며 책을 읽는 것만으로도 다른 세계로 훌쩍 떠날 수 있거든요. 저는 이런 회색빛 겨울 주간들이 오히려 창의적인 에너지를 충전하고, 그동안의 여행을 천천히 되새기게 하는 소중한 시간이라고 믿어요. 그래서 지금은 그 계절마저도 참 고마워요.

프라우케에게 쉼은 왜 중요한지도 궁금해지네요.

저는 쉼이 시원하고 맑은 작은 연못 같다고 생각해요. 그 물은 마음과 몸 그리고 창작의 에너지를 맑게 비워내고, 다시금 방향을 잡도록 도와주죠. 하지만 너무 오래 머무르면 언젠가는 연못이 넘쳐흐르잖아요. 그래서 저는 일정한 루틴 속에서 움직이는 삶을 오히려 편안하게 느껴요. 쉼과 움직임이 서로 균형을 이루어야 비로소 온전히 나를 회복시킬 수 있다는 걸 조금씩 배워가고 있어요.

짧은 여행을 떠날 때 꼭 챙기는 물건도 있어요?

항상 카메라를 챙기죠. 기억하고 싶은 장면을 포착하려고요. 그리고 커피 그라인더와 개인 컵도 꼭 함께 가져가요. 제 컵을 가지고 가는 건 말로 설명하기 힘든 묘한 안정감을 줘요.

어떤 기분인지 어렴풋이 알 듯해요(웃음). 여행에서 셔터를 누른 건 언제부터예요?

처음엔 휴대폰 카메라를 썼는데요. 어느 순간 첫 카메라를 장만했고, 이제는 간소한 장비로도 흥미로운 순간을 놓치지 않을 수 있는 방법을 찾으려 노력하고 있어요. 가끔은 느림과 예측 불가능함이 주는 매력을 경험하고 싶어서 필름 카메라도 챙기고요. 저에게 사진의 기쁨이란, 빛을 좇아 달리고 그 과정에서 느끼는 감정을 포착하는 데 있어요.

사진으로 전하고 싶은 이야기도 있어요?

제 사진으로 사람들이 자연에 더 깊은 관심을 가지길 바라요. 자연이 단지 아름답기 때문만이 아니라, 우리가 그 일부니까요. 자연과 더 긴밀히 연결될수록 사람은 더 행복한 존재가 된다는 걸 진심으로 믿거든요. 제가 바라는 건 단지 사람들이 호기심을 갖고 사진에 가까이 다가오는 거예요. 그게 전부죠.

초록빛을 귀하게 여기는 마음으로 바깥을 거닐어보고 싶어지는 대화였어요. 나들이를 좋아하지 않는 친구를 여행에 초대하고 싶다면, 어떤 말을 할까요?

어디 조용한 곳으로 가자고요. 아무런 압박이나 목표 없이, 텐트에서 아늑한 시간을 보내고 맛있는 간식도 나누자고요. 이렇게나 편안할 수 있다는 사실에 깜짝 놀라게 될 거예요.

H. Instagram.com/frauki

"아슬히 고개 내민 내게 첫 봄인사를 건네줘요. 피울 수 있게 도와줘요." 어느 날 우리 앞에 불현듯 등장한 뮤지션 한로로는 초봄의 미약한 햇살이라도 기다리던 가냘픈 청춘들 마음에 '입춘'을 보냈다. 그는 알지 못해 괴롭고 불안해서 흔들리는 존재들의 어느 날을 부르기 위해 말의 모서리를 연신 매만졌다. 우리가 맞잡은 손 위에 자신의 것도 포개며 내뱉는 가사가 솔직하지만 따갑지 않은 이유다. 뙤약볕이 쪼아대는 여름 한복판이 무슨 문제랴. 한로로와 그의 노래를 기다리는 이들은 넓은 들판에 모여 같은 가사를 힘껏 읊다가, 마침내 서로의 눈을 응시하며 사랑을 증명한다. 볕을 이기는 마음으로 한 걸음씩 나아가는 한로로를 듣는다.

에디터 이명주 포토그래퍼 Hae Ran 장소 협조 롯지

Our Love Will Save Us
뙤약볕을 이기는 마음으로

한로로—뮤지션

DAVID BOWIE
ZIGGY ON CHANNEL TWO
NACIMIENTO
KYOTO
劇場編
BERLIN
HELLO THERE
Reissue
WORST SKATESHOP
Freiburg
stick-ers.
HANDLE WITH CARE
FRAGILE
THANK YOU
aufbau
Reissue
FAKTOR
SHOP

새로 생긴 과일 가게의 분주한 모습이나 횡단보도를 일제히 건너는 모습을 목격해요. 그럴 때 세상이 진짜 굴러가고 있다는 것, 그 안에 내가 소속되어 있다는 걸 한 번 더 실감해요.

나의 문장은 당신의 마음이 되어

이번 호 주제는 '나들이'예요. 나들이 온 기분으로 대화를 나누고 싶어서 연희동에 자리한 카페로 초대했어요. 어떤가요?
처음 와본 곳인데 마음에 들어요. 목제 가구나 늘어선 화분들, 넓은 창 너머로 초록이 우거진 모습을 보는 걸 좋아하거든요. 눈이 편안할 정도로 나무들이 많은 녹색 풍경을요. 오늘 여름 장마처럼 비가 쏟아져서 걱정했는데 이 공간에서 보니까 그것마저도 잘 어울리는 것 같아요. 다음에 또 오고 싶어요. 그땐 저기 앉을래요.

오늘은 따뜻한 차를 드시네요? 커피를 좋아한다고 들었는데.
앞서 다른 일정에서 이미 한 잔 마시고 왔거든요. 너무 좋아하지만 조금씩 덜 마시려고 노력 중이에요. 그래서 따뜻한 사쿠란보 홍차를 골랐어요. 따뜻한 게 몸에 들어가면 기분 좋으니까…. 그런데 잠깐 사진 찍어도 될까요? 비 오는 날의 나무가 우거진 풍경이 정말 예뻐요. (휴대폰을 꺼낸다.)

일상에서 만나는 작은 자연이 되려 크게 와닿을 때가 있죠. 더 늦기 전에 소개를 부탁해야겠어요.
네. 저는 청춘들을 위해 노래하고, 위로와 사랑을 공유하는 싱어송라이터 한로로라고 합니다. 스스로 소개할 때마다 조금 부끄러운데, 인터뷰니까 좀더 설명을 덧붙여봤어요.

(웃음) **이어서 최근의 일상도 들려주세요. 봄의 끝자락인데 무얼 하면서 지냈어요?**
올해 초 열린 단독 콘서트를 마무리 짓고 난 후에는 여름에 나올 EP 앨범을 꾸준히 준비했어요. 여러 페스티벌이나 공연, 방송에서 노래도 하고요. 쉴 때는 주로 집 근처 동네에서만 머무는데, 혼자 아니면 친구들이랑 좋아하는 카페 찾아서 시간을 보내곤 해요. 제 일상은 보통 이렇게 흘러가요.

8년 만에 내한한 '콜드플레이Coldplay' 콘서트에서 오프닝 무대를 꾸몄는데, 그 소회가 궁금해요.
쉬던 날, 전화로 그 소식을 처음 듣고 깜짝 놀랐던 게 기억나요. 무대에 서게 된 계기는, 음악 관계자분들이 제 단독 콘서트를 직접 보신 후 적극적으로 추천했고, 콜드플레이 측에서 오프닝 무대에 초대할 뮤지션 리스트업 중 만장일치로 저를 골랐다고 들었어요. 세계적으로 유명하고 사랑받는 아티스트의 내한 콘서트에 서는 일이 처음에는 큰 기회이자 부담으로 느껴졌어요. 그 커다란 고양종합운동장에 언제 또 서보겠어요(웃음). 나는 잘 모르겠지만, 그들이 나를 택한 이유는 분명히 있을 거라고 생각하면서 제 역할에만 충실하려고 노력했죠. 오프닝 무대는 본 공연 전에 관객 분위기를 한층 끌어올리는 거잖아요. 잘 해내자는 부담감에 짓눌리기보다 그 역할을 어떻게 해내면 좋을지 집중한 시간이었어요.

이따금 근황을 들려주는 블로그에 얼마 전, 새로운 앨범에 대한 이야기를 올렸던데요. "수정의 수정의 수정의 수정을 거쳐" 소설을 완성했다고요. 어떻게 쓰게 됐어요?
올여름에 나오는 게 세 번째 EP 앨범인데요. 청춘의 아픔이나 사회적 문제의식처럼 지금까지 말해왔던 것들을 좀더 명확하게 보여줘야 할 시점 같았어요. 감사하게도 많은 관심을 얻게 되면서 무얼 하면 그 관심을 더 확 잡아놓을 수 있을지, 나의 강점이 무엇인지에 대해서도 생각을 거듭했죠. 전공이 국문학이기도 하고, 저를 좋아해 주시는 이유가 직접 쓰는 가사나 글이라는 결론에 닿아서 그걸 더 잘하고 싶은 마음으로 소설을 쓰기 시작한 거예요. 앨범이 공개되기 한 달 전쯤에 먼저 제 첫 소설이 출간될 텐데, 책의 배경 음악처럼 앨범을 감상해 주셨으면 좋겠어요. 노래를 들으면 책 속 장면이 떠오르도록 준비했거든요.

소설 쓰는 일은 가사 작업의 호흡과는 완전히 다를 것 같아요.

노래를 만드는 것도 어려운데 그것보다 더 까다로운 소설 작업을 하게 된 거에요(웃음)…. 곡을 위한 가사보다 더 큰 개념인 앨범을 위한 소설을 써야 해서 많은 시간과 집중이 필요했죠. 힘에 부치기도 했지만 결국에는 재미있었어요. 국문학을 배우면서 시나리오 작가를 꿈꿀 때가 있었는데, 아예 다른 일을 하는 지금에 와서 상상한 이야기를 길게 풀어내는 시나리오를 쓰게 됐잖아요. 힘든 와중에도 처음으로 내 책을 만들어 본다는 그 행복이 묘하게 내내 머물렀어요.

더불어 잘하고 못하느냐보다 "어떤 마음으로 첫 도전에 임하느냐"가 중요하다고 적었죠.

늘… 그런 마음가짐으로 살아오고 있어요. 해보고 싶다면 잘하거나 못하는 걸 떠나서 그냥 하는 것 자체가 중요하다고요. 마음먹은 걸 호기롭게 해보고, 최선을 다한 결과가 설사 완벽해 보이지 않더라도 '열심히 했고 재미있었잖아!'라고 마무리 지을 수 있다면 충분하지 않을까요? 그리고 처음부터 잘하는 걸 기대하는 건 솔직히… 욕심 같아요. 처음이라 서툰 게 당연한데 욕심이 들면 오히려 무너지기 쉽더라고요. 기대를 충족하지 못했다는 실망감 같은 거 있잖아요. 일부러라도 가벼운 마음으로 새로운 시도를 해야 흥미를 느끼고 개선점도 적극적으로 찾아낼 수 있다고 생각해요. 만약 내 능력과 너무 먼 일이었다면 '이 길이 아니었구나, 잘 가라!' 하며 빠르게 돌아서면 되잖아요.

그렇게 써 내린 걸 만나게 될 여름을 기대할게요. 제게 여름은 뮤지션 한로로를 만날 기회가 많아지는 반가운 시기로도 느껴져요. 이미 다양한 음악 페스티벌 라인업에서 이름을 봤어요.

날이 갈수록 사람들이 스트레스를 해소하고 싶은 마음이 커지나 봐요. 그래서 페스티벌도 많아지고 그곳을 찾는 사람들도 많아지는 거죠. 어떻게든 인생에서 쉴 구석을 만들기 위해, 아무리 더운 계절이어도 그 순간만큼은 열정적으로 즐기기 위해 모인 걸 알기 때문에, 관객들의 여름을 최대한 예쁘고 즐겁게 만들어 주고 싶어요. 제 일조로 겨울 즈음 '올여름 진짜 재미있었는데!'라고 돌이켜 본다면 기쁘잖아요. 사실 페스티벌에 처음 소개될 때만 해도 무척 긴장했어요. 가창력 평가받듯 노래를 잘해야겠다는 생각으로 무대에 서니 좀 딱딱해 보였겠죠? 지금은 더 놀아보려고 해요. 자유롭게 방방 뛰거나 소리를 지르고, 떼창을 유도하고 물도 뿌리고… 재미와 흥미로움, 편안함까지 줄 수 있는 요소들을 챙기려고요. 관객들이 재미있으려면 제가 먼저 즐거워야 한다는 걸 매해 여름 배워요.

그러고 보니 가장 좋아하는 계절이 여름이죠?

맞아요. 지금처럼 봄에서 여름으로 넘어갈 즈음에는 '드디어 시작된다!' 이런 생각이 들면서 이 계절을 또 어떻게 보낼지 설레요. 물론 오늘처럼 초록색이 가득한 풍경이 제일이지만, 벚꽃이 거의 다 떨어지고 초록 잎이 살짝살짝 피어난 풍경은 그 다음으로 좋아요. 초록 잎이 60퍼센트, 벚꽃이 40퍼센트 정도 섞인 때 있잖아요(웃음). 봄에서 여름으로 탈피하는 것 같은 바로 그때요. 저는 여름은 그 어느 계절보다 좀 열심히 살고 싶어져요. 어떻게든 저 태양보다 뜨거운 열정으로 쨍쨍한 햇빛에 지기 싫어요.

뜨거운 볕 아래서 무수한 이들과 음악을 나누는 기분은 특별할 텐데, 인상 깊은 순간이 있다면요?

마지막 곡을 부를 때요. 보통 '사랑하게 될 거야'라는 곡을 부르는데 그때는 최대한 관객분들에게 가까이 가서 눈을 맞추거나 하이파이브를 해요. 서로의 웃는 얼굴, 행복한 표정이 시야에 한껏 들어오죠. 마지막 가사인 "그럼에도 불구하고 나는 너를 용서하고 사랑하게 될 거야"를 다 같이 목청껏 외치는 걸 듣는 그 순간은… 마음에 정말 깊게 남아요. 제 노래 중엔 부수거나 소리 지르거나 불안해하고 우는 감정이 담긴 게 많은데 '사랑하게 될 거야'를 마지막에 부르는 이유는 결국 우리 삶에 남은 것은 사랑이라는 이야기를 꼭 들려주고 싶어서예요. 특히 듣는 이들을 마주하고 부를 수 있는 이런 기회에요.

한 사람이 열성적으로 하는 일이 있다면 그 시작이 궁금해지기 마련이잖아요. 뮤지션을 꿈꾸게 된 계기를 들려줄래요?

음… 중학교 시절부터 꺼낸다면 그때도 음악을 좋아했고 하고 싶다는 마음은 늘 은연중에 있었어요, 잔잔하게. 반짝반짝 예쁜 케이팝이나 악동뮤지션 노래도 자주 들었고요. 이소라, 자우림처럼 당시 저에겐 소위 어른들의 노래라고 여겨지던 음악에도 푹 빠졌는데 한글로 바로 알아들을 수 있는 가사라든가 정서에서 오는 분위기를 동경했죠. 고등학생 때는 집에서 좀 떨어진 기숙사 학교로 진학했는데 부모님께서 저한테 우쿨렐레를 선물로 주셨어요. 공부하다가 스트레스 받으면 친구들이랑 치면서 풀라고요. 그런데 이제 그때부터 공부 대신 우쿨렐레를…!

부모님은 분명히 공부하다가 치라고 하셨는데!

그걸 연주하다가 스트레스 풀리면 그제야 공부 조금 하고(웃음). 문득 무엇이든 원하는 걸 이루려면 고향인 창원보다 기회가 많은 서울로 가야 한다는 생각이 들더라고요. 뒤늦게 부랴부랴 공부해서 서울에 있는 대학, 그중에서도 국문학과에 들어가게 되었지만 상경한 후에는 음악을 하기엔 좀… 늦은 것 같아서 전공 따라 취업하게 되겠지, 막연하게만 여겼죠. 그런데 그즈음 팬데믹이 시작된 거예요. 아무것도 못 하고 붙잡혀 있는 시간들, 세계가 멈춰버린 듯한 시간들이 너무 아깝고 가만히 있는 게

굉장히 불안하게 느껴졌어요. 이럴 바에야 음악을 한번 해보자고 처음으로 제대로 마음먹게 되더라고요. 휴대폰 녹음밖에 할 줄 모르던 제가 혼자서 할 수는 없으니 회사를 찾다가, 현재 소속사인 '어센틱' 가수였던 '초승'의 뮤직비디오를 보게 된 거예요. 그의 노래나 뮤직비디오뿐 아니라 인디 가수분들로 꾸려진 모습이 마음에 들어서 다짜고짜 데모를 들려드리고 싶다며 메시지를 보냈죠.

데모가… 있었나요?

없었어요(웃음). 일단 말만 던져두고 노트북에 무료 작곡 프로그램을 깔아서 두 달 동안 혼자 한 땀 한 땀 만들어 본 거예요. 지금 생각하면 완전 볼품없는 데모인데 그걸 들은 회사에서는 직접 만나보고 싶다는 이야기를 들려줬어요. 창원에서 가방 챙겨서 서울로 미팅을 다녀온 후에 그다음

학기가 개강할 때쯤부터 연습생이 되었고요.

음악을 다루는 일 중에서도 싱어송라이터를 꿈꾼 이유가 궁금해요.

노래 부르는 걸 좋아했고, 내가 쓴 글을 보여주고 싶은데 어떻게 하면 더 많은 사람에게 수줍음 없이 툭 내어놓을 수 있을까 고민했어요. 좋아하는 것과 나를 보여줄 수 있는 최선의 방법을 결합시켰을 때 음악이 결론이 아닐까 싶었죠. 내가 만든 곡을 내가 부르는 걸로요.

'입춘'(2022)

얼어붙은 마음에 누가 입 맞춰줄까요
봄을 기다린다는 말
그 말의 근거가 될 수 있나요
바삐 오가던 바람 여유 생겨 말하네요
내가 기다린다는 봄 왔으니
이번엔 놓지 말라고
아슬히 고개 내민 내게 첫 봄인사를
건네줘요
피울 수 있게 도와줘요

—한로로, '입춘' 가사 중에서

부모님 영향도 있지 않을까 싶어요. 어릴 때부터 어머니가 거실에서 통기타를 치며 노래 부르시는 걸 봤다고요.

그럴지도 몰라요. 그런 엄마 옆에 앉아 구경하거나 엄마가 자주 부르던 노래들은 익숙해져서 따라 하곤 했거든요. 변진섭의 '너에게로 또다시'나 원준희의 '사랑은 유리 같은 것', 이문세의 '빗속에서' 같은 옛날 노래들인데 그때는 가사가 무슨 뜻인지도 모르고 불렀어요. 그러고 보니까 엄마만큼 아빠도 노래를 좋아하셨던 것 같아요. 아직도 떠오르는 게, 일을 마친 아빠가 컴퓨터만 놓여 있는 어두운 방 안에 혼자 앉아 계셨거든요? 게임 중독자처럼 그 방에선 모니터만 하얗게 빛나는데(웃음), 들여다보면 '멜론'에서 버즈나 YB밴드 노래로 플레이리스트를 만들어서 쭉 감상하고 계셨어요. 아빠 무릎에 가만히 앉아서 같이 듣곤 했죠.

본명 한지수에서 한로로라는 이름을 갖게 된 건 연습생 시절인가요?

맞아요. 고등학교 수학에 '지수와 로그'라는 부분이 있는데 그것 때문에 '한로그'가 별명이었어요. 하지만 활동명으로 쓰기에는 좀 수학적인 느낌이 들잖아요(웃음). 둥글둥글한 발음으로 툭 튀어나온 게 '한로로'였죠. 보통 아티스트들이 회사와 계약한다는 건 본연의 것을 가진 상태이거나, 다른 곳으로 이적할 때 쓰는 개념인데 저는 기본기도 없었거든요. 당장 보컬 레슨부터 시작해 한지수에서 한로로로 넘어가기 위한 브랜딩에 집중하면서 빠르게 쫓아가야 했고, 지금에 이르렀죠. 물 흐르듯 말했지만 돌이켜보면 운명이 있다는 걸 다시 한번 믿게 돼요. 이 문을 먼저 두드린 저도, 아무것도 없는 저와 함께해 준 회사도 서로 촉이 통했던 덕분이랄까요? 이어질 운명이라면 어디로든 통하는 것 같아요.

4년 전의 데뷔곡 '입춘'에 대해 말하지 않을 수 없어요. 차갑게 얼어붙은 와중에도 봄날의 개화를 기대하는 마음을 담았죠.

연습생 때 만든 노랜데, 음악으로 물꼬를 트던 저뿐 아니라 많은 사람이 팬데믹으로 인해 불확실한 미래에 불안할 때였어요. 하루는 생각이 많아진 밤에 산책을 나갔는데 딱딱한 회색빛 아스팔트 사이에 꽃이 피어 있는 거예요. 보자마자 '얘 드세다! 만만하지 않다!' 생각했어요. 그런데 가만히 보니 이런 존재가 되고 싶고 또 그래야만 이 세상에 살아남을 수 있을 것 같은 거예요. 혹독한 겨울에 서서히 피어나는 꽃도 있으니까 다가오는 봄에는 우리도 싹을 틔울 거라는 마음을 담아 '입춘'을 지었어요. 청춘의 나이대가 정해진 건 아니지만, 20대 초반의 제 또래 친구들을 생각하면서 혼자가 아니라는 위로를 전하고 싶었던 것 같아요.

그런데 이 곡은 로로 씨가 생각하던 청춘은 물론이고, 다양한 연령대에서 사랑을 받는 곡이 되었네요.

정말 감사해요. 30-40대 분들이나 나이가 더 지긋한 분들도 들어주시는데, 자신의 20대를 떠올리는 분들도 있지만 그분들의 현재에서도 충분히 공감되는 이야기라는 걸 뒤늦게 알게 되었어요. 제가 간과한 부분인 거죠. 그제야 청춘은 모든 나이대를 말하는 거구나, 그때만이 가장 불안한 시기인 줄 알았는데 삶이란 언제나 불안을 안고 가야 하는 거구나 깨달았어요. 제 바람보다도 멀리 퍼져서 다양한 사람의 마음을 다독이는 곡이 되어간다는 게 요새는 더 행복하게 느껴져요.

바깥으로 꺼내두는 사랑

이 지구 자체가 하나의 커다란 집이라 생각해 왔어요. 그리고 이 집이 차츰 무너져 가고 있다는 생각이 요즈음 들어 커져버려 잔뜩 무서워했네요. (중략) 그 두려움 끝에 휘날리는 일말의 희망. '그래도 우리는 잘 살아가야 하니까, 잘 살아가려면 따뜻한 집이 필요하니까' 그래서 저는 또 여러분에게 사랑을 얘기해요. 우리의 하나뿐인 집을 잘 지켜내 보아요. 사랑합니다.

—앨범 [집]을 발매하며 적은 글

이후로 다수의 싱글과 앨범 [이상비행], [집], 최근 곡 '나침반'까지 듣다 보면 전하는 메시지의 중심은 같되 대상은 확장된 것처럼 보여요. 직접 들려줄래요?
가면 갈수록 세상이 서로 날카로워지고 공격적인 스탠스를 취하기 쉬워지는 게, 개인적으로 너무 싫거든요. 저마다의 어려움이나 아픔, 슬픔을 끌어안으려 하지 않고 배척하면서, 혼자만 잘 살 수 있다고 여기는 건 착각이에요. 혼자 살아가지 못하는 세상이니까 혼자 위로하지 못하는 부분을 또 다른 존재들이 보듬어 주는 게, 공동체가 만들어진 이유이자 인류가 형성될 때부터 뿌리내린 생존 법칙 중 하나잖아요. 그러기 위해선 서로에 대한 배려와 사랑, 연대가 필요하고요. 제 노래들이 초반에는 나의 아픔 그리고 너의 아픔을 말했다면, 이제 우리의 아픔으로 이어지면서 그걸 해결할 방법이 결국에는 사랑이라 말해요.

세상은 혼자 사는 게 아니라고 단호하게 말하네요.
혼자 살고 싶은 마음이 드는 걸 충분히 이해하고, 가끔은 저도 이 세상에 혼자 남아 있고 싶지만, 절대 그럴 수 없어요.

그렇다면 노래로 말해온 '사랑'이란 뭘까요?
(잠시 고민한다.) 연명하게 만드는 거 아닐까요? 사랑은 삶을 이어지게 하는 필수 요소 같아요. 저는 제가 아끼는 사람들을 보고 싶고, 좋아하는 음악을 계속 들려주고 싶어서 살아요. 연인이든 친구든, 내가 애정을 품은 존재들이 보고 싶어지면 열심히 하루를 보내고 또 다음 날도 기대하게 되잖아요. 누군가에겐 이 초록색 풍경이 너무나 사랑스러워서 내년 여름엔 어떨지, 그때까지 애정 어린 시선으로 지켜보고 싶을 수도 있고요. 삶의 장면 하나하나를 포기할 수 없게끔 만드는 게 제가 정의하는 사랑인 것 같아요. 늘 머릿속이 복잡해지는 질문이긴 하지만요.

"사랑받고 싶다면 먼저 사랑하라."라는 말이 좌우명이라고요. 로로 씨의 사랑은 무얼 양분 삼아 싹튼 거예요?
부모님이 주시는 사랑에서 모든 이야기가 시작했어요. 저를 사랑으로 키워주셨다고 확신할 만큼 충분히 받았는데, 그러다 보니까 사랑이 한 사람의 삶에 있어서 얼마나 중요한지 자연스레 체득했어요. 지금은 상대에 대한 애정과 존중, 배려 같은 감각들이 희미해져서 내가 얼마큼의 사랑을 주고받을 수 있는지도 모르는, 그 정도로 날카로워지는 게 맞는지 의문을 갖는 사람들이 계속 늘어나는 것 같은데요. 그들 곁에서 살짝만 도와주고 싶어요. 잊고 있는 걸, 모르는 걸 알려준다면 세상은 충분히 바뀔 수 있으니까요.

누군가에겐 막연하게 느껴지는 단어일지도 몰라요. 힌트 삼아 일상에서 사랑을 감각할 때를 들려주세요.

아주 사소한 것부터 가능할 거예요. 저는 얼마 전에 아파트 놀이터에서 웃으며 노는 아기들을 보는데 마음이 따사해지더라고요. 그 친구들을 위해 온전하고 따뜻한 나날들을 만들고픈 기분이 들었어요.

이름도 모르는 존재들을 향한 각별한 마음인데, 어른으로서의 책임감도 있을까요?

좋아하는 영화로 꼽는 〈릴리 슈슈의 모든 것〉이나 최근엔 고레에다 히로카즈 감독의 〈아무도 모른다〉, 〈어느 가족〉 같은 영화들을 보면서 아이들이 살아갈 세상에 대해 앞선 사람들의 책임이 있다는 걸 느꼈어요. 시간이 흐르는 동안에는 모두가 나이를 먹게 될 테고, 제가 나이가 들어서도 짱짱하다면(웃음)… 아이들이 어른이 되는 과정도 두 눈으로 지켜볼 수 있겠죠? 그 시대가 지금보다 더 열악하고 험악하게 바뀌어 있지 않길 바라요. 지금만 봐도 아이들이기에 모를 수밖에 없는 것을 어른이 이해해 주지 못할 때가 있잖아요. 그러지 말아야 한다는 생각을 혼자서도 되뇌면서, 작품을 내는 어른으로서 다른 이들을 끊임없이 일깨워주는 게 제 역할이라고 생각해요.

지금까지 나눈 대화를 떠올리면, 과거에는 어려웠고 미래는 까마득하지만 그럼에도 현재를 또렷이 응시하며 나아가는 삶의 태도가 느껴져요.

저에겐 현재가 중요해요. 물론 과거를 후회할 때도, 다가오지 않은 아주 먼 미래를 계획하며 불안하던 때도 있었는데 둘 다 기분이 아주 별로였어요(웃음). 지금 이 순간도 빠르게 과거가 되어가니까 현재를 열심히 산다면 지난날을 후회하지 않을 테고, 또 그러다 보면 최선의 미래가 오지 않을까요? 한번은 친구가 저한테 우스갯소리로 타임머신 타면 과거나 미래 중 어디로 가고 싶은지 물어본 적 있는데요. 과거는 바꿀 수 없다면 가봤자 추억 회상뿐일 테고, 미래에 간다면 현재를 열심히 살아갈 이유가 사라질 것 같았어요. 그래서 친구한테 말했죠. "그냥 현재에 있을래, 니나 타라!"

(웃음) **그런 기분과 태도가 한로로를 쓰게 만든 거네요.**

맞아요. 앞서 소설을 쓴다고 했는데 집에서는 침대가 있으니까 잘 안 써져요. 그럼 노트북 들고 무턱대고 안 가본 카페까지 걸어가곤 하거든요. 동네에 새로 생긴 과일 가게의 어르신들이 분주하게 움직이는 모습을 관찰하기도 하고, '공차' 같은 곳에 교복 입은 학생들이 줄 서서 기다리는 거나 횡단보도를 일제히 건너는 장면을 목격하기도 해요. 그럴 때 세상이 진짜 굴러가고 있다는 것, 그 안에 내가 소속되어 있다는 걸 한 번 더 실감해요. 설사 그게 불가피한 소속감이더라도 살아서 여기 존재하기 때문에 보고 듣고 느낄 수 있는 감각이라면 값지고 귀중하게 다가와요. 그 시간을 낭비하지 않으려고 더 열심히 곡과 글을 쓰고 있어요.

만약… 노래를 쓰거나 부르지 않았다면 지금쯤 어떤 사람이 되었을까요?

음, 제가 세상을 살펴보고 다른 존재에게 마음을 쓰고 싶어 하다 보니, 현실과는 살짝 벗어난 인간상이긴 해요(웃음). 돈을 많이 벌어야지, 좋은 집을 사야지, 이런 바람보다 한 번 사는 인생을 평온하고 재미있게, 그리고 따뜻하게 살다 가고 싶어요. 그렇다면… 사회봉사자? 유기견 보호소 직원? 이런 사람이지 않았을까요. 결국에는 무언가를 써내는 작가가 되었을 수도 있고요.

가사를 짓는 작업 방식에 대해 이야기 나누고 싶어요. 곡을 발매하기 전 인스타그램에 통글을 툭 올려둘 때가 있잖아요. 그 안에서 신곡 가사가 보이기도 하고요.

앞서 늘어둔 마음들을 풀고자 할 때 글을 도구로 삼아요. 짧은 글이나 시 형태로 적은 뒤 가사로 쓰고 싶은 표현들을 추려내고 거기에 맞는 코드나 멜로디를 붙이면서 한 곡을 지어나가는 거예요. 저는 듣는 이들이 해석을 다양하게 할 수 있는 부분, 독특한 부분을 가사로 꼽는 게 좋아요. 한 번 읽으면 무슨 말인가 싶은 구절들을 곱씹다 보면 지은이의 의미대로 와닿을 때가 있고, 반대로 자신만의 고유한 의미로 나아갈 때도 있거든요. 나름대로 해석할 수 있는 요소들을 가사에 단서로 넣어두는 거죠.

좀더 설명해 줄래요?

'금붕어'라는 곡을 예시로 들어볼까요? "파란 하늘보다 두려웠던 거품 문 바다 위에서 미끄러운 춤을 춰"라는 가사를 들으면 가장 먼저 금붕어가 왜 바다에 있는지 의아할 거예요. 왜 물이 아니라 하늘로 가려는지도 이해할 수 없고요. 하지만 곡을 듣다 보면 물 바깥으로 나가 숨을 못 쉬어서 죽을지라도, 내가 원래 꿈꾸던 건 푸른 하늘이고 그게 나의 이상이니까 누가 뭐래도 그 꿈을 좇겠다는 이야기로 들릴 거예요. 누군가는 또 다르게 해석하면서 들었을 수도 있겠죠? 뜻이 명확한 것도 나름대로 장점이 있지만, 듣는 이에 따라서 의미의 모양새가 달라지는 곡을 부르고 싶어요. 그런 게 사람들한테 더 필요한 것 같고요.

어젯밤 걱정을 너무 마셨더니
하룻밤 사이 몸살이 났나 봐요
일으킨 내 몸은 말을 듣지 않고
아무것도 하기 싫어졌나 봐요
(...) 작은 방 속에 누워있는 나는

대체 얼마나 작은 건가요
게워내고 싶은 속마음은
쉴 틈 없이 울렁이고 요동쳐요

—'거울' 가사 중에서

해석에 열려 있다고 해서 그 가사들이 뭉툭하게 들리진 않아요. 오히려 솔직하고 예리한 편이 아닐까 싶고요.
저는 음악 할 때가 제일 솔직해요. 일상에서는 마음 밑바닥까지 꺼내두지 못하거든요(웃음). '거울'처럼 나를 미워하는 잘못된 마음이 어디서 시작되었는지 사색하며 쓴 곡이라면 솔직하게 털어두고, 내가 이 곡을 쓴 심정을 추후에 떠올려 보는 것만으로도 의미가 있을 거예요. 듣는 이도 유독 이 노래를 들었던 시기가 있다면, 그때의 내가 어땠는지 한 번 더 어루만질 수 있는 솔직함으로 이어진다면 더욱 좋고요. 사실 구구절절한 감정들이 글로만 남는다면 어둠뿐인 방 안에서 혼잣말하는 것 같은데, 노래로 불러진다면 빛이 있는 곳으로 좀더 꺼내진 기분이 들어요. 저는 노래를 부를 때 혼자 있다는 생각을 해본 적이 없거든요.

유튜브 콘텐츠 '한로로의 백문백답' 중 답변 하나가 떠오르는데, 목표를 묻는 질문에 "80세 정도까지 꾸준히 앨범 내기"라 답했죠?
목소리를 잃지만 않는다면… 아니다, 사실 목소리 이외에도 표현할 수 있는 음악의 장르는 많으니까요. 피아노를 칠 수도 있을 테고. 다양한 방법으로 오랫동안 사람과 세상을 표현하고 또 위로할 거예요. 사랑의 감정을 심어주는 아티스트가 되고 싶어요.

그럼 일 외에 일상에서 이루고 싶은 게 있다면요?
너무 사소한 걸까 싶은데, 제가 면허는 있는데 차가 없어서 대중교통을 이용하다 보면 가끔 고된 느낌을 받을 때가 있거든요. 그래서 작은 차를(웃음)….

중요한 목표죠(웃음)! 그걸 타고 어딘가로 나들이나 여행을 갈 수도 있고요.
자연이 있는 한적한 곳들을 드라이브하면서 스트레스도 풀고 싶어요. 제가 '집순이'라 어두운 방 안에만 주로 머물렀는데, 한동안 앨범 작업 때문에 반강제로 외출이 잦았어요. 마음속으로만 예뻐하던 세상 풍경을 얼떨결에 세밀하게 관찰할 기회가 생긴 거죠. 그러면서 제가 혼자 동네를 돌아다니고 곳곳을 살피는 걸 생각보다 좋아한다는 걸 새로이 알게 됐어요. 이건 개인적인 의견이고 한편으로는 조심스럽지만… 사람은 바깥으로 나가야 하는 존재라고 생각해요. 안에 머문다면 아마도 그게 자신의 집이나 방일 텐데, 가장 편안하면서 반대로 가장 불안한 공간이기도 하거든요. 별다른 변화가 일어나지 않으니까 가끔씩은 나만 멈춰 있는 것 같다는 생각이 들어버려요. 세상은 여전히 굴러가고 있고, 그 안의 나도 살아 있는 존재라는 걸 자각하고 생동력을 되찾을 수 있는 게 외출이에요. 앞으로도 마실 나가듯이, 산책하듯이 세상 구경하고 싶어요.

언젠가 훌쩍 떠나보고 싶은 곳이 있어요?
큰 준비 없이 가볍게 떠날 만한 곳을 물으시는 거죠? 음, 가까운 나라부터 둘러볼래요. 해외는 촬영을 제외하고 여행으로 가본 적이 없어서 우선 일본부터 가보면 어떨까요? 도전이라고 하기에 애매할 정도로 다들 많이 가는 곳이지만, 첫 여행으로 좋을 것 같아요. 오늘 들고 온 잔스포츠 백팩을 채울 정도만의 짐으로 다녀오는 거죠. 아, 에어팟은 꼭 챙겨야 해요.

좋은데요? 그 길에 어떤 노래들을 들을까요?
그날의 행선지마다 다를 테지만… 제 노래 중에서는 잔잔하게 듣기 좋은 '생존법'이요. 웨이브투어스의 '사랑으로' 그리고 〈릴리 슈슈의 모든 것〉 테마곡 'Glide'도 고를래요.

우리는 그날, 대화를 나누며 짙은 먹색 하늘이 요동치는 소리를 대여섯 번은 들었다. 무지막지하게 쏟아지는 빗줄기에 나는 건네야 할 질문보다 "이거 어쩌지…." 하는 걱정이 먼저 튀어나오기도 했다. 그런데 참 이상하지. "비 오는 날만의 묘미가 있겠죠."라든가, 천둥소리에 놀라다가도 이내 눈을 마주치며 웃음을 터뜨리던 그를 보니 두려운 기색이 씻겨 내려간다. 어둠을 충분히 응시했다면 저편으로 밀어둔 채 일어서는 그의 노래가 그랬듯, 한로로 역시 무거운 마음을 툴툴 털고 나아간다. 내가 건넨 우산을 받아 든 채 카메라 앞에서 걷는 그를 따라 걸어본다. 사뿐사뿐 또는 비틀비틀.

도시에 사는 나는 가끔씩 여유를 찾아 떠나고 싶다는 충동을 느낄 때가 있다. 하지만 충동은 놀랄 만큼 빠르게 사그라들고 아무 일 없었다는 듯 평온을 되찾는다. 그건 옳지도 그르지도, 좋지도 나쁘지도 않은 내 선택이다. 몇 해 전 서울을 떠나 강릉으로 이주한 나훔 씨와 성경 씨의 이야기를 들었을 때, 그들의 마음에 일었던 물결의 방향을 알고 싶었다. 두 사람이 탄 배가 어디까지 간 건지, 노를 힘차게 젓고 또 놓으면서 어떤 풍경을 둘러보며 사는지도.

에디터 이다은 포토그래퍼 강현욱

We're On Our Own Boat

노를 놓던 그 순간을 기억하며

김나훔·안성경—오어즈

서울에서 쉼 없이 노를 젓다가 이곳에 와서
노를 놓는 순간의 즐거움과 평온함을 알게 됐어요.
남들 가는 방향을 따라 속도를 내기만 하던 과거를 돌아보게 됐죠.

하나의 여정으로 기억될 시절

오는 길에는 하늘이 흐렸는데 집에 도착하니 맑게 개었네요. 만나 뵙게 되어 반가워요.

나훔 저희도 걱정하고 있었는데 다행이에요. 비 오는 것도 운치 있지만 날씨 좋은 날 창밖으로 보이는 풍경이 예뻐서 꼭 보여드리고 싶었거든요.

성경 먼 길 와주셔서 감사해요. 저는 그래픽 디자이너로 활동하고 있는 안성경이에요. 강릉에서 남편과 함께 오어즈라는 갤러리 겸 숍을 운영하면서 제품을 만들고, 외주 브랜딩 디자인도 하고 있어요.

나훔 안녕하세요. 그림 그리고 글 쓰고 사진도 찍으면서 창작가로 살고 있는 김나훔입니다. 오어즈에서는 포스터나 엽서 등으로 작업물을 선보이고 있어요.

지난 3월에 모네가 태어났으니 이제 자기소개에 한 아이의 엄마, 아빠라는 설명도 덧붙이셔야겠어요. 요즘 어떻게 지내나요?

나훔 완전히 새로운 세계로 들어왔어요. 사실 한 달 전까지만 해도 좀 힘들었는데, 강아지 보뜨까지 서로가 서로를 보듬어주면서 이겨내고 있어요. 평일에는 스태프분들이 매장을 맡아주시고 주말에는 저 혼자 매장에 나가요. 일상의 대부분을 육아가 차지하니 작업은 우선순위에서 밀려났지만, 육아도 제 작업에 뿌리가 될 만한 거대한 경험이라는 걸 느끼면서 마음껏 즐기는 중이에요. 요즘 정말 황홀한 날들을 보내고 있어요.

성경 저도 지금은 육아가 최우선이에요. 모네를 낳은 지 두 달쯤 되었는데, 이제 간간이 미팅도 할 수 있는 여유가 생겨서 슬슬 다시 일을 시작해 보려고요.

강릉에 온 지는 얼마나 되었나요?

나훔 저는 2019년, 아내는 2020년에 내려왔어요. 결혼 전 작은 아파트를 구해 혼자 살았고, 아내가 1년 정도 서울과 강릉을 왔다 갔다 하다가 결혼하고 이곳에 정착했어요.

성경 기차 타고 오셔서 아시겠지만 서울에서 강릉까지 생각보다 금방 오갈 수 있거든요. 물리적으로도, 심리적으로도 서울과 멀리 떨어져 있다고 생각하지 않아서 모네 태어나기 전에는 정말 자주 왔다 갔다 했어요.

나훔 씨의 번아웃이 촉매가 되어 서울을 떠나게 되었다고요.

나훔 학창 시절을 속초에서 보냈고, 성인이 되어 서울에서 10년 정도 직장 생활과 그림 그리는 일을 병행했어요. 비전공자라는 자격지심 때문이었는지, 꼭 성공해야 한다는 야망을 품고 투쟁하듯 살았죠. 직장은 작업을 이어가기 위한 생계 수단이자 투자라고 생각하며 일했는데, 본업이라고 여긴 작가로서의 삶이 너무 불안정했어요. 어느 순간 이렇게 사는 게 맞나, 스스로 묻게 됐고 질문의 방향이 그동안의 삶을 부정하는 쪽으로 흘러가서 더 버티지 못하고 무너졌던 것 같아요. 그냥 다 멈추고 싶었고, 얼마간은 그림에도 손을 못 대겠더라고요. 그렇게 하루하루 보내다가 어느 날 무작정 베를린으로 떠났어요.

네? 갑자기 베를린이요?

나훔 네(웃음). 지금은 편하게 이야기하지만, 당시에 우울이 정말 깊었어요. 이러고 있어 봤자 나아질 게 없으니, 멀리 떠나서 기술을 배우든 뭘 하든 막연히 다른 일을 해보려고 한 거예요.

성경 그때의 나훔 씨는 곁에서 지켜보기에도 굉장히 불안한 상태였어요. 우울증을 앓는 기간에 저희 관계가 위험해지는 순간들도 있었지만, 진심으로 나훔 씨가 그 시기를 이겨내기를 바랐기 때문에 뭘 하든 응원하고 지지해 줬어요. 베를린으로 떠난다고 했을 때도 마찬가지였고요. 그동안 저도 이곳저곳 다녀보면서 여행의 힘을 경험했거든요. 나훔 씨도 어디든 다녀오면 훨씬 나아질 거라고 확신했어요. 근데 그게 1년이 될 줄은 몰랐죠(웃음). 처음에는 3개월만 있다가 돌아온다고 했는데….

나훔 아, 그건 어쩌다 보니 그렇게 됐는데요….

앗, 빨리 넘어갈게요(웃음). 베를린에 있는 동안 좀 나아졌나요?

나훔 시간은 좀 걸렸지만, 다행히 다시 그림을 그릴 수 있을 만큼 안정을 찾았어요. 낯선 환경 안에서 다양한 사람들을 만나며 마음이 조금씩 나아지는 걸 느꼈어요. 불안한 인생도 인생이고, 다들 그렇게 살아간다는 것도 깨닫게 됐죠. 서울에서와 다르게 여유가 생기면서 그동안 매몰됐던 부정적인 감정에서 벗어날 수 있게 된 것 같아요. 파리, 암스테르담, 런던 등지에 몇 주씩 머무르면서 본의 아니게 디지털 노마드 생활을 했는데요. 처음 떠나왔을 땐 모아둔 돈을 탕진할까 봐 걱정이었는데 오히려 일이 끊기지 않아서 생활비를 충당할 수 있었어요. 자연스럽게 꼭 서울에서 아등바등 살아갈 필요가 없다는 생각이 들었죠. 베를린에서 보낸 1년이 인생을 완전히 다시 바라보게 만들었어요. '어디에서든 창작하면서 살고 싶다.'는 꿈만 잘 지켜낸다면 그 자체로 행복한 삶이 될 것 같았죠. 가장 밑바닥을 확인하고 나니 그때부터 마음에 평화가 찾아왔어요.

그 1년이 새로운 인생의 방향을 제시해줬군요. 나훔 씨가 베를린에 있는 동안 성경 씨는 어떻게 지냈어요?

성경 저는 계속 직장에서 그래픽 디자이너로 일하고 있었고, 차곡차곡 커리어를 쌓았어요. 남자친구랑 떨어져 있으니까 시간이 많아져서 퇴근하면 외주 작업을 했는데, 어느새 월급을 한 푼도 안 써도 될 정도로 일이 늘더라고요. 지속적으로 일을 맡겨 주시는 고정 클라이언트도 생기고요. 나훔 씨를 기다렸다기보다는 제 패턴을 찾아 하루하루 보냈어요.

바뀐 상황에 동요하지 않고 묵묵히 일상을 이어나간 성경 씨도 멋지네요. 따져보면, 나훔 씨 혼자 해외에서 1년을 보내고 돌아와 다시 강릉으로 떠난 거네요?

나훔 맞아요. 마음의 병을 앓으면서 결국 내가 살아나야 사랑도 우정도 지킬 수 있다는 걸 알게됐고, 스스로 회복하지 못하면 우리 관계도 앞으로 나아갈 수 없다고 생각했거든요. 이해해 준 아내에게 늘 고맙고 미안하게 생각해요.

강릉을 선택한 이유도 궁금해요.

나훔 강릉에서 우연히 마주친 자연이 계기가 됐어요. 한국으로 돌아온 후, 오늘같이 맑은 날 어머니가 계신 강릉으로 인사를 드리러 갔어요. 남는 시간에 경포호를 드라이브하는데 너무 아름다운 거예요. 서울 번화가에서는 절대 볼 수 없는, 유럽 어디에 견주어도 손색없는 풍경이었어요. 그 순간 문득 여기 살면 어떨까, 하는 생각이 들었죠. 내면의 건강을 회복하는 과정에서 앞으로 제가 어떤 토양에서 자라야 할지 알게 됐는데, 강릉이 그런 곳이었어요.

성경 씨는 1년 동안 서울과 강릉을 오가다가 이주를 결심했다고 했죠?

성경 맞아요. 저는 그전까지 강릉에 한 번도 와본 적이 없었어요. 나훔 씨가 강릉의 자연을 어필할 때마다 '서울에도 나무 많아. 서울에도 좋은 정원 많아.'라면서 방어했어요(웃음). 저는 서울에 사는 게 좋았거든요. 그런데 일주일에 한 번씩, 그보다 더 자주 강릉에 머무르게 되면서 매력에 빠져들었어요. 원래 결혼하면 1년 정도 외국에서 살아보자는 얘기도 했었는데, 결혼할 즈음에 코로나가 터졌고 그때 처음 서울이 갑갑하다고 느꼈어요. 강릉에 있다가 서울로 돌아가면 사람들끼리 부대끼는 게 힘들더라고요. 다행히 외주 작업이 계속 들어오고 있어서 고민을 덜 수 있었어요. 무턱대고 내려왔으면 아마 자리 잡을 때까지 힘들었을 거예요.

강릉에서의 생활은 두 분에게 무엇을 가져다주었나요?

나훔 확실히 살아가는 속도가 달라요. 일도 일상도, 인간관계까지도 좀 더 여유로워졌어요. 물론 서울에서 많은 친구들과 어울려 지내는 것도 좋지만, 가끔은 연락을 자주 해야 한다든지, 모임에 꼭 참여해야 한다든지 하는 부담이 생길 때가 있었어요. 강릉에 내려온 후에는 완전한 단절이 아닌 적당한 거리가 생겼다는 게 참 좋더라고요. 그리고 집에서 10분만 나가도 광활한 자연에 도달할 수 있다는 게 무엇보다 좋아요. 아이가 생기기 전에는 이렇게 날씨 좋은 날에는 무조건 나갔어요.

성경 엉덩이가 들썩거려서 일을 못해요(웃음). 자연에서 노는 재미를 알아버렸거든요. 서울에서는 전시를 보거나 새로 생긴 카페에 가는 게 재미였는데, 지금은 산에서 바다에서 노는 게 너무너무 재미있어요. 주말에는 관광객으로 붐비던 카페도 평일에는 전세 낸 것처럼 즐길 수 있고요. '여기 우리 정원이야. 우리 섬이야.'라는 말이 절로 나와요.

나훔 가끔 바다에서 수영하다가 엄청 큰 소리로 "이게 공짜라니!" 그러더라고요(웃음). 이렇게 아름다운 자연을 마음껏 즐기는 게 정말 감사한 일이라는 걸 서로 상기시켜 주기도 해요.

제일 자주 가는 곳은 어디예요?

나훔 테라로사 본점 정원이요. 워낙 유명하고 관광객이 많이 찾는 곳인데 평일 아침에 가면 그렇게 한적할 수가 없어요. 집에서 차로 10분 거리여서 날씨가 좋다 싶으면 아침 8시에 아내를 깨워요. "지금 가야 돼! 하늘이 파래!" 하면서요. 넓은 정원에 커피 한 잔 놓고 앉아 있으면 너무 좋아서 잠이 다 깨요. 바람이 선선한 날, 하늘이 파란 날, 계절이 바뀔 때마다 가는 게 하나의 루틴이 됐어요.

저를 초대해 주신 집도 뼈대만 남기고 전부 리모델링하셨죠. 본격적으로 집 짓는 모습을 보면서 어쩌면 완벽한 정착을 위한 집이 아닐까 하는 생각도 들었어요.

성경 이 집을 최종 정착지라고 생각하고 지은 건 아니에요. 지금까지 들어보셔서 알겠지만 저희 둘 다 미래에 대해서 크게 생각하지 않는 편이에요. 즉흥적이고 유동적이죠. 비용 부담이 낮아서 더 수월했던 면도 있지만, 집 지을 때도 크게 고민하진 않았어요. 오히려 강릉에 살아봤으니 다른 곳에서도 살 수 있을 거라는 용기가 생겼어요.

나훔 결과적으로 잘되기는 했지만 오어즈도 집도 직감적으로 움직인 거거든요. 사실 잘 안될 수도 있는 일이었잖아요. 그래서 집 지을 때도 단정적인 생각은 전혀 하지 않았어요. 지금 이 시절도 우리가 통과하는 하나의 여정인 것 같아요.

즉흥적인 성향이 서로 잘 맞나 봐요.

성경 맞아요. 그래서 좀 위험한 부분도 있는데 그나마 제가 나은 것 같아요. 나훔 씨가 저지르면 제가 수습하는 패턴이랄까요.

나훔 오어즈 매장 계약할 때도 딱 한 군데 보고 결정했거든요. 처음에는 제 그림을 보관할 창고로 사용할 계획이어서 조건이 까다롭지 않기도 했고, 가격과 위치와 전망 모든 게 마음에 들었어요. 다행인 건, 즉흥적이기만 한 게 아니라 직관적인 감도 같이 있다는 거예요. 저희는 하나하나 분석하면 오히려 답을 못 내고 어떤 대상에게서 받은 인상이나 기운을 보고 선택하는 편이에요. 이렇게 살다가 나중에 호되게 당할 것 같다는 생각이 들고는 하는데요(웃음). 그래도 같이 벌이는 일이니까 뭐 같이 감당하면 되지 않을까요?

흔들려도 여전히 흘러가는

이야기가 나온 김에 주제를 '오어즈'로 옮겨볼까요? "노 젓는 사람에게 젓는 것을 멈추고 노를 수평으로 유지하라는 구령"이라는 뜻에서 이름을 따왔다고요.
성경 이름을 정하기까지 고민이 정말 많았어요. 하나 지어서 주위 사람들한테 물어보고, 아니다 싶어서 다시 짓고를 반복했죠. 지금 말하기엔 부끄러운 후보들이 참 많아요. 조잡스럽고 거창하고(웃음)…. 그러다가 오어즈라는 이름이 '짠!' 하고 떠올랐고, 이거다 싶어서 누구에게도 물어보지 않고 기분 좋게 결정했어요.

인터뷰 준비하면서 찾아보니 두 분에게 배가 굉장히 큰 의미인 것 같더라고요. 인생의 중요한 기점마다 빠지지 않고 배가 등장했어요.
나훔 맞아요. 청첩장에도 한배를 타고 노 젓는 저희 모습을 그려 넣었고, 이 집의 설계와 인테리어를 맡은 '콩과하'라는 친구들이 '보트하우스'라는 이름을 붙여주기도 했어요. 집이 가로로 길쭉하거든요. 오어즈의 이름도 배와 밀접한 연관이 있네요.
성경 그게 다 김반장의 'Boat Journey'라는 곡에서 영감을 받아 나온 것들이에요. 우리 인생이 배와 같다는 내용의 곡인데 첫 소절이 이렇게 시작해요. "왜 나는 구분 지어 살아왔나 일상과 여행."

> 왜 나는 구분 지어 살아왔나 일상과 여행
> 스쳐 지나갈 수 있던 사람이 내 옆에
> 내 곁에 있을 때
> (…)
> 우리가 함께하는 이 배는 아직은 너무 작아서
> 흔들리거나 부딪힐 때도 많지만 여전히
> 흘러 흘러 간다네
> (…)
> 너와 나의 Boat Journey 삶의 결을 따라서
> 함께하는 이 여행 더 멀리 더 깊이
>
> —김반장, 'Boat Journey'

나훔 제가 베를린에서 방황할 때 망망대해를 표류하는 느낌이 들었거든요. 인생은 계획한 대로 되지 않고, 앞으로 어떤 일이 닥쳐올지 모르잖아요. 그 안에서 조금 당황하더라도 배가 뒤집히지만 않으면 어떻게든 살아간다는 말이 너무 큰 힘이 되고 영감이 됐어요. 그래서 지금까지 그 맥락을 가져오고 있고요. 오어즈 뜻도 비슷한 맥락이죠. 서울에서 쉼 없이 노를 젓다가 이곳에 와서 노를 놓는 순간의 즐거움과 평온함을 알게 됐어요. 남들 가는 방향을 따라 속도를 내기만 하던 과거를 돌아보게 됐죠. 잊고 있었는데 말하다 보니 정말 최고의 이름이네요, 오어즈!

저도 그렇게 생각해요(웃음). 성경 씨도 같은 생각이겠죠?
성경 그럼요. 저는 오어즈가 가진 뜻 중에 '균형'이라는 키워드에 큰 의미를 둬요. 늘 일과 일을 뺀 삶의 균형을 유지하면서 살고 싶어요. 한때는 일에 너무 치우쳐서 퇴근한 뒤에도 계속 일만 했어요. 제 일을 정말 사랑하지만, 쉬지 않고 달리기만 하니 어느 순간 흥미를 잃었고 이건 아니라는 생각이 들었죠. 다행히 오어즈를 시작하면서 저만의 균형을 찾았어요. 디자인을 다시 놀이처럼 재미있게 대할 수 있게 됐고, 애정이 샘솟으니 덩달아 퀄리티도 좋아지는 게 느껴져요.

디자이너인 성경 씨와 작가인 나훔 씨가 둘만의 브랜드를 함께 만들었다는 것도 특별한 의미일 거예요. 오어즈 안에서 일의 기쁨을 새롭게 찾았을 것 같아요.
성경 클라이언트 잡만 했다면 일이 맡겨질 때까지 기다려야 했겠지만, 오어즈를 통해 주도적으로 일을 만들어갈 수 있어서 좋아요. 하고 싶은 걸 마음껏 펼칠 수 있는 장이니까요. 사실 처음 매장을 열 때는 갤러리 겸 편집숍을 추구했어요. 나훔 씨 그림과 더불어 제가 판매하고 싶은 물건을 들여왔죠. 그런데 그런 형태를 이어가다 보니 다른 숍들과 차별점이 없더라고요. 같은 물건을 서울에서도 구할 수 있고 심지어 인터넷 최저가를 검색하면 더 싸게 살 수 있었죠. 그래서 제가 직접 굿즈를 디자인해서 만들기 시작했어요. 서울에 있을 때 프린츠에서도 일한 적이 있는데, 그때 팬층을 두텁게 만드는 굿즈의 힘을 체감했거든요. 더도 말고 덜도 말고 뮤지엄 굿즈 정도의 퀄리티를 유지하기로 하고, 오직 저희가 제작한 상품으로만 채운 지 꽤 됐어요. 그게 오어즈의 메리트고 자부심이에요. 디자이너로서의 만족도도 훨씬 커졌고요.
나훔 오어즈를 통해 개인적인 게 진짜 창의적인 것이고, 그만큼 호응도 좋다는 사실을 깨달았어요. 저희가 꺼내놓는 이야기들이 '안 궁금한 남의 얘기'가 아니라

GALLERY
& SHOP
Oars
PAINTING WORKS
& GRAPHIC DESIGNS
AND THINGS THAT
BALANCE OUR LIVES.
POSTER / NATURAL WINE
CERAMIC / FABRIC / BOOK
2F
OPEN 12
CLOSE 18
Marshall
Oars

'왠지 궁금한 누군가의 사적인 사연'으로 가닿나 봐요. 이 사람들은 단순히 유행하는 상품을 파는 게 아니라 이 지역에서 이런 즐거움을 찾았다고 생각해 주시는 것 같아요. 덕분에 저희가 뭘 좋아하는지 들여다보는 일이 늘어났어요.

성경 저희 둘 다 즐거움을 공유하는 걸 엄청 좋아하거든요. 예전에 와인 팔 때는 상품마다 설명을 적기도 했어요. '이 와인은 강릉 어느 바다에서 지는 해를 보면서 마셔 보세요.' 하고요.

그러고 보니 오어즈 유튜브 채널에도 개인적인 이야기를 나눠주시잖아요.

나훔 사실 유튜브는 보시는 분들이 뭘 좋아할지 고민하면서 야심 차게 시작했어요. 그런데 영상도 직접 만드는 거라서 그런지 개인적인 생각과 생활, 감상을 옮겨놓으니 어느 순간 우리 색을 띠더라고요. 이제는 구독자를 늘리거나 수익을 내는 게 목적이 아니라 아카이빙에 의미를 둬요.

성경 오어즈를 강릉의 소품숍이라고만 알고 소개하시는 분들도 많은데, 저는 오어즈가 단순히 가게 이름이 아니라 저희 팀명처럼 비쳤으면 좋겠어요. 그러기 위해서는 저희만의 이야기를 쌓으면서 깊이를 만들어가야 하는데, 이야기를 아카이빙하기에 유튜브가 아주 좋은 도구인 것 같아요. 브랜딩 측면에서도 좋고요.

나훔 씨의 유튜브 내레이션 중 "아내를 만나지 않았다면 나는 무채색 인생을 살았을 거다."라는 말이 기억에 남아요. 나를 더 나은 사람으로 만드는 관계가 좋다고들 하잖아요. 부부로서, 한 팀으로서 두 분은 서로에게 어떤 영향을 미치고 있나요?

나훔 내레이션에 대해 먼저 이야기드리자면, 저는 무채색 삶이 나쁘다고 생각하진 않아요. 베를린에서 지내는 동안 제 우울을 누를 수 있었던 건 따뜻한 봄이 아니라 차가운 겨울이었거든요. 어두운 삶도 분명 삶이니까요. 그런데도 그 이야기를 했던 건, 좀 쑥스럽긴 하지만 실제로 성경 씨가 저의 안팎을 밝혀줬기 때문이에요. 단적인 예로 저는 잘 모르는 감도 높은 장소들에 데려가 줬고, 밝은색 옷을 권해줬어요. "이렇게 입는 게 귀여운 거야."라는 말과 함께요. 저는 칙칙한 색을 좋아했고 그게 어울린다고 생각했는데, 성경 씨가 저 자신에 대한 편견을 깨줬어요. 삶을 대하는 태도까지도요. 매사 진중하던 저에게 즐거울 땐 춤도 출 줄 알아야 한다는 걸 알려준 사람이에요.

성경 저는 말의 힘을 믿거든요. 그래서 웬만해서는 긍정적인 방향으로 생각하고 말하려고 해요.

나훔 저의 회의적이고 비뚤어진 면을 성경 씨가 평평하게 만들어줬어요.
성경 반대로 저한테 뾰족함이 필요한 상황이 생길 때는 나훔 씨가 나서줘요. 아, 또 좋은 영향이 있네요. 나훔 씨가 찍은 사진을 올리는 계정이 따로 있는데, 소개 글에 "저지르는 사람이 주인이다."라고 적혀 있어요. 덕분에 모험적으로 시도하며 다이내믹하게 살게 됐어요. 강릉 이주도, 오어즈 매장도 나훔 씨가 저질러서 따라온 거니까요. 만약 저 혼자 가게를 차리려고 했다면 완성도 높인다고 오픈까지 한참 걸렸을 거예요. 유튜브도 마찬가지고요.
나훔 저는 작업이든 공간이든 무언가를 선보일 때면 늘 '지금이 최상'이라는 생각을 해요. 완벽을 추구하는 누군가는 "이건 좀 별론데, 이걸 왜 지금 사람들한테 보여주지?"라고 말할 수도 있지만 저는 하면서 고쳐나가는 스타일이에요. 완벽이라는 잣대를 대면 모든 작업물이 미달이기 때문에 적절한 때를 놓치지 않고 '지금이 최상' 이라고 생각하면서 꺼내놓는 거예요.
성경 맞아요. 꺼내는 걸 참 잘해요.
나훔 살아온 방식이 다르지만 오히려 다른 점이 서로 부족한 점을 채우고 이끌어줘요.

이번 호 주제가 '나들이'예요. 나들이의 사전적 의미는 "집을 떠나 가까운 곳에 잠시 다녀오는 일."인데요. 나들이와 여행 중 무엇을 선호하나요?
성경 예전이라면 당연히 여행을 골랐을 텐데, 아기가 생기고 시간적 여유가 부족하다 보니 나들이도 좋은 선택 같아요. 대신 그냥 나들이는 아니고 경험과 추억을 곁들인 나들이요. 실제로 제가 동네 마실을 나가서도 과거에 다녔던 여행지와 비슷한 점을 잘 찾아내거든요. "여기 돗자리만 펼치면 파리 같아."라고 하면 정말 파리에 온 것 같아요.
나훔 강릉에서는 나들이가 일상이었는데, 요즘은 육아 때문에 외출도 쉽지 않은 상황이라서 새삼스럽게 나들이의 중요성을 느끼고 있어요. 가끔 어머니가 두 시간 정도 아이를 봐주시고 바람 쐬고 올 때가 있는데 그게 엄청난 환기가 돼요.

두 분은 여행자이기도, 여행자를 맞는 사람이기도 하잖아요. 두 가지 경우를 모두 겪어 보았으니 방문객을 맞이하는 마음가짐도 조금은 다를 것 같아요.
나훔 여행자들의 눈을 보는 일이 즐거워요. 많은 분의 눈빛과 목소리에서 설렘을 발견해요. 저도 여행자일 때는 그랬을 거라고 생각해 보면 저희가 하는 일의 가치와 보람이 새롭게 느껴져요. 매장에 들어오신 분들의 눈이 동그래지는 걸 보면서 가끔씩 그래요. "여기가 그렇게 좋은가?" (웃음) 여행 중에는 별거 아닌 일에도 들뜨잖아요. 그걸 너무 잘 아니까 계속 여행자 시선에서 생각하게 돼요. 기분 좋게 말 걸기 좋은 타이밍을 보고, 조금 더 친절하게 행동하려고 하죠. 특히 혼자 오신 분을 보면 저 혼자 여행하던 생각이 나서 더 설명해 주고 싶고, 더 따뜻하게 맞이해 주고 싶어져요.
성경 해외여행 경험을 돌아보면, 저는 동네 작은 숍들, 그곳의 스태프들과 나눈 대화로 그 도시의 이미지를 결정했던 것 같아요. 제가 강릉을 사랑하는 만큼 여기 오신 분들에게도 좋은 인상을 심어주고 싶어요. 그래서 자꾸 스몰토크를 하게 돼요. 실제로 그렇게 이야기하다가 인연이 된 손님들도 많아요.
나훔 강릉에서 사는 건 어떠냐고 묻는 분들도 꽤 있는데요. 대화를 나누다 보면 우리가 사는 방식이 누군가에게는 다양한 삶 중 하나로 보이고 있다는 게 뿌듯해요.
성경 저는 평소에 살가운 편이 아니에요. 좋은 하루 되세요, 새해 복 많이 받으세요, 이런 간단한 인사말도 으레 하는 말이라 생각해서 입 밖으로 낸 적이 별로 없었어요. 그런데 가게에 있다 보면 손님들이 먼저 그런 말을 해주실 때가 있어요. 그럼 저도 자연스럽게 "좋은 여행 되세요." 하는데, 그러면 그날 하루 기분이 좋아져요. 요즘은 더 다정하려고 노력 중이에요.
나훔 저희 두 사람 역시 공간을 구성하는 콘텐츠 중 하나기 때문에 주말에는 꼭 나가 있으려고 해요. 오시는 분들과 호흡하는 게 포기할 수 없는 즐거움이기도 하고요.

고민이든 기쁨이든, 요즘 자신을 채우고 있는 게 있다면요?
성경 요즘은 새로운 생명을 키우는 기쁨으로 가득해요. 저는 산후조리원에 안 들어가고 바로 집으로 왔는데, 그 2주 동안에도 아이는 정말 많이 자라더라고요. 솜털도 속눈썹도 없었는데 하루하루 달라졌어요. 식물이 자라는 것처럼요. 그 모습을 지켜보는 기쁨이 말할 수 없이 커요. 이렇게 소중한 생명을 책임져야 하니 일적으로 안주하면 안 되겠다는 고민도 따라오지만, 기쁨이 걱정을 압도해요.
나훔 저는 처음 강릉 왔을 땐 '나 하나 건사하자.'는 생각이었고, 어떻게 보면 혼자만의 즐거움을 따르면서 살았는데, 아내와 결혼하고 공간을 운영하면서 좀 더 대의적인 일들을 고민하게 돼요. 추상적일 수 있지만, 앞으로 모네가 살아갈 세상에 대해서도 생각하게 되고요. 그동안은 저희가 사는 방식을 다양한 삶의 모양을 이루는 하나의 결로만 생각했는데, 이제는 큰 흐름을 만들고 싶다는 욕심이 생겼어요. 지역적인 커뮤니티를 만들어서 활동한다든지, 오어즈를 좀 더 큰 공간에서 경험할 수 있게 한다든지, 나아가서 우리만 생존하는 게 아니라 다 같이 즐거운 세상을 만들기 위해서 뭘 할 수 있을지 고민하기도 해요. 막상 할 수 있는 일을 생각하면 좀 작아지긴 하지만요. 그런 고민들이 작가로서 역량을 키워가는 동기부여가 되기도 해요.

모네가 살 만한 세상을 만들어주고 싶은 거네요.

나훔 네. 아이가 자라면서 자신의 삶을 알아서 잘 개척하리라 믿어 의심치 않지만, 어른들이 먼저 토대를 다져 놓는다면 더 수월하게 자기다운 삶을 살 수 있을 테니까요. 이 세상에는 경쟁에서 승리하는 것이나 큰돈을 버는 것 이상으로 재미있고 소중한 가치들이 많잖아요. 어른으로서, 또 창작가로서 어떻게 하면 그런 목소리를 더 효과적으로 낼 수 있을지 최근 들어 많이 고민해요.

20년쯤 뒤에 이 시절을 되돌아본다면, 어떤 기억으로 남을 것 같아요?

나훔 긴 여행 같은 시절로 남을 것 같아요. 이곳에서 일어난 일들, 하루하루 나들이 했던 장면들이 모여서 거대한 추억이 될 것 같아요. 그리고 그때쯤에는 그다음 여행을 생각하면서 또 다른 설렘을 가졌으면 좋겠어요. 베를린으로 떠나기 전을 돌이켜 보면 그때의 저희 모습이 너무 낯설어요. 각자 정체성이 또렷한 두 사람이 오어즈라는 공간에서 합쳐진다는 것도 상상할 수 없는 일이었거든요. 나중에 모네가 다 컸을 땐 완전히 다른 챕터가 돼 있을 거예요. 모네는 지금의 모네가 아니고, 저희도 지금의 서툰 엄마 아빠가 아닐 테니까요. 또 새로운 꿈을 꾸지 않을까요?

성경 요즘 산책하면서 행복하다는 말을 입 밖으로 자주 꺼내요. 나중에 분명 힘든 일이 생기겠지만 지금 이 시절의 추억을 곱씹으면서 산다면 그게 힘이 돼서 뭐든 다 이겨낼 수 있을 것 같아요. 막연히 그런 확신이 들어요.

H. Instagram.com/oars.kr
H. Kimnahum.com

우리가 사랑하는 강릉의 자연

1.

2.

3.

1. 숲속집과 메타세콰이아 숲길

쭉 뻗은 메타세콰이아 숲길에 반해서 우연히 들어간 곳이에요. 그런데 바로 앞에 '숲속집'이라는 순대국밥집이 있네요? 심지어 맛집으로 소문난 곳이에요. 식사 전후에 숲길을 거닐면서 자연을 느끼기에도 좋고 멋진 사진도 건질 수 있어요. 저희 만삭 사진도 여기서 찍었답니다.

2. 송정해변과 강문해변 사이의 소나무숲과 바다

강릉 하면 송정해변이 유명하잖아요. 조금만 더 걸어서 강문해변까지 가 보세요. 두 해변 사이에 나 있는 소나무숲이 정말 멋지거든요. 저희도 바닷길을 따라 펼쳐진 그 길을 자주 걸어요. 드라이브 코스로도 손색없고요.

3. 경포생태저류지

보뜨를 키우고나서부터는 늘 반려동물 동반이 허용되는 곳을 찾아요. 탁 트인 들판에 마음까지 시원해져서 보뜨와 함께 뛰어놀고는 했는데, 요즘 공사를 하더라고요. 그래도 옆쪽에 길이 있어서 왔다갔다 할 수 있어요. 나중에 모네랑도 같이 가보려고요.

누군가는 우리가 사는 곳을 삭막하고 외로운 회색 도시라 부른다. 엇비슷하게 네모난 건물과 콘크리트 빌딩들, 깊숙이 내려앉은 어둠과 잠들지 못하는 이들을 이유라 말하며. 도시의 일상을 캔버스에 옮기는 페인터 이슬아의 두 눈은 같은 것을 보고도 다른 풍경을 그린다. 고유한 삶이 스미는 이야기를 응시하는 그의 그림에서는 이 큰 도시를 채우는 수많은 사람의 생명력이 흐른다. 섬세한 표현으로 일상의 목격담을 작품으로 연결해 내는 이슬아에게 자신을 이룬 것이 무엇인지 물었다. 그 답에서는 낯선 도시에서 비롯된 산뜻한 바람 내음이 난다.

두 눈이 응시하던 도시에는

이슬아—페인터

에디터 이명주

포토그래퍼 최모레

반가워요. 얄궂게 봄비가 내리는 날에 만나게 됐네요.
안녕하세요. 서울에서 그림 그리는 이슬아입니다. 여기는 저와 연인이 함께 꾸려나가는 그래픽 스튜디오 '그래픽캐뷰러리Graphicabulary'의 작업실인데, 한편에 제 그림 작업을 위한 공간이 있어요. 비가 많이 와서 오는 길에 고생하셨죠? 어제는 정말 날이 좋았거든요. 작업실 채광이 좋은 편이라 오후 네다섯 시 정도 되면 저 안쪽까지 노랗게 물드는 게 참 아름다운데, 아쉽네요. 테라스에 꾸려둔 작은 텃밭도 보여드리고 싶었는데.

대신 비 오는 날의 차분한 작업실을 볼 수 있다는 걸 위안 삼을게요. 텃밭에는 무얼 키우고 있어요?
로즈마리나 바질 같은 허브요. 요리하는 걸 좋아해서 먹으려고 키우는 거예요(웃음). 지난 주말에도 스콘을 만들어 먹었어요. 유독 달콤한 걸 먹고 싶은 날에는 바나나 케이크를 구워요. 집과 작업실이 자리한 이 동네를 오가는 것 외에 특별한 취미나 루틴은 없어요. 그림을 업으로 삼은 이후에 얻는 스트레스는 음식을 만들거나 베이킹을 하면서 푸는 것 같아요.

원래는 나고 자란 부산에서 그림을 그렸죠. 서울 생활은 충분히 익숙해졌나요?
동대문 근처로 전입 신고한 지 2년 반쯤 되었으려나요. 제가 살던 곳은 부산 남천동에 자리한 '삼익비치 아파트'였어요. 부산에도 높은 건물이 많지만 그 동네는 전혀 아니었거든요. 생활 반경이 넓은 편도 아니라 집 바로 앞에 있는 광안리를 보며 자연을 곁에 두고 지냈죠. 당시 그린 그림에도 바다가 전부예요. 생경한 이 동네에 잘 적응할 수 있던 이유는 주택가라 한적하고, 그때처럼 자연과 계절을 잘 볼 수 있기 때문이에요. 이맘때 되면 아카시아 같은 꽃향기를 맡고, 여름이면 녹색으로 우거진 나무들을 봐요. 가을이면 감나무가 풍성해지고, 겨울이면 그 위에 눈이 쌓인 걸 보고요.

미처 떨어지지 못한 감은 주황빛 알전구 같은데 그 위에 눈이 쌓이면 참 예쁘죠.
맞아요. 부산은 눈이 잘 안 오니까 그런 풍경을 마주하면 새로운 동화를 보는 것 같았어요. 새삼스레 다시 한번 계절을 깨닫고요. 내가 머무는 곳과 친하게 지내면서 애착을 가지려고 노력하는 편이에요.

이곳에서 작업 중인 슬아 씨 모습을 상상하면 '파란색 작업복'이 떠올라요. 저기 의자에 걸린 거요.
상하의가 하나로 연결된 점프슈트 형태의 작업복인데요. 저걸 입을 수밖에 없는 게 큰 그림을 그리면 조금만 움직여도 물감이 머리부터 발끝까지 다 묻어요. 캔버스 곁을 지나가다가 묻고, 붓 빨다가 묻기도 하고요. 예전엔 인터넷에서 열심히 검색해서 적당한 작업복을 찾아 입었다면, 저 파란색 옷은 2년 전 도쿄에서 좋아하는 화방에 갔을 때 발견했어요. 얼룩덜룩 물감이 묻어서 많이 더러워졌죠? 하루 종일 저 옷을 입는 건 아니고 보통은 작업실에 도착하자마자 노트에 연필로 드로잉을 해요. 큰 그림을 채색해야 할 때 작업복을 입는 거죠.

그렇군요. 누군가의 일터 혹은 집일 건물과 거리 풍경을 꾸준히 기록하고 있잖아요. 엇비슷한 모양으로 늘어선 빌딩 속 사람들도 담고요. 도시의 일상을 그리기 시작한 이유가 있어요?
특별히 의식해서 그린 건 아니예요. 굳이 구분하자면 저는 추상회화가 아니라 구상회화를 하는 사람이에요. 실제로 보고 듣고 경험하는 게 그대로 그림에 반영되곤 하죠. 부산에 머물 때는 바다나 자연만을 그렸던 것처럼요. 한번은 미국에 있는 미술관이 좋다던 친구들 말을 듣고 난생처음 뉴욕에 갔는데, 빛을 따라 시선이 닿는 곳곳의 색깔이 알던 것과 다르게 보이는 게 매력적인 거예요. 그리고 그 대도시에 사람들이 얼마나 많겠어요? 별달리 할 일이 없으니 오가는 사람들을 관찰했는데 자세히 들여다보면 재미있는 장면이 참 많더라고요. 커피나 술, 담배 그리고 휴대폰을 꼭 가까이 두거나 반려동물과 산책하는 일상적인 모습이요. 다들 아파트나 빌딩처럼 네모난 공간 안에 머무는데, 누구는 바닥에 붙어 있고 누구는 공중에 떠 있기도 하다는 걸 알아채기도 했죠. 주어진 공간이 저마다 다른 이야기로 채워지고 있다는 게 큰 영감으로 다가왔어요.

관찰로 알아낸 재미있는 장면에 대해 더 듣고 싶어요.
사람들이 다른 모습으로 비슷한 행동을 한다는 걸 아세요? 저는 생김새나 거주지, 직업 등이 달라도 결국 사는 건 다 비슷하다고 생각하는데, 환경이 같아진다면 행동의 선택지가 더욱 비슷할 테니, '도시'에 사는 이들의 일상은 닮아 있을 거예요. 그 생각이 굳어진 게 뉴욕에서 머무르던 팬데믹 시절인데요. 당시 접촉 제한으로 머무를 수 있는 공간이 한정되니까 답답한 사람들이 바깥으로 나왔어요. 공원이나 집 안에서도 테라스, 옥상 같은 곳으로요. 하루는 도시가 내려다보이는 지상철을 타고 있는데, 발밑으로 다들 자신의 집 옥상에 올라와 바람 쐬는 모습이 보이는 거예요. 그걸 보고 괜히 웃음이 터졌죠.

그게 사람이라는 존재의 귀여운 구석 같기도 해요(웃음). 서로 한없이 다르게만 보이다가도 어떤 날, 어떤 순간에는

똑같은 마음이 되곤 하니까요.
그러니까요. 그때는 아침에 일어나서 창밖 바라보며 커피 마실 때 맞은편 아파트에서 저랑 똑같이 커피를 마시는 사람과 매번 눈이 마주치기도 했어요(웃음).

이후에 도쿄 스카이트리 전망대에 올라 친구와 나눈 대화를 계기로 '네모 안에 사는 사람'이라는 시리즈를 그렸죠. 건물이나 풍경보다 그 안에 머무는 사람한테 더 집중한 작품인데, 어떤 이야기를 나눈 거예요?
마지막 입장쯤 들어간 거라 관람객이 우리 둘뿐인 그곳에서 깜빡거리는 도시의 불빛을 봤어요. 당시 저는 그려야 한다는 강박을 느낄 때마다 두서없이 그림에 창문들을 박아 넣던 때라, 그 아름다운 불빛을 보면서도 미적 혹은 미술사적인 의미를 찾아내려고 했죠. 무슨 색을 쓰면 저 까맣고 노란 걸 똑같이 그릴 수 있을까, 퍼머넌트 오렌지인가 프라이머리 옐로인가 하면서요. 근데 친구가 그러더라고요. "저 불빛만큼의 삶이 있는 거야. 우리도 건너에서 보면 깜빡이는 불빛 중에 하나일 거야." 네모난 건물과 네모난 창문 사이마다 저마다의 삶이 있다는 걸 다시금 느끼면서 그 불빛 뒤에 있을 이야기들을 시리즈로 그렸어요. 건너편 창문에 비치는 지친 도시인의 하루, 레스토랑에서 늦은 저녁을 먹는 사람, 마감에 쫓겨서 불을 끄지 못하는 누군가의 밤을요.

어디 멀리 있는 장면들이 아니네요.
지금의 나를 담은 자화상이자 내 곁에 있는 사람들 이야기이기도 해요. 아직도 밤에 작업하거나 글을 쓸 때가 많은데, 작업실에 앉으면 창문 너머로 써미트호텔이 보이거든요. 동네는 조용하고 깜깜한데 그 호텔에 불이 하나씩 들어와요. 여기 혼자 앉아 있지만 어쨌든 저기에도 사람이 있다는 생각이 들면 덜 외롭죠. 그렇게 또 하나의 밤을 흘려보내기도 하고요. 보는 분들도 비슷한 마음을 느끼지 않을까요?

무언가를 관찰하고 꾸준히 기록으로 남긴다는 건 그 대상에 애정이 있다는 의미로도 들려요.
저도 잘 몰랐는데, 저에게는 그 대상이 '사람'인가 봐요. 가끔 친구들이나 가족, 특히 엄마가 이런 말을 할 때가 있어요. 너는 사람이 참 차가운데 그림을 보면 따뜻하다고. 사람이라는 존재에 애정과 관심을 쏟는 게 바라는 삶의 방향인가 봐요.

그러고 보니 어릴 때부터 그림과 가까이 지냈는지 궁금해져요.
보통의 유년기처럼 부모님들이 미술이나 태권도, 수영 학원 보내듯 저도 일곱 살 때부터 미술 학원에 다녔어요. 이어서 예고와 미대에 진학했으니까 일곱 살 때부터 그림을 놓아본 적이 없죠. 그림 그리는 걸 직업이라 부른 지는 이제 11년이 되었네요.

작업 중 나무를 '그린다'고 말하지 않고 '심는다'고 표현하는 걸 보고, 이 일을 대하는 마음가짐이 엿보인다고 생각했어요.
그런가요? '오늘은 몇 평짜리 건물에 창문 달았다.'거나 '소질 있으니 건축 회사에 취직해야겠다.' 같은 장난도 하는데(웃음). 제 그림의 첫 단계는 즐겨 쓰는 검정색 노트에 드로잉으로 어떤 그림을 그릴지 구성해 보는 거예요. 사람과 건물, 나무 등 요소들을 어디에 배치할지부터 어떤 시간대의 풍경인지, 그림자를 어떻게 넣을지 정하는 거죠. 그 구성이 완벽해 보여도 캔버스에 옮기다 보면 수십 번 좌절해요. 건물 하나를 그리더라도 여러 가지 색을 칠하고 또 덧칠하다 보니 마치 건물을 지어 올리는 듯한 심정이죠. 나무도 단숨에 쭉 그려서 완성하는 게 아니라, 붓으로 이파리를 하나씩 쳐요. 한 그루를 직접 심어 풍성하게 자라도록 가꾸는 기분으로 작업해요. 오랫동안 변하지 않은 마음이에요.

단순히 빗댄 게 아니라 솔직한 심정을 담은 말이었네요. 슬아 씨를 성실한 관찰자이자 섬세한 표현의 페인터로 만든 건 스물다섯 살에 처음 떠난 배낭여행이 아닐까 싶은데, 그때 이야기를 듣고 싶어요.
2012년이었을 거예요. 그때는 지금처럼 인터넷을 아무 데서나 쓸 수 있지 않았어요. 유럽에서 한 달 반 정도 머물 여행을 계획하는데, 와이파이가 잘 안 터진대요. 로밍은 너무 비싸길래 아예 휴대폰을 정지시키고 떠났어요. 아주 잘못된 결정이었죠(웃음). 여행 내내 종이 지도를 보고 다닌 데다가, 같이 간 동생과 각자 다른 곳에 갔다가 접선하려고 하면 몇 시에 어디서 만나자는 약속을 건넬 방법도 없었어요. 미리 약속하더라도 초행길이라 휴대폰 없이 지키는 게 무척 어려웠고요. 결국 중간에 못 참고 114에 전화해서 휴대폰 좀 살려달라고 했죠(웃음). 사실 그 여행의 목적은 유명하다는 미술관에 최대한 많이 가보는 거였기 때문에 프랑스, 스페인, 영국을 거치면서 유명한 곳뿐 아니라 어디든 전시가 열려 있으면 들어가서 감상했어요. 그야말로 쏟아지듯이 그림을 볼 수 있어서 행복하던 시간이었죠. 간접적으로 경험하던 걸, 직접 보고 듣고 느껴보니까 내가 무얼 좋아하고 싫어하는지 더 잘 알게 되었어요.

Things in city
Garden

'Too much caffeine'(2024)

'Too much caffeine'(2024)

잘 모르기에 오히려 거침없던 시절도 있죠. 그중에서도 여태까지 생생하게 마음에 남아 있는 경험이 있다면요?

제가 정말 좋아하는 '데이비드 호크니David Hockney'의 시선을 경험했던 게 떠올라요. 작품은 물론이고 이 업을 대하는 태도가 무척 멋진 아티스트라고 생각하는데요. 호크니는 그림을 정말 많이 그려요. 저도 꽤 오랜 시간 해왔지만 번아웃처럼 아무것도 그리지 못하고 지쳐 있던 시기가 두세 번 있었는데, 호크니는 끊임없는 에너지로 그림을 그렸죠. 저보다 앞서 영국을 여행한 친구가 길거리에서 호크니의 다큐멘터리 CD를 샀대요. 보니까, 캔버스 여러 개를 연결해서 하나의 큰 그림을 만드는 방식을 다룬 건데, 호크니 할아버지가 짐이 너무 많으니까 조수 한 명을 데리고 요크셔 지역으로 가요. 원하는 장소에서 먼저 드로잉을 하고 있으면 조수가 캔버스 여섯 개를 이어주거든요. 그럼 아침부터 해 지는 시간까지 내내 그리다가 오는 건데, 그 작업 방식이 너무나 특별하고 재미있게 느껴졌죠. 그가 선 자리에서 그가 본 풍경과 비슷한 장면들을 바라보니 어떤 마음으로 종일 그림을 그렸을지도 헤아려 보게 됐고요.

떠나기 전, 당도하게 될 그곳에 대한 다큐멘터리를 봤다는 게 슬아 씨만의 특별한 여행법으로 느껴져요.

아직도 생각나는 게, 어릴 때 엄마가 세계 각국을 정리해 놓은 백과사전 같은 걸 사 주신 적 있어요. 거기에 한 나라의 인구수부터 수도, 역사적인 사건이나 곳곳을 설명하는 사진과 글이 있었는데 그 책 보는 걸 정말 좋아했어요. 종이 한 장 꺼내서 가고 싶은 나라나 도시 같은 거 적을 정도로요. 그런 시절이 있어서인지 아직도 어딘가로 떠날 때마다 도착지의 단편적인 정보를 미리 습득하곤 하죠. 생각해 보면 직접 돈을 벌어서 어릴 때 꿈꾸던 곳으로 갈 수 있다는 건 되게 큰 기쁨이에요.

인스타그램에서 "물감도 만들어서 그리고 보고 싶은 게 있으면 언제든 떠났던 때. 해가 지고 달이 차는 것만 쫓아다녔던 하루들."의 시절을 회상한 걸 봤는데, 그땐 어딜 간 거예요?

미국 서부로 떠난 로드 트립이었는데, 앞서 설명한 여행과는 좀 다르게 도피하듯 떠난 거였어요. 본격적으로 도시들을 그리면서 감사하게도 관심과 애정을 받았지만 일이 많아지다 보니 조금은 지쳐 있었거든요. 아마 그때도 캠핑카 타고 미국 서부 사막을 여행한 다큐멘터리 사진집을 본 후에 대뜸 결정했던 걸로 기억하는데요. 면허가 없어서 주변에 '운전만 해주면 내가 모든 걸 다 준비하겠다.'고 호언장담 하며 같이 갈 친구들을 구했어요(웃음). 광활하게 펼쳐진 자연을 달리다 보면 높은 건물이나 도시다운 곳을 전혀 찾아볼 수 없거든요. 하루 종일 차 안에서 책 읽거나 해와 달이 연이어 뜨고 지는 걸 바라보거나, 머릿속으로 생각하는 것밖에 할 일이 없죠. 어떤 길은 아무리 가도 시간이 흐르는 게 느껴지지 않을 때도 있고, 간간이 트럭이나 물류 열차가 지나가는 것만 목격하는 하루를 보낼 때도 있었어요. 나를 복잡하게 만들던 것들이 시야에서 멀어지니까 생각이 정리되고 사람 마음이 단순해지더라고요. 생경한 자연의 섭리 앞에서 되려 앞으로도 그림을 그리고 싶다는 의지가 또렷해졌어요. 도시를 그리듯 그때 본 장면들도 그림으로 옮겼죠.

'네모 안에 사는 사람'(2023)

눈으로 본 것을 캔버스에 그대로 옮기기 위해 어떤 방법을 썼는지 궁금해요.
로드 트립 중에는 스케치와 요소들의 색깔을 체크해 두는 것만 할 수 있었어요. 모래가 햇살을 받아서 빛이 나면 정말 아름답거든요. 미숫가루 같기도 하면서… 곱고 또 화려하게까지 느껴지는 노란빛이에요. 그 빛을 제대로 표현하고 싶어서 여행을 마치고 돌아오는 길에 도쿄를 경유했죠. 물감 안료를 파는 피그먼트 숍에 들르고 싶어서요. 몇만 가지 안료 중에서 한 가지 정확한 색을 만들기 위해, 제가 본 그 빛과 닮은 것들을 고르고 물감을 직접 개어내 만들며 작품을 완성했어요.

잊을 수 없는 순간들이 다시는 볼 수 없는 찰나로 남지 않고, 슬아 씨 그림에서 영원이 되었네요. 지금도 여전히 일과 일상을 이유 삼아 다양한 나라로 떠나곤 하죠?
맞아요. 사실 제 성향은 집순이에 가깝거든요. 그런데 다른 나라로 떠나고 싶은 마음은 불쑥불쑥 찾아와요. 특히 바쁜 일을 마치고 한숨 돌릴 만하면 한눈팔고 싶어지죠(웃음). 요즘에는 그래픽 스튜디오 일로 해외 출장을 가는 일도 잦고요. 과거에는 외국에서 시간을 보낼 때 루틴이나 계획을 중요하게 생각하는 편이었어요. 그날 하루를 허비하지 않도록 어딜 가야 하고 무얼 사야 하는지 정해두고, 그걸 꼭 지키려고 했던 거예요.

'Things in city'(2021)

만약 계획을 지키지 못하면요?
'오늘 이거 해야 하는데…. 내일 끼워 넣어야 하나? 시간이 안 되는데….' 하면서 고민했어요. 그런데 그 태도를 바꾸게 된 계기가 있는데, 하루는 똑같은 고민을 하던 저에게 친구가 말했어요. "너 마음대로 해도 돼." 시간이 빠듯하다든가, 밤이라 나가기 무섭다든가, 지금 나에게 걸림돌이 되는 걸 말하면 전부 다 내 마음대로 해도 되는 거라고 말한거죠. 사실이잖아요. 저는 직장인도 아니고 온전히 휴식으로 온 거라면 어떤 제약도 받을 필요가 없어요. 그 말이 마음에 와닿으면서 뭔가 툭 해방되는 기분이 들더라고요. 이후부터는 잠시 떠나온 시간이라며 할 일을 해치우듯 전전긍긍하기보다 저 자신을 좀 풀어두려고 노력해요.

분주해지는 그 마음을 조금은 이해해요. 완전한 삶의 터전이 아니라 이방인으로서 닿은 곳이기에 그런 거 아닐까요? 곧 돌아가야 하니까요.

그랬을 거예요. 여행과 돌아가는 것의 의미를 곱씹어 보는 게 그림의 영감으로도 이어질 테니까 굳이 분리해서 바라보기도 했는데요. 내가 이방인이라 생각할수록 돌아왔을 때 좀더 힘든 것 같아요. 뭔가 빼앗긴 것처럼 헛헛하거나 그립기도 하고, 마음을 정리하는 데 꽤 시간이 걸리기도 했어요. 휴식뿐 아니라 일로도 해외에 나가는 게 잦아진 후에는 별다르게 구분하지 않죠. 눈떴을 때 다른 장소일 뿐, 어디서든 똑같은 하루가 이어지는 거잖아요. 그래서 다른 나라의 도시에 가서 꼭 하는 게 슈퍼마켓에 가보는 거예요. 슈퍼마켓이야말로 그 동네의 삶을 보여줘요. 무얼 먹고 마시는지, 어떤 재료들이 나는지 둘러보는 게 좋아요. 특이한 거 있으면 한번 사 먹어보기도 하고. 이외에는 동네를 걷거나 공원에 앉아 있는 거니까 서울에서 보내는 일상과 별반 다를 게 없네요.

슬아 씨는 이 질문에 대한 답을 알 거라는 생각으로 묻고 싶은 게 있어요. 사람이 한자리에만 고여 있지 않고 바깥으로 나서는 경험을 통해 무엇을 얻을 수 있을까요?

제 생각에는 세상을 이해하는 시야를 확장할 수 있을 거예요. 어릴 때는 그게 크게 중요한 거라고 여기지 못했는데, 해를 거듭하며 나이가 들고 이 직업을 좀더 진지하게 바라보면서 달라졌어요. 보는 것만 보고, 좋아하는 것만 향유하는 게 어쩌면 편안하게 사는 법처럼 보일 수도 있지만, 의식적으로라도 시야를 새롭게 넓혀보려고 한다면 이해할 수 있는 폭도 분명히 넓어져요. 그동안 제가 그리는 이 작업들은 다른 누구보다도 저를 위한 거라고 생각하면서 해왔어요. 그럼에도 계속 의식하고 있는 건 이 작업이 너무나 개인적인 이야기로만 들리지 않도록 조심하는 거예요. 사람들이 봤을 때 '아, 이거 내 이야기이기도 하지.'라는 시선으로 바라봐 주길 원하기 때문에, 세상을 넓게 이해하는 게 중요해요.

그 이야기를 들으니 앞으로의 작업도 기대되는데요. 도시의 일상을 다뤄왔던 요즘, 이외에도 그리고 싶은 소재가 있다면요?

요즘은 다시 자연과 풍경을 담고 싶어요. 살짝 지치는 시기가 돌아온 것 같거든요. 문득 지난 여행길에 만났던 할머니가 해주신 말씀이 떠오르는데요. 게스트하우스에서 아침밥을 먹고 있는데, 사람은 많고 테이블은 좁으니까 모르는 사이여도 마주 보고 앉아야 했어요. 제 곁에 앉은 할머니랑 스몰톡으로 이것저것 이야기하다가, 어쩌다가 이렇게까지 여행을 많이 오게 되었는지 여쭤보시더라고요. 저는 한 번 와보니까 그다음은 어렵지 않았고, 다양한 곳을 다니면서 나에 대해 새롭게 알게 되는 게 늘어서 좋다고 대답했죠. 그 말을 듣던 할머니가 "역시 한 번 열린 문은 다시 닫을 수 없다."고 하셨어요. 내가 한 번 체득하고 깨닫게 된 것들은 그걸 모르던 이전의 시간으로 돌아갈 수가 없다고요. 그 여행 내내 그 말이 계속 맴돌았었는데 요즘 다시 떠올라요. 그 감각은 정말 지울 수 없는 것 같아요. 계속 새로이 다니면서 시야를 넓히고, 그 과정에 재미를 붙여 작업으로까지 연결하고 싶어요.

곧… 다시 부지런히 바깥으로 걸음을 옮길 것 같은 대답이네요(웃음).

맞아요(웃음). 그때의 그 에너지를 얻기 위해서요. 탈출하는 기분으로 떠나지만 머지않아 돌아올 게 분명한 길로 나서보고 싶어요. 다시 단순해져야 할 시기가 왔나 봐요.

광안리 푸른 바다 앞, 이제는 하나둘씩 허물어져 버린 삼익비치 아파트의 모습을 기록한 그림을 모아 슬아 씨는 올여름 부산에서 개인 전시를 연다고 했다. 언젠가 변할지도 모르는 삶의 한 장면을 그림으로 남기는 일이 어떤 의미인지 묻는 나의 마지막 질문에 그가 답했다. "제가 좋아하고 좀더 알고 싶은 것들에게 마음을 주는 과정이라고 생각해요." 몸보다 훌쩍 큰 캔버스 앞에 붓을 꼭 쥔 채 선 한 페인터를 바라본다. 그의 또렷한 시선은 사람이 머문 자리에 애정으로 맺힌다.

H. Seulayi.com

일러스트레이터 '부르르'의 그림은 재치 있는 상상으로 가득하다. 사람과 손을 마주 잡은 개미, 자동차를 운전하는 화분, 바람에게 편지를 쓰는 꽃. 나는 꾸덕꾸덕한 질감으로 그려진 이 앙증맞은 존재들을 지켜보는 일이 좋았지. 어떤 이의 그림인지 궁금해져 부르르에게 만날 수 있겠냐 물었더니, 사실 부산에 살고 있다던 그는 서울로 곧장 날아왔다. 볕 좋은 날 만난 우리는 주변의 자연물과 동식물을 친구로 여기는 마음과, 곧은 자세의 중요성 같은 소소한 이야기를 와글와글 논했다.

우리의 친구는 어디에나 있다

부르르—일러스트레이터

에디터 차의진 포토그래퍼 박은비, 장소 협조 코래커하우스

반가워요. 오랜 팬이었는데 이렇게 만나게 되었네요. 자기소개로 시작해 볼까요?

지금 녹음이 되는 거죠? 부르르라는 이름으로 활동하는 이창섭입니다. 아, 다시 해도 될까요? (목소리를 가다듬으며) 일러스트레이터로 활동하고 있는 부르르 이창섭입니다(웃음).

좋아요! 이름이 늘 독특하다고 생각했어요.

제목이 정확히 기억나진 않는데, 한 시집에서 "부르르 떨리는 마음"이라는 시구를 보고 마음에 들어서 이름으로 삼았죠. 저는 책은 좋아하는데 읽기만 하면 잠들어버려서 완독을 못 해요. 그래도 독서하는 내 모습이 좋아서 계속 시도하다 시집을 읽게 됐어요. 얇으니까 한 권을 클리어했다는 성취감을 얻을 수 있더라고요.

주로 어떤 작업을 하는지도 들려주세요.

오일 파스텔을 사용해 일상이나 자연에서 만나는 작고 소중한 존재를 그리고 있어요. 작업 분야를 넓혀보려고 터프팅이나 도자기도 배워봤는데요. 도자기는 조금 힘들겠다 싶어서 그만뒀어요. 허리 디스크 수술을 해서 오래 웅크려 앉아 있기가 어렵거든요. 그런데 감사하게도 최근에는 세라믹 스튜디오 '크래프트 프랙티스' 제안으로 제 일러스트가 들어간 그릇도 판매하고, 워크숍도 열었어요. 흙물을 케첩처럼 짜서 그림을 그리고 굽는 식이었죠. 이렇게 도자기를 다시 만들게 돼서 기뻤어요.

즐거운 기회였네요. 근데… 허리는 이제 괜찮은 거죠?

전에는 너무 아파서 일상생활이 불가능했는데, 이제는 괜찮아요. 수술한 뒤로 아침마다 운동해서 아주 좋아졌어요. 저는 다리를 절대 꼬지 않아요. 에디터님도 몸에 안 좋은 자세는 피하세요. 스트레칭도 필수예요!

어이쿠, 네. (자세를 고쳐 앉는다.) 우리가 대화를 나누는 '크래커하우스'에서는 얼마 전 팝업이 열렸어요. 어땠나요?

크래커하우스는 부산에 사는 제가 서울 올 때마다 들르는 카페 겸 아틀리에예요. 주인장 형들 중 한 명과 친하게 지내고 있어요. 형이 이곳에서 같이 팝업을 해보자고 제안해 주었죠. 이번 팝업에서는 일러스트가 프린팅된 티셔츠나 작은 액자에 원화를 넣은 키링 같은 굿즈를 선보였는데요. 제 그림을 좋아해 주시는 분들을 직접 만나게 되어 정말 행복했어요.

SNS 게시 글에서도 이번 팝업을 인생에서 가장 행복했던 기억으로 꼽았던데요.

작품에 대한 사람들 반응은 늘 SNS로만 살펴볼 수 있으니까, 스스로 제 작품이 실체가 없다고 생각한 적도 있거든요. 일상에서 그림이 소비되고 만져지는 걸 보고 싶었는데, 팝업은 그 갈증을 해소해 줘요. 친구들이 오늘 인터뷰를 보면 오글거려 할 것 같은데… 저한테는 제 그림을 좋아해 주시는 분들이 전부예요. 늘 감사하죠.

뜻깊은 서울 나들이였겠어요. 지금 사는 부산에서는 학교를 다닌다고 했죠?

조금 긴 이야기인데 집안 사정으로 고3 때 미대 입시 준비를 그만두게 되면서 바로 군에 입대했어요. 그런데 군 생활 도중에 허리를 다쳐서 사회복무요원으로 근무했죠. 엄마 권유로 다시 입시 준비를 했고, 부산에 있는 미대에 합격했어요. 벌써 5년째 살고 있네요.

오늘을 위해 서울까지 오겠다고 해서 고마웠어요. 여행 마치고 바로 올라왔다면서요. 여행은 즐거웠어요?

최근 새집으로 이사하면서 경기도 광주에 사는 친구들이 집들이 겸 부산까지 놀러 왔어요. 익숙한 동네라도 친구들이 곁에 있으니까 여행처럼 느껴졌죠. 제가 좋아하는 국제시장도 보여주고, 공원에서 술도 많이 마셨어요. 친구들이 여기까지 와서 술만 마실 순 없다고 하길래 해운대에 데려갔는데, 모래 축제를 하더라고요. 모래로 조각 작품 만드는 거, 아시죠? 구경하고 있으니 진짜 관광객이 된 것 같더라니까요.

평소에 여행은 좋아하는 편이에요?

네. 가장 최근에 찾은 여행지는 베트남이었어요. 이번에 부산 온 친구 중 한 명과 떠났고 진짜 진짜 재밌었어요. 중학생 정도 되어 보이는 현지 아이들과 거리에서 농구를 했어요. 술도 좀 마셨겠다, 에어로빅하는 아주머니들 옆에서 같이 춤도 추고요. 아침에는 바닷가 걷고, 망고에 맥주 한잔 마시고. 그런 순간들이 기억에 남아요. 저는 도전하는 사람에 대한 존경과 부러움을 갖고 있어서 여행을 좋아해요. 한 번 사는 인생, 최대한 많은 경험을 쌓아봐야 하지 않겠어요(웃음)?

여행만큼 새로운 기억을 가득 안겨주는 일도 없죠.

아쉬운 건 아프고 나서부터 오래 비행기 타긴 힘드니 먼 곳은 가기 어렵다는 거예요. 이곳저곳 돌아다니는 것도 좋아하는데 과하게 무리가 되는 활동은 주의하고 있죠. 그때부터 자연물이나 정적인 것에도 눈길이 갔어요. 학교 벤치에 앉아서 바람이 어떤 형태로 불어오는지 느껴보고 햇빛이나 식물을 오래 바라봤어요. 그런 시간이 작업에도 영향을 미친 듯해요.

A. 서울 마포구 성미산로13길 89 지1층

오늘처럼 서울에 오면 꼭 찾는 곳이 또 있어요?

동묘를 좋아해요. 초등학생 때부터 아빠랑 주말마다 갔거든요. 아빠는 빈티지 의류나 소품, 시계 부품을 구하시곤 했어요. 수많은 물건 중에서 조그만 걸 관찰하던 경험이 지금의 저를 이룬 것 같아요. 또 저는 창작하는 그때의 모습이 작품에 묻어난다고 생각해서, 집에서 작업할 때도 출근한 것처럼 꼭 외출복을 입어요. 동묘에서 사 오는 것들이 늘 제 몸에 꼭 붙어 있으니 서울 나들이가 그림에 자연스레 녹아들고 있는지도 모르겠네요.

이제 작품 이야기를 해볼게요. 그림의 첫 시작이 궁금해요.

집안에 예술을 하는 가족이 많아서 어릴 때부터 자연스럽게 그림 그리기를 좋아하게 됐어요. 엄마가 사주신 고전 문학 전집 속 삽화를 따라 그리는 걸 즐겼고, 미술 학원도 꾸준히 다녔죠. 부르르라는 작가명을 쓰기 전에는 다른 스타일과 이름으로 이따금 활동했는데, 사회복무요원으로 생활하던 시절 힙합 오디션 프로그램을 보면서 어린 뮤지션들이 열정적으로 활동하는 모습에 큰 자극을 받았어요. 그때부터 지금의 이름으로 인스타그램에 일러스트를 본격적으로 올리기 시작했죠.

작품은 자연물, 동물, 사람이 연결된 장면이에요. 의인화되어 함께 손을 잡거나 일상을 보내는 모습이죠.

저는 사랑의 힘을 믿어요. 말로 다 설명할 수는 없지만, 모성애부터 연인, 친구, 동물과의 관계까지 다양한 형태의 사랑에 분명한 힘이 있다고 느껴요. 사랑의 감정을 그림으로 표현해 보고 싶었고, 보는 사람이 직관적으로 느낄 수 있도록 손을 잡거나 볼을 맞대는 장면처럼 따뜻하고 명확한 이미지를 그리게 됐어요. 또 보는 분들이 '그래, 우리가 이런 존재들과 연결되어 있지.', '사랑 없이 살 수는 없지.'라는 걸 떠올리게 되면 좋겠어요. 저 역시 그런 마음을 잊지 않기 위해 늘 노력하고 있고요.

개미부터 애벌레, 화분까지 작고 사소한 존재가 자주 등장하는 이유가 있어요?

사회복무요원 근무 중 쉬는 시간에 벤치에 앉아 있다가 무심코 지나가는 개미를 밟았어요. 어릴 땐 별일 아니라고 생각했지만, 그날은 괜히 마음이 불편하더라고요. 작은 존재를 너무 쉽게 대했던 건 아닐까 하는 죄책감이 들었어요. 그 일을 계기로 그냥 지나쳤던 식물이나 햇빛 같은 일상 속 존재들이 얼마나 중요한지 생각해보게 됐죠. 그래서 작품 속에 그런 작은 친구들이 자주 등장하게 됐고, 보는 분들도 주변을 한 번쯤 돌아보면 좋겠다는 마음이 커졌어요. 사소한 존재의 발견은 일상을 더 특별하고 행복하게 만들어주니까요.

그림으로 전하고 싶은 바를 좀더 들려줄래요?

자연을 우리의 친구처럼 소중히 생각하자고 말하고 싶어요. 환경을 지키자, 보호하자고 표현하고 싶진 않아요. 저도 할 수 있는 선에서 최선을 다하지만, 플라스틱을 아예 사용하지 않거나 고기를 안 먹지는 않거든요. 이런 제가 환경을 보호하자는 건 모순 같아요. 삶을 행복하게 만들고 제가 그림을 그릴 수 있게 해주는 존재들이 지구 안에서 조금 덜 아프면 좋겠어요.

2021년 대림미술관에서 열린 〈TONG's VINTAGE: 기묘한 통의 만물상〉 전시에서도 그 이야기를 전했죠.

맞아요. 낡았다는 이유로 폐기물로 버려질 운명에 처한

OILPASTEL

물건들을 예술품으로 바꿔 선보인 단체전이었어요. 음악을 좋아하는 저는 레코드판 커버에 그림을 그려서, 30점 정도를 LP바처럼 전시했죠. 첫 전시를 대림미술관에서 열다니 영광스러웠고 자부심을 느꼈어요. 작업물을 보러 와주신 분들을 멀찍이서 바라보니 기분도 좋았고요.

자연이 소재라면 바깥에서 발상을 얻을 때도 많겠어요.
네. 바깥에서 보내는 시간이 꼭 필요해요. 공원 같은 장소에 나들이 갔다가 소재가 떠오르면 휴대폰 메모장에 글이나 그림으로 간단히 남겨요. 집에 돌아와서는 그 메모를 어떻게 작품으로 만들지 노래 들으면서, 바람 쐬면서 생각해 보죠. 집 안에서도 영감을 얻고 싶어서 화분을 여덟 개 정도 두었어요.

뭉개진 듯한 질감의 오일 파스텔도 매력적이에요. 그 재료를 좋아하는 이유가 있어요?
처음에는 동네 문구점에서 산 크레파스를 썼어요. 붓보다 편하고 다루기 쉬우면서도 제 색을 잘 전달할 수 있었거든요. 또 많은 분이 한 번쯤 경험해봤을 재료라 통할 거라고 생각했고, 흔치 않은 느낌을 낼 수 있었죠. 관심을 조금씩 받으면서는 좀더 전문적인 도구를 사용해 보고 싶어서 오일 파스텔을 골랐어요. 기름 성분이라 책상에 묻으면 세제로 닦아야 하는 번거로움이 있지만, 가지고 다니기도 쉽고 작업도 수월해요.

그런데 배경은 직접 그리지 않고 사진을 주로 쓰는 것 같았어요.
배경까지 오일 파스텔로 그리면 그림의 매력이 떨어지더라고요. 예를 들어 잔디를 표현한다고 할 때, 풀 하나하나를 그리기도 어렵고요. 오랫동안 그린 듯한 느낌이 날수록 관람자가 무겁게 느낀다고 생각해요. 사진을 배경으로 두면 개성도 있고 다들 좋아해 주세요.

제목은 늘 문장형으로 재치 있게 짓던데요. “우리 곁에는 항상 우리보다 작은 친구가 있어요.”, “동글동글 눈에는 동그란 친구들이 보여요.”처럼요.
제 일러스트가 단순한 장면으로 끝나지 않고, 어떤 여운을 남기길 바라요. 음악이나 문학처럼 시간이 지나도 마음에 남는 감정을 담고 싶거든요. 그래서 종종 문장을 제목으로 붙이는데, 글과 그림이 잘 어울린다며 다들 좋아해 주시더라고요. ‘무제(Untitled), 캔버스에 아크릴, 2025’ 이런 거창한 제목은 저한테 좀 어색해요(웃음).

지금의 모습이 잘 어울려요. 이야기하다 보니 그림을 좋아해 주는 분들에게 고마워하는 마음이 큰 것 같네요.
한 번 받은 사랑은 똑같이 돌려줘야 한다고 생각하는 사람이라서요. 부르르를 좋아해 주는 분들 덕분에 저는 행복해요. 그분들에게 행복과 사랑을 전하고 싶어요.

H. Instagram.com/booorurul

우리와 연결된 바깥의 존재들

1.

2.

1. 사랑으로 바라보아요.

귀여운 존재들이 둘러앉아 작은 식물을 바라보고 있어요. 이들이 너무나 사랑스럽게 쳐다본 나머지, 식물 그림자가 하트 모양이에요. 그림에는 제가 좋아하는 것들이 모두 담겼네요. 음악과 개미, 무언가 잔뜩 들어 있는 가방, 사랑하는 우리 집 막내 강아지 루비도요!

2. 서로의 노래를 불러주어요.

평온히 누워 쉬는 두 주인공, 사람과 잔디가 보이세요? 바람이 살랑살랑 불어오자 잔디들이 노래하기 시작해요. 사람은 조용히 그 노래를 들어요. 솨– 답가로 휘파람을 부는 모습이에요. 이 그림은 집에서 볕이 드는 창문으로 화분을 옮기며 불던 휘파람에 식물이 흔들리는 모습을 보고 떠올렸어요. 소리가 담긴 바람으로 식물에게 음악을 들려줄 수 있다고 생각했죠. 집에 둔 귀여운 화분에게, 혹은 익숙한 자리에 항상 서 있는 나무에게 휘파람으로 노래를 불러주면 어떨까요?

3.

4.

3. 저를 밟지 마세요.

작은 개미가 거대하고 무서운 발바닥에 밟히기 직전, 자신을 지키려고 총을 쏴요. 5년 전, 날씨가 따스했던 봄에 지나가던 개미를 아무 이유 없이 밟은, 바로 그 일을 겪고 탄생했어요. 그때부터 개미를 자주 그리기 시작했죠. '총이 있었다면 내 발을 쏘고 도망쳐 잘 살 수 있었을 텐데.'라며 상상하곤 해요. 모든 개미에게 총이 있다면….

4. 우리 다시 거꾸로 가요.

산책하는 평범한 모습인데, 자세히 보면 반시계 방향으로 돌고 있어요. 올해로 열일곱 살이 된 우리 집 막내, 루비는 착하고 예쁘고 세상에서 제일 귀여운 생명체예요. 그런 루비가 많이 늙었어요. 더는 늙지 않았으면 하고, 오래오래 같이 있고 싶어요. 시간을 거스르고 싶을 만큼이요.

5.

6.

5. 구름 위를 걷는 기분이에요.

구름 위를 걸으며 음악을 듣는 모습이죠? 같은 곡이라도 언제 어디서 듣냐에 따라 다르게 느껴지는데, 반대로 음악이 주변 풍경을 달리 보이게 만들기도 해요. 봄, 여름 푸릇푸릇한 거리에서 보사노바를 들으면 그림처럼 마치 구름 위를 걷는 기분이 들죠. 스탠 게츠Stan Getz의 'The Girl From Ipanema'를 추천할게요. 햇빛이 가득한 오후, 이 노래와 함께라면 구름 위를 걸을 수도 있어요!

6. 나비의 장례식

나비 모양으로 짜인 관 주변에서 친구들이 슬퍼하고 있어요. 나비를 자주 마주하던 꽃은 눈물 대신 가장 좋아하는 꽃가루를 남겼죠. 나무는 자신의 일부를 주었고, 날기 힘들 때 도와주던 바람 친구도 슬픔에 빠졌어요. 개미도 무당벌레도 풀도 모두 슬퍼해요. 길을 가다가 화단을 두른 시멘트 울타리에 가볍게 떨어져 있는 나비 사체를 발견하고 나서 그렸어요. 집으로 가는 길, 나비를 추모해야겠다고 생각했죠.

산에 오르는 경진의 짐이 지나치게 단출하다. 작은 물통, 고열량 젤리, 작은 히프 색, 러닝화. 산을… 달려서 간다고? 규칙상 36시간 이내에 종주해야 하는 다섯 개 산을 첫 도전에 10시간 만에 나 홀로 성공하는 경진에게 산과 달리기란 때가 되면 밥을 먹는 것과 다르지 않다. 얼마 전엔 일곱 살 딸을 등에 태우고 북한산 꼭대기까지 올랐다고. “누가 협박하는 것도 아닌데….” 하며 고개를 젓는 주희도 심상치는 않다. ‘두이투어’라는 이름으로 낯 모를 이들을 모으더니 패키지 상품은 알아서 예약하라는 공지를 띄우는데….

생산적 소풍관과 낭만적 소풍관

동경진·이주희–계업식

에디터 **이주연**(산책방) 포토그래퍼 Hae Ran

만나서 반갑습니다. 두 아이가 한창 커가는 나이라 엄마 아빠로서 가장 바쁜 시기일 것 같아요. 오늘은 동경진, 이주희로 인사해 볼까요?

경진 안녕하세요, 을지로에서 닭을 업으로 하는 식당 '계업식'을 운영하는 동경진입니다. 지금은 7살 동그래, 4살 동그린 자매의 아빠 자아가 가장 크지만 사실 동경진은 모험심도 많고 즉흥적으로 떠나는 삶을 살던 사람이에요. 결혼하고 아이가 생기면서 많이 절제하며 지내고 있어서 이런 소개가 참 오랜만이네요.

주희 계업식 브랜딩을 담당하면서 디자이너로 지내고 있는 이주희예요. 애들 때문에 정신없는 하루하루를 보내고 있어요. 특히 장녀 그래가 말이 많아진 시기라 오디오가 비지 않을 텐데, 오늘 괜찮을까요(웃음)? 저는 셰프님… 아, 저희는 오래전에 아르바이트하던 식당에서 만난 사이이기도 하고, 동경진이 계속 셰프 일을 하는 사람이라 셰프님이라 부르고 있어요. 셰프님이랑 저는 성향이 완전히 달라요. 셰프님이 갑자기 떠나던 사람이라면 저는 언제나 집에 있는 걸 가장 좋아하는 사람이거든요.

벌써 흥미진진한데요(웃음). 경진 씨의 '훌쩍'이 궁금한데, 주로 어디로 가곤 했어요?

경진 답답하면 강, 바다, 가리지 않고 자연으로 갔어요. 저는 항상 일을 하던 사람이어서 며칠씩 멀리 갈 순 없었고 잠깐 떠나는 식이었죠. 그땐 바이크가 있어서 차나 바이크를 타고 일이 밤 10시에 끝나도 여기저기로 떠나곤 했어요. 야간에 바다만 보고 와도 많은 게 정리되니까 그 잠깐의 시간이 좋더라고요. 지금은 어딜 가더라도 가족과 함께하곤 하는데 혼자일 때랑은 준비 과정이 완전히 달라요. 예전엔 퇴근한 차림 그대로 불쑥 떠나도 됐는데 지금은 애들 잠자리, 먹거리, 콘텐츠 같은 걸 생각하지 않을 수 없거든요. 전처럼 자주 떠날 수 없으니까 요즘은 짬짬이 혼자 산을 다니고 있어요.

SNS에서 '#살기위해달리는자영업자런' 시리즈를 감탄하며 보고 있는데, 보통의 등산이나 러닝과는 차원이 달라 보여요. 높고 험난한 산을 뛰어서 오르시던데요. 얼마 주기로 산에 가고 있나요?

경진 계절마다 다른데 겨울엔 매일 다니고, 보통 이틀에 한 번꼴로 북한산에 가요. 집이랑 가깝고, 서울에서 가장 높은 산이기도 해서요. 북한산이 다른 산에 비해 험해서 운동하는 기분도 들거든요. 보통 새벽에 출발해서 일출을 보고 출근하는데, 아무래도 다녀오면 땀이 나니까 씻는 시간까지 고려해서 출발하곤 해요. 겨울엔 아무리 달려 다녀도 땀이 안 나니까 하산하자마자 계업식으로 출근하곤 했어요. 6시에 출발해서 7시쯤 일출 보고, 내려와서 출근하면 시간이 딱 맞아요. 지금 같은 계절엔 해 뜨는 시각이 빨라지니까 4시에 출발해서 5시에 일출 보고, 집에 돌아와서 씻고 출근하는 루틴으로 지내고 있어요. 산에 못 가는 날엔 계업식까지 뛰어서 출근하고요.

네? 집은 수유, 계업식은 을지로잖아요. 거리가….

경진 9킬로미터 정도 돼요. 빨리 뛰면 50분쯤 걸리죠. 퇴근할 때도 웬만하면 뛰어서 오려고 해요. 예전엔 혼자서 강으로, 바다로 훌쩍 떠나면서 기분 전환을 했다면 지금은 산이든 길이든 달리면서 환기하는 거죠.

제가 상상한 것보다 훨씬 극한의 강도인 것 같은데, 얼마 전엔 유아용 캐리어로 딸 그래를 업고 산에 다녀오셨죠.

경진 종종 같이 달리는 친구가 어느 날 유아용 캐리어가 있는데 써보지 않겠느냐 묻더라고요. 원래 자기 딸을 데리고 다니려고 구입한 건데 한 번 산에 가보더니 딸이 다시는 안 간다 그러더래요. 그래서 우연히 얻게 된 건데, 기회만 벼르고 벼르다가 지난주에 드디어 업고 가보게 됐어요. 근데 그래가 너무 좋아하는 거예요. 뒤에서 조잘조잘 떠들고, 좋다 그러고, 과자도 먹고, 잠도 잘 수 있겠다고 하니까 힘들다는 느낌보다는 '유레카!' 싶었죠. 육아랑 운동을 동시에 할 수 있게 됐으니까요.

힘들지 않으셨어요?

경진 음, 그 힘들다는 개념이 저한테는 좀 달라요. 유도 선수로 지낸 시절이 있어서 '힘들어야 운동이 되지.'라는 생각이 강하거든요. 저는 체력 관리나 다이어트처럼 목적을 두고 일부러 시간을 내서 운동하는 게 아니에요. 때가 되면, 배가 고프면 밥을 먹는 것처럼 산을 달리는 거죠.

주희 저는 절대 못 해요. 누가 칼 들고 협박하는 것도 아닌데, 셰프님은 계속 이렇게 운동을 해왔어요. 그래를 업고 산에 간다는 말을 처음 들었을 땐 '이게 무슨 소리인가.' 싶었는데, 막상 그래가 좋아하는 걸 보니까 또 가겠다는 말이 납득이 되더라고요.

주희 씨는 어때요? 일상이 답답할 때 특별히 하는 게 있나요?

주희 애들이 있으니까 자유롭게 다니긴 힘들어요. 디자인 업무로 인쇄소에 갈 때 가끔 콧바람을 쐬는데, 학생 때부터 가던 데를 애들이랑 가는 게 신기할 때는 있어요. 그래도 집이 가장 좋지만요(웃음).

그런데 얼마 전에 '두이투어' 모집을 시작하셨던데요, 집순이가 기획한 투어라니!

주희 셰프님이 일중독이라 연애할 때도, 결혼 초에도 혼자 놀 때가 많았어요. 주말에 딱히 할 게 없어서 여행이나 갈까 싶어 이것 저것 찾아보다가 쿠팡에서 국내 여행 상품들을 발견했어요. 아는 사람만 가고, 모르는 사람은 못 가는 그런 상품인데요. 어느 날 정선 광고가 떠서 눌러 보니까 당일치기 국내 여행 상품이 꽤 있더라고요. 그 목록을 보는 것만으로도 왠지 재미있는 기분이었어요. 그래서 덜컥 SNS에 "정선 갈 사람?" 했더니 저 같은 이상한 애들이 둘 모이더라고요(웃음). 살면서 정선에 갈 일이 얼마나 있겠냐 싶어서 당일치기로 떠나보려던 게 진짜 실행된 거죠. 패키지 상품 내용은 정선에 있는 작은 역, 시장, 그리고 산에 가는 거였어요. 저희 말고도 투어 상품을 신청한 아주머니·아저씨들이랑 같이 다니면서 시장에서 콧등치기 국수도 먹고, 막걸리도 마신 것 같고…. 너무 오래돼서 확실한 기억은 안 나지만 어떤 강을 건너는 배를 보기도 했어요. 처음엔 이런 상품이 판매되고 있다는 게 웃겼는데, 막상 신청자를 모집하니 신청한 사람이 있다는 것도 웃기고, 우리 말고 다른 신청자가 많다는 것도 웃기고, 모여서 떠나는 것도 웃기더라고요. 그게 두이투어 시즌1이었어요.

이번이 처음이 아니로군요?

주희 세 번째예요. 두 번째 두이투어 이후 아이를 낳게 돼서 한동안 못 하다가 8년 만에 다시 모집하게 됐어요. 아이가 없을 때를 시즌1이라고 한다면, 지금은 아이들도 함께할 테니 시즌2가 되겠네요(웃음). 그래서 이번엔 잘 아는 지역인 원주 상품을 골랐어요. 제가 원주 출신이거든요. 비상 상황이 생기거나 화장실이 급하다거나… 그럴 때 대비할 수 있어야 할 테니까요. 딸기 따기 체험도 포함돼 있어서 애들도 좋아할 것 같아서 SNS로 패키지를 소개하고 "원주 갈 사람?" 했더니 열 명 정도가 모이더라고요.

저는 주희 씨가 가이드인 투어인 줄 알았어요(웃음).

주희 저는 누군가 판매하는 상품 내용을 SNS로 홍보하고 같이 갈 사람을 모집할 뿐이죠. 투어 상품을 올린 판매자랑 저는 아무 관련도 없고요. 패키지 상품이다 보니까 별의별 콘텐츠가 다 있어요. 지역 축제에 가는 상품도, 풍물놀이가 끼어 있는 패키지도 있어요. 소싸움처럼 원하지 않는 프로그램이 구성된 경우도 있고요. 저는 그런 상품 중에 제가 가고 싶은 걸 고르고 같이 가자고 알리는 건데, 물론 전 호스트가 아니니까 예약도 참여자가 스스로 해야 해요. 이전에는 저도 가본 적 없는 곳들이라 상품에 포함된 이미지가 정보의 전부였거든요. 근데 원주는 제가 나고 자란 데여서 홍보도 조금 더 현실적으로 해볼 수 있었어요. 원주 중앙시장 지하는 돈가스, 쫄면, 만두, 칼국수, 메밀전병 같은 게 유명하거든요. 휴대폰 사진첩에 이미 사진이 많으니까 그걸로 홍보했더니 열 명이나 모이더라고요. 어떤 여정이 될지 저도 궁금해요.

모르는 분들이랑 떠나는 건데 겁나거나 걱정되진 않으세요?

주희 저도 제가 왜 이런지 잘 모르겠는데 걱정이 하나도 없어요. 저는 이분들을 몰라도 이분들은 저를 안다는 점 때문인지 아예 모르는 사람 같지도 않고…. 애초에 두이투어를 신청하는 사람들도 정상은 아니라는 생각이 있어서 안심이 되는 것 같아요(웃음). 여행 상품이 당일치기다 보니까 새벽에 모여서 떠나게 되거든요. 다들 집결지로 얼굴이 퉁퉁 부어서 오는데 그것부터가 재미있어요. 모르는 사람이어서 불쾌하거나 위험했던 경험도 전혀 없고요. 오히려 신기한 인연이 닿은 적은 있어요. 두이투어 시즌2 때 알게 된 여성분의, 친구의, 어머니가 약수에 있는 조리원 원장님이셔서 거기서 산후조리를 받았거든요. 이런 걸 보면 사람 인연이라는 게 참 묘하다 싶어요.

듣고 보니 경진 씨는 혼자 하는 외출을, 주희 씨는 여럿이 하는 외출을 좋아하는 것 같아요.

주희 제가 아이들 데리고 인쇄소도 가고, 제가 자주 다니던 가게들도 가고, 두이투어도 열고, 하니까 SNS만 보면 활동적으로 살고 있는 것처럼 보일 텐데 저는 철저한 내향인이에요. 근데… 리더십이 있어요. 그래서 자꾸 사람을 모으게 되죠. 두이투어 말고도 엄마들 모임도 만들었어요. 한 달에 한 번 키즈 카페 가는 모임, 일명 '한한키모'(웃음). 하지만 강조하건대 저는 집을 사랑해요.
경진 저랑은 완전히 반대죠. 저는 무조건 나가야 해요. 집에 있으면 답답하거든요. 집에만 있어야 한다면 종일 잠만 자게 될 것 같아요. 집이라는 기운이 저를 그렇게 만들거든요.

이렇게 성향이 다른데 연애할 땐 어떠셨어요? 데이트할 때 절충이 필요했을 것 같아요.
경진 연애할 때는 자기 자신을 다 내려놓는 법이죠.
주희 둘 다 필터가 씌워진 상태라 뭘 하든 좋았어요. 지금은 성향을 너무 잘 아니까 영화도 따로 보고, 취미 생활도 각자 해요.
경진 음식 취향도 완전히 달라요. 저는 요리하는 사람이니까 조금 더 다양하게 경험하는 걸 좋아하는데 주희는 추억의 음식을 좋아해요. 옛날부터 먹던 것들이요. 저는 간이 센 걸 좋아하지만 주희는 그렇지 않고요. 그래서 경주에 살 때도 서울 나들이를 가면 식사는 따로 했어요.

정말로요?
경진 네. 서울도 시간 내서 한 번씩 올라오는 건데 그렇게 안 하면 서로 먹고 싶은 걸 먹을 수가 없거든요. 저는 보통 라멘을 먹거나 새로 생긴 식당을 찾아가는 편이라면 주희는 '웨스턴 철판 볶음밥'이라고, 지금은 없어졌지만 홍대에 있던 진짜 오래된 식당을 고집했어요. 주희는 조금이라도 간이 세거나 향이 나는 건 못 먹으니까 라멘도 못 먹어서 그럴 바에야 따로 먹는 게 서로 마음이 편하죠.
주희 부부라고 굳이 같이 다녀야 하나요, 식사하고 다시 만나면 되지(웃음).

두 분이 바깥 활동을 온전히 함께할 수 있게 된 건 아이들 덕분인 것 같기도 해요.
주희 맞아요. 유년 시절 기억이 얼마나 중요한지 아니까 더 신경 써서 함께 있으려고 하죠.
경진 다 같이 나갈 때도 아이들 콘텐츠 먼저 생각하는 거고요. 최근에는 고성 가진해변에 있는 테일커피 플리마켓에 계업식이 참가하게 돼서 가족이랑 다 같이 다녀왔어요. 1년에 두 번씩 열리는 플리마켓인데 인기가 많다는 얘기를 들었어요. 처음에는 일이라고 생각했는데 바닷가에서 한다니까 식구들이랑 가도 되겠다 싶더라고요. 음식만 있는 게 아니라 소품이나 볼거리도 많은 플리마켓이라 애들도 좋아하겠다는 생각이 들어서 같이 가자고 했어요.
주희 생각해 보니 고성 갈 때도 따로 갔네요. 플리마켓은 일요일이었는데 저는 그래·그린이랑 하루 먼저 가서 맛있는 거 먹고, 놀고, 자고, 셰프님은 일요일 새벽에 닭강정 튀겨서 따로 왔거든요.
경진 현장에는 조리 시설이 없기 때문에 판매할 음식을 준비해서 가야 했는데, 토요일은 가게 영업일이니까 퇴근하고 집에서 씻고, 다시 가게로 와서 두어 시간 자고 새벽에 닭 튀겨서 고성으로 출발했어요. 항상 그런 패턴으로 살아서 특별히 무리한 건 아니지만 가게에서 잔다고 하면 다들 놀라시더라고요. 일요일에 날 밝자마자 팀원들이랑 고성에 가서 판매도 하고, 가족이랑 놀기도 하고, 바다도 보고…. 일도 하고 놀기도 하니까 굉장히 좋았어요.
주희 애들도 계속 좋았다고 하더라고요. "플리마켓 또 언제 해?" 묻는 거 보고 다행이다 싶었어요.

그러고 보니 너무 자연스럽게 여기까지 넘어왔는데, 계업식 소개를 들어봐야겠군요.
경진 계업식은 경주에서 시작한 식당으로 어느덧 영업 8년 차네요. 경주에서 한남동을 거쳐 지금은 을지로에 자리를 잡고 운영해 나가고 있어요. 경주에서 시작한 계업식은 첫 자식 같은 느낌이었어요. 목수랑 3개월 동안 공간을 직접 디자인하고 설계하면서 하나하나 저희 취향대로 만든 곳이었거든요. 파사드부터 시작해서 실시간으로 사진 찍고, 그림 그려가면서 비율 조절해 가며 창문도 만들고…. 모든 부분에 취향을 녹였기 때문에 정이 많이 간 공간인데, 안정적으로 장사가 잘되다 보니까 새로운 도전을 해보고 싶더라고요. 지인이 많은 마포구가 아닌 한남동 쪽으로, 일부러 새로운 데 자리를 잡고 이전했는데 첫 계업식이랑은 느낌이 좀 달랐어요. 경주에서 매번 올라올 순 없으니까 계업식에 비해 개입한 부분이 적어서 처음엔 어색한 느낌이 들었어요. 그래서 영업하는 동안 저희 색깔을 만들기 위해 익숙한 소품이나 기물들을 가져다 두고, 너무 새것처럼 보이지 않게 하기 위해 때를 묻히는 작업도 많이 했죠.

주희 한남동에서는 좋은 인연을 참 많이 만들었어요. 그게 한남동 계업식의 가장 큰 성과라고 봐요. 이번 을지로는 열자마자 앞선 두 계업식과는 반응이 확연히 달랐어요. 단골들이 "이게 계업식이지." 하시더라고요. 두 번의 계업식을 운영하면서 뺄 건 빼고, 남길 건 남기면서 소품도 상징적인 것들만 장식해 두었는데 거기서 저희 색깔이 많이 드러난 것 같아요.

경진 계업식은 단골이 많은 가게예요. 계업식 이전부터 제가 요리를 해온 17년 동안 쭉 찾아와 주시는 단골도 계시거든요. 그러다 보니 저의 요리 역사, 계업식 역사를 아는 분이 많은데 그분들이 "이제야 진짜 너희 가게 같다!"고 말씀해 주시는 게 좋았어요.

계업식은 두 분이 마음껏 소풍을 나설 수 없게 만드는 일터이기도 하지만 방문하는 이들에게는 소풍의 목적지일 수도 있겠네요.

주희 재미있는 건 저희 전 직원들도 소풍 오듯 계업식에 온다는 거예요. 어느 날 계업식에 아는 얼굴이 모여 있어서 약속을 잡고 온 줄 알았는데, 아니더라고요. 한 명씩, 한 명씩 각자 온 건데 한날한시에 모이게 된 거죠. 그만큼 자주 드나들기도 해서 가끔은 계업식이 전 직원들 놀이터 같기도 해요(웃음). 휴무일엔 가게 주방 좀 써도 되냐고 연락해 오는 직원도 있어요. 그럼 저희는 흔쾌히 쓰라 그래요. 종종 공유 주방이 되는 거죠.

경진 지난 금요일엔 점심쯤에 그래 운동회가 있어서 잠깐 자리를 비워야 해서 요리하는 친구에게 가게를 봐달라고 부탁하게 됐어요. 근데 그 친구가 역제안을 하더라고요. 가게를 보는 동안 자기 메뉴를 팔아도 되겠느냐고. 그래서 계획에 없던 작은 팝업을 했는데, 이런 일이 꽤 잦아요. 다들 계업식을 편하게 생각하고 놀이터처럼 여겨준다는 느낌을 받아요. 물론 저희 분위기와 맞지 않아서 일찍 그만둔 직원도 있지만 그런 경우가 아니라면 일을 그만두고도 다 함께 어울리고, 다른 식당에 취직하면 그 식당 팔아주러 함께 방문하고 그러면서 지내고 있죠.

주희 고인물 파트타이머 친구가 한 명 있는데, 그 친구는 아르바이트를 마치고 볼일을 보고도 다시 계업식으로 와요. 여기가 집 같대요. 직원들이 왜 여길 편하게 생각하는지 모르겠는데 설명할 길이 없어서 '계업식 세계관'이라 부르고 있어요(웃음). 왜 이런 현상이 생기는지 저희도 모르겠어요. 급여가 다른 데보다 많은 것도 아니고, 대단한 혜택을 주는 것도 아니거든요. 오히려 마감도 빡세고 청소도 힘든데…. 이유를 찾자면 요리에 관해서라면 전폭적인 지원을 해준다는 점 덕분인 것 같아요. 우리는 닭 요리 전문점이지만 일하는 친구가 주먹밥을 만들고 싶다고 하면 팝업을 열어줘요. 작고 귀여운 수익도 가져가 보고, 그때만큼은 내 요리를

선보이는 메인 셰프가 되는 거니까 재미있잖아요. 지인들한테 공식적으로 자기 요리를 선보일 수도 있고요.

듣자 하니 "회사 가기 싫어!"를 외치게 하는 일터는 아닌 것 같아요.

주희 100퍼센트 그렇진 않을 거예요. 셰프님이 청결에 엄격해서 청소가 힘들거든요. 그걸 어떤 환경에서 버틸 수 있게 하느냐, 어떤 추억으로 이겨낼 수 있게 하느냐, 어떤 동료와 지내게 하느냐… 그런 문제인 것 같아요.

경진 다른 데보다 힘들면 힘들었지, 덜 힘들지는 않아요. 그럼에도 불구하고 거기서 재미를, 힘듦을 완충할 콘텐츠를 찾아주는 거죠. 사실 말은 이렇게 해도 저는 계업식을 회사처럼 다녀본 적은 없으니까 정작 일하는 친구들 속내는 다 알 수 없겠지만요(웃음).

이번 호 주제는 '나들이', '소풍'이에요. 두 분은 이 단어에 어떤 이미지가 떠오르세요?

주희 너무 설레요.

경진 쉬는 시간이 떠올라요. 휴식 없이 살아온 저한테는 가만히 누워서 시간을 보내는 것보다 어딘가로 떠나서 사람들과 멀어져 있을 때 진짜 휴식한다는 기분이 들거든요. 환기도 되고요. 저한테는 소풍이 그런 이미지예요.

앞서 그래 운동회에 참석했다는 이야기를 해주셨는데, 늘 소풍을 주도하는 양육자 입장에서 그래가 초대한 운동회는 새로운 측면의 환기였을 것 같아요.

주희 정말 재밌었어요. 저희가 제일 열심히 참여했어요. 특히 셰프님은 뭐든 첫 번째로 나가고, 응원단장도 하고(웃음). 경기하다 넘어지는 바람에 '타박상'을 탔는데 그것도 재미있더라고요. 아무래도 낯서니까 보호자들이 처음엔 쭈뼛쭈뼛하는데 막상 시작되면 굉장히 열심히 하세요. 그런 걸 보면서 어쩌면 어른들도 어릴 때 추억이 남아서 저절로 움직이게 되는 게 아닌가, 즐거워지는 게 아닌가 싶더라고요. 아이가 생겼을 때야 할 수 있는 새로운 환기인 건데 이런 행사가 더 많아지면 좋겠어요. 아이들한테도, 보호자한테도 추억이 될 테니까요.

경진 저는 어릴 때부터 운동회나 체육대회, 축제 같은 행사에 필사적이었어요. 제 몸을 갖다 바쳐서라도 이겨야 하는 거죠. 그런 성향 때문에 운동을 한 거기도 하고요. 이런 적극적인 마인드를 잊고 있다가 이번에 오랜만에 다 표출하고 나니까 즐겁더라고요. 주 6일 가게를 운영하고 일요일 하루는 온전히 아이들에게 쏟으며 지내고 있는데, 매번 그런 일주일을 살다가 이런 시간을 가지니까 '맞아, 나 이런 걸 즐기는 사람이었지.' 하고 깨달았어요.

환기의 경험은 일상의 활력이 된다고 생각하는데 매일 이벤트를 바랄 순 없잖아요. 나만의 환기 루틴이 있나요?

주희 계획하지 않고, 따지지 않고 무작정 실행하기. 최근에는 갑자기 피부과를 예약하고 점을 빼러 다녀왔어요. 또 어느 날은 일을 보고 집에 들어오는데 벚꽃이 예뻐 보여서 계획 없이 아이들 데리고 바로 벚꽃을 보러 떠났죠. 옛날 같으면 2순위, 3순위로 미루어 두었을 일들을 그때그때 실행하면서 일상을 환기하고 있어요. 실제로 그런 건 아니지만 인생이 얼마 안 남은 느낌이 들어서, 근 1년 사이 실행력이 부쩍 높아졌어요. 생각만 할 시간에 실행하면 어떤 결과든 나오니까 뭐든 해보자 싶어진 거죠.

경진 씨는 어때요?

경진 저는 굳이 환기해야겠다고 마음먹을 필요도 없이 잠깐의 외출만으로도 환기가 빠른 사람이에요. 그런 성격으로 타고나서 아무리 힘든 일이 있어서 잠깐 다른 일을 하고 나면 잊어버리죠. 전환이 쉽고 좀 단순한 편이에요.

주희 그 점이 가끔 얄미워요. 똑같이 추진력이 있는 성격이어도 셰프님은 낭만을 향해 있고, 저는 생산을 향해 있어요. 같은 문제에 직면했는데 저는 심각하게 고민하는 반면 셰프님은 여유롭거든요. 똑같은 걱정을 해도 생각하는 정도와 깊이가 다른 것 같아요.

매일 산을 달리는 만큼 평정심을 유지하는 데도 도움이 될 것 같아요. 경진 씨가 산을 좋아하는 건 어린 시절의 역할도 큰 듯한데, 아버지와 주말마다 산에 가셨다고요.

경진 사실 그때는 되게 귀찮았어요. 산은 일찍 가야 하니까 늦잠 자고 싶은데 주말 아침이면 아빠가 깨우셨거든요. 근데 아빠 존재가 워낙 컸기 때문에 군말 없이 따라나선 거죠. 아버지는 지금도 항상 산에 가세요. 출근 전에, 퇴근 후에…. 어떻게 보면 저랑 똑같아요.

주희 외모도 그래요. 아버님을 보고 있으면 미래의 경진을 보고 있는 것 같아요. 말투, 덩치, 몸태… 곧 이 분이 되겠구나, 하는 기분?

경진 아버지가 말이 없는 편이셔서 "가자."고 하시면 울림이 커서 따라나서야 하는 분위기가 있었어요. 방학이 오면 텐트 들고 바다에 가서 일주일 있다 오고… 그런 어린 시절을 보냈죠.

텐트에서 일주일을 묵는 거예요?

경진 네. 제가 어릴 때만 해도 텐트가 굉장히 무거웠는데 십여 킬로짜리 텐트를 짊어지고 스마트폰도,내비게이션도 없이 지도만 보고 이 바다, 저 바다를 찾아가곤 했어요. 어릴 때부터 자연 속에 있는 게 익숙해서 저도 여기저기 혼자 훌쩍 떠날 수 있던 것 같아요. 그런 경험 덕에 어딘가에 간다는 데 두려움이 없죠. 새벽이든, 야간이든 가고 싶을 때는 무작정 떠날 수 있거든요. 사람들은 출발하자마자 험난하고 무서워서 그냥 내려오는 산도 아무렇지 않게 타고요.

아, 그러고 보니 저는 경진 씨 SNS에서 '불수사도북' 이라는 단어를 처음 봤어요. 이게 뭐지 싶어서 검색했다가 깜짝 놀랐어요.

경진 불암산, 수락산, 사패산, 도봉산, 북한산의 줄임말이에요. 이 다섯 개 산을 일시 종주하는 프로그램인데 등산하는 사람들의 로망 중 하나예요. 보통은 큰 계획을 잡고 가요. 근데 저는 단순하게 불수사도북이라는 게 있네, 가보고 싶다, 하다가 어느 날 주희가 애들 데리고 친정에 간다고 하길래 '이때다!' 하고 떠났어요. 첫 도전은 '가볼까?' 하는 가벼운 마음이었는데 성공을 해버린 거예요. 심지어 비까지 왔는데 10시간 만에 종주했죠. 성공했다는 글을 SNS에 올리니까 등산하는 사람들이 연락을 엄청 많이 해왔어요. 보통 산 타는 사람들이 20시간 정도 걸리는데, 절반 시간에 종주한 데다가 산을 탄 지 얼마 안 된 초보자가 성공했다는 게 신기했나 봐요(웃음). 인제 산을 타는 사람이 어떻게 도전할 생각을 했냐, 게다가 어떻게 성공을 한 거냐…. 굉장히 많은 질문을 받았어요. 지금은 다섯 번 정도 종주했는데 이젠 정말 아무렇지도 않게 갈 수 있어요.

주희 불수사도북 리드해 달라는 연락이 와서 불려 나갈 때가 있는데, 밤에 산에 들어가서 시작하는 일정이거든요. 입산 금지 시간이 있어서 그 시간을 피해 밤에 미리 들어가 있는 건데 그럼 10시간 이상 자리를 비우니까 저로서는 얄미울 때도 있죠. 왜 꼭 가이드가 있어야 하느냐며 투덜대기도 하고요.

경진 불수사도북은 경험자가 길을 안내해 주지 않으면 종주가 힘든 프로그램이에요. 밤에 시작해야 하니 길 찾기가 더 어렵기도 하고요. 처음 불수사도북을 하는 사람들은 여러 번 경험이 있는 사람 리드 하에 서너 명씩 팀을 짜서 떠나곤 해요. 그런 코스를 생각 없이 혼자 첫 도전에 성공해 버렸으니 더 이슈가 된 거죠. 주목을 받으려고 한 건 아니었고, 혼자 있는 시간을 온전히 누리고 싶었어요. 10시간가량 혼자 산을 타니까 확실히 생각 정리가 되더라고요.

경진 씨의 외출이 체력을 소모하는 쪽이라면 주희 씨는 추억을 환기하는 쪽인 것 같아요. 레트로하고 오래된 공간을 좋아하시죠. 아이들 데리고 '스파게티가 있는 풍경'이나 다방 '시티커피' 같은 곳에 다녀온 기록이 정말 재미있었어요.

주희 제가 90년대에 좋아한 곳들이죠. 요즘 특히 자주 가는 데는 이 동네 학교 앞에 있는 떡볶이집이에요. '맘마색하우스'라고 오래된 분식집이 있거든요. 슬러시, 컵 떡볶이, 피카츄 돈가스 같은 걸 저렴하게 파는 곳이죠. 어릴 때 학교 끝나고 들러서 군것질 하나씩 사 먹던, 그런 분위기의 분식집이에요. 한남동에 살 땐 애들이랑 간식 먹으러 가면 3만 7천 원씩 나오곤 했는데 여기서는 1,500원이면 돼요. 물가를 떠나서 이런 문화가 여전히 남아 있다는 게 좋아요. 맘마색하우스는 초등학생뿐 아니라 중학생도, 고등학생도 자주 오거든요. 근데 이전에 살던 한남동만 해도 이런 문화가 없었어요. 어떻게 보면 그래·그린이 세대 중에는 학교 끝나고 떡볶이 사 먹는 문화를 모르는 애들이 많아진다는 거잖아요.

떡볶이 2백 원어치 주문하면 위생 봉투에 열 개 담아주던 시절도 있었는데. 달달한 떡볶이 국물이 맛있어서 국물 꼭 많이 달라 그러고(웃음).

주희 그런 게 너무 아쉬워요. 이런 재미있는 생활을 못 해보고 자란다는 게요. 제가 어릴 때 그런 문화를 유독 좋아했어서 그린이랑 그래도 그런 걸 알길 바라는 마음에 더 자주, 많이 데리고 다니게 돼요. 어릴 때 저는 방방이 타는 걸 정말 좋아했는데 지역마다 부르는 이름이 다르다고 하잖아요. 근데 애들은 방방이라는 명칭조차 모르고 자란다는 게 아쉽더라고요. 키즈카페에 있는 트램펄린이랑은 또 다르니까요. 이런 문화를 정부에서 무형문화재로 지정하고 관리해 주면 좋겠다고까지 생각해요.

경진 방방이 뛰고 달고나 먹는 게 어릴 때 루틴이었는데(웃음).

주희 공터 구해서 방방이 장사를 해볼까 싶어요. 30분에 5백 원? 2천 원? 어때?

경진 30분은 너무 긴데?

주희 절대 안 길어. 타는 애들 입장에선 30분이 3분처럼 느껴진다고. 1시간은 쉬지 않고도 탈 수 있는데!

저는 '퐁퐁'이라 불렀는데. 한참 타다 내려오면 아스팔트 바닥에서도 탄성이 느껴지잖아요.

주희 아! 맞아요. 땅이 나를 잡아당기는 느낌! 진짜 그립네요(웃음).

두 분과 이야기 나누다 보니까 새삼스럽게 부모란 정말 대단하다는 생각이 들어요. 긴 시간 아이들을 위해 지내왔으니 두 분께 상상 속 나 홀로 휴식 시간을 드릴게요. 1박 2일, 뭘 해볼까요?

주희 동경진, 동그래, 동그린, 동경매(고양이) 다 내보내고 혼자 집에 있을 거예요.

경진 전 지리산이나 설악산에 갈래요.

아, 이 대답도 이렇게 나뉘나요(웃음)?

경진 저는 서울을, 제가 있는 동네를 안 벗어나요. 그러니까 집 가까운 북한산에 계속 오르는 거죠. 집도, 가게도, 식구도 제가 지켜야 하는데 어떻게 벗어나요. 못 벗어나죠. 그러니까 혼자만의 시간이 주어진다면 동네 상관없이 오르기 힘들다는 산들을 정복하고 싶어요. 한라산도 가보고 싶다는 욕심은 있는데 산은 높지만

코스가 쉬워서 1박 2일로 다녀오기에는 조금 아쉬울 것 같으니, 지리산이나 설악산 중에 고민해 볼게요.

그럼 이번엔 온전히 두 분만 함께할 수 있는 소풍 시간을 드릴게요. 어디로 가볼까요?

경진 어디 갈래?

주희 진짜 주시는 거예요? 일본 가야죠.

경진 저희한테 일본은 전환점 같은 여행이었거든요. 저희는 식을 올리지 않고 결혼했는데, 문득 '신혼여행은 가야지.' 싶더라고요. 그 당시엔 직장인이었는데 대표님께 신혼여행을 다녀오겠다고 이야기하고 휴가를 받았어요. 이틀 이상 쉬어본 적 없이 일만 하던 사람이라 일주일 휴가는 처음이었죠. 그때, 일본 여행을 다녀온 이후 생각이 많이 바뀌었어요. 한 번도 일만 하고 살아온 것에 후회해 본 적이 없는데 '이렇게 살면 안 되겠다.'는 자각이 들더라고요. 일주일을 온전히 우리 시간으로 보내고 나니까 잊었던 것들이 돌아오는 기분이었어요. 그땐 운동마저 쉬던 시절이거든요. 운동, 산, 바다… 제가 좋아하던 것들이 하나씩 떠올랐죠. 그 여행 후에 '내 가게를 해야겠다.' 마음먹게 됐고, 경주에 있을 때는 여름방학, 겨울방학을 정해서 일 년에 두 번은 떠나곤 했어요.

주희 이제는 아이도 생기고 생활도 바뀌어서 자연스럽게 가게에 방학이라는 개념이 사라졌지만 자연스러운 수순이기 때문에 아쉽지는 않아요. 지금은 또 지금 할 수 있는 나들이를 하면서 지내니까요.

좋아요. 그럼 자연스럽게 넷이 떠나는 소풍을 그려 볼까요?

경진 역시 일본에 갈 것 같아요. 매년 계업식이 〈모리미치이치바〉라는 일본 페스티벌에 참여하고 있어요. 나고야 근교 가마고리에서 하는 행사인데, 놀이동산 전체를 사용해서 하는 대규모 페스티벌이거든요. 매년 가고 있어서 아는 언니, 동생들이 생기니까 그래가 "나고야 또 언제 가?" 묻더라고요. 올해는 사정상 참여하지 못했는데, 그래서 더 다 같이 일본에 가고 싶어요. 해외에 애들 데리고 가는 건 솔직히 힘들어요. 근데, 생각보다 훨씬 좋아요.

주희 그래가 '나고야'라는 단어를 아는 게 신기해요. 저 어릴 때는 나고야는커녕 다른 나라가 있다는 것도 몰랐는데(웃음). 셰프님 말대로 아이들을 데리고 여행을 가면 변수가 많아서 힘들어요. 매번 좋은 경험만 할 수 있는 것도 아니고, 아이들은 루틴 안에서 돌보는 게 편한데 그럴 수 없으니까요. 근데 여행이니까, 여행이어서 그게 다 용납이 돼요. 밥을 못 챙겨 먹어도, 잠을 제대로 못 자도 여행이니까 괜찮아지는 거죠.

그래서 우리는 크고 작은 외출을 해나가는 것 같아요. 일상을 환기하기 위해서, 항상심을 유지하기 위해서. 두 분은 앞으로 또 어떤 것들을 계획하고 있어요?

주희 당장 다음 주가 두이투어예요. 패키지 상품을 이용하는 거라 참여 인원이 미달되면 취소되거든요. 무사히 출발할 수 있는지 내일은 판매자에게 전화해서 확인해 봐야겠어요. 저랑 아이들한테는 바로 코앞에 예정된 소풍이 있네요.

경진 저는 여전히 산을 달리고, 출퇴근을 뛰어서 하면서 똑같은 일상을 보낼 것 같아요. 그러다 내년이 오면 많은 게 바뀌겠죠? 그래가 내년이면 초등학교에 가거든요. 이건 오프 더 레코드인데…. (속닥속닥) …그런 시기라 정리할 게 많은데, 자세한 이야기는 따로 할 기회가 있겠죠?

우리는 대화를 마치고 그래·그린이에게 외출복을 입힌 뒤 근처 산으로 짧은 소풍을 나섰다. 산모기가 세차게 윙윙대지만 아랑곳하지 않고 놀이터를 제 방인 것처럼 누비는 그래와 아무렇게나 지은 노래를 부르는 그린. 그런 아이들을 보면서 어느 누구 할 것 없이 모두가 웃고 있었다. 두 딸을 고스란히 시야에 담는 경진과 주희를 보면서, 이 둘이 달이 차고 이지러지는 것처럼 자연스럽게 변화하고 있다는 걸 알 수 있었다. 그 모습이 긍정과 사랑을 향해 있다는 것도.

유튜브 채널 '재지마인드JazzyMind'를 운영하는 키키, 프랭키의 여행지는 그리 멀지 않다. 쉼과 새로운 경험을 얻을 수 있다면 문밖으로 나선 순간부터 여행이 시작된다고 믿는 까닭이다. 그래서 서울 속 가까운 동네를 걷고 또 걸으며 익숙한 풍경을 다시 본다. 내가 아닌 모습이 되려고 잔뜩 힘주지 않고, 지금의 나는 어떤지 가만히 살피며 삶을 걸을 뿐이다.

걸으면 내가 보여요

키키·프랭키—재지마인드

에디터 차의진
포토그래퍼 박은비

북촌에서 만나게 되었네요. 얼마 전 근처로 이사했죠?

프랭키 맞아요. 내수동이라고, 경희궁 바로 옆에 살고 있어요. 여기 오는 데 걸어서 20분 정도 걸렸어요.

새로운 터전으로 광화문 일대를 고른 이유가 있어요?

키키 오기만 해도 기분이 좋아져서 자주 찾는 동네였거든요. 왜 이렇게 좋아할까 생각해 보니까, 서울의 역사, 문화, 예술이 한데 모여 있어서 그런 거 같아요. 거리를 걷기만 해도 다양한 장면을 계속 마주하게 되고, 그게 마치 여행하는 기분을 주더라고요. 얼마 전에는 국립현대미술관 근처를 걷다 우연히 들어간 아트북 서점에서 한영수와 비비안 마이어Vivian Maier 사진집을 봤어요. 두 사람 모두 1950-60년대에 왕성히 활동한 사진가들이라 시공간을 뛰어넘은 기분이 들더라고요. 광화문 일대에서는 이런 기분 좋은 우연을 자주 마주치게 돼요. 저는 문화예술을 잘 모르는데 새롭게 배우기도 하고요. 이사하고 아주 만족하면서 살고 있어요.

일상에서 체감하는 다른 변화도 있어요?

키키 전에 살던 동네는 산책 코스가 한정적이었어요. 지금은 경복궁, 북촌, 정동까지 다양한 선택지에 자유로움을 느끼죠. 가는 음식점이 달라지니 식사도 바뀌고, 프랭키와 대화 주제도 달라졌어요. '저 외국인 관광객은 왜 한국에 왔을까, 어디서 왔을까?'처럼 우리가 보고 있는 것들에 대해 이야기하게 되더라고요.

두 분은 유튜브 채널, 재지마인드를 운영하고 있죠. 구독자로서 궁금했던 건데요. '재지'와 '째지' 중에서 어떤 게 맞는 발음이에요?

프랭키 아, 채널 이름이요? 우리는 '재지'와 '째지' 중간 정도로 발음해요(웃음). 마음대로 읽어도 좋아요. 재지하게.

그렇게요, 재지하게(웃음). 채널 소개 글에는 이런 문장이 적혀 있어요. "Jazzy한 마인드로 자신만의 스타일을 찾고 있는 사람들의 이야기." 어떤 의미예요?

프랭키 아티스트 앙리 마티스Henri Matisse는, 건강이 악화돼 큰 붓을 들 수 없게 되자 가위로 종이를 오려서 날아가는 새나 춤추는 사람을 표현했어요. 그 작품집 이름이 《Jazz》예요. 재즈 뮤지션 마일스 데이비스Miles Davis는 "만약 실수를 하지 않고 있다면 그게 실수다." 라고 했어요. 이런 이야기들을 접하면서, 재지한 마인드란 '자유롭고 즉흥적이지만 주어진 시간에 책임감 있게 연주하는 태도'라고 생각했어요. 마찬가지로 우리도 자유롭게 삶을 살아가되 내 선택에 따른 책임을 성실하게 다하려고 해요.

유튜브는 어떻게 시작했는지도 궁금해요.

프랭키 전에는 둘 다 직장인이었어요. 자유로워지고 싶어서 회사를 그만뒀는데, 선택에 따른 책임은 져야 했죠. 돈을 벌기 위해서 뭘 해볼까 하다가 우리 브랜드를 만들고 싶었어요. 브랜드 이름도 짓고 제품도 만들고, 오프라인 매장도 내야 한다고 생각하니 막막하더라고요. 그래서 일단 우리라는 사람이 브랜드가 되어 보기로 했어요. 어떤 브랜드든 대표의 가치관을 드러내는 식으로 전개되니까, 먼저 우리가 삶을 대하는 태도를 보여주면 어떨까 생각했죠. 그 매체로 우리에게 익숙하고 많은 사람에게 가닿을 수 있는 유튜브가 적합해 보였어요.

영상에는 서촌, 연희동, 성북동처럼 가까운 도심을 걸으면서 자연스럽게 대화 나누는 모습이 담기던데요. 이런 장면을 보여주고 싶은 이유가 있어요?

키키 처음엔 얼굴을 가리고 대본 읽듯 찍어보고, 산책하다가 즉흥적으로 촬영도 해보고, 대사 없이 영상만 만들어보기도 하고, 카메라 정면 보고 말해보기도 했어요. 해보니까 걷는 동안 자연스럽게 '있는 그대로의 나'로 대화하는 모습이 제일 편하게 느껴지더라고요.

프랭키 영상 하나 찍고 편집해서 올리기까지 며칠씩 걸리는데, 낯선 내 모습을 계속 마주하는 게 가끔 불편하기도 했고요. 우리가 일상에서 가장 많이 하고 좋아하는 게 걸으면서 대화하는 거니까, 그 일부를 촬영해서 보여주는 방식을 택했죠.

유튜브 영상 속 키키(좌), 프랭키(우)

왜 걷는 동안 가장 나답다고 느끼는 걸까요?

키키 사실 산책하며 나다워진다고 의식하진 않는데, 영상으로 지난 내 모습을 보니까 '아, 이게 가장 자연스럽구나.' 싶더라고요. 산책을 나가면 보고 싶은 대로 보고, 걷다가 멈추고, 벤치에 누워보기도 하죠. 그렇게 순간순간 내가 선택하는 행동들은 나를 위한 거니까, 나다워지는 방식이 아닐까 싶어요.

도심 산책 영상에는 "서울 여행"이라는 표현이 종종 쓰이더라고요. 일상 공간인 서울을 여행한다니, 재지마인드에게 여행의 의미는 조금 다른가 봐요.

키키 네. 전에는 일 년에 한두 번 시간을 내서, 돈과 계획을 준비해 멀리 떠나는 걸 여행이라고 생각했어요. 그런데 제가 여행하는 목적을 돌아보니까 쉼 그리고 새로운 경험을 얻고 싶어서더라고요. 그것들은 굳이 돈을 많이 들이지 않고 일상에서도 찾을 수 있잖아요. 그래서 매번 오가던 길을 다른 시선으로 보려고 노력했어요. 또 그 경험을 영상으로 남기고 공유하고요.

가까운 골목도 얼마든지 여행지가 될 수 있군요. 행선지나 영상 주제는 어떻게 정해요?

키키 장소와 주제를 고민하던 시간도 있었는데, 그 시간은 타인이 뭘 좋아할지 고민하는 시간이지 저를 위한 시간이 아니더라고요. 그래서 이제는 즉흥적으로 가고 싶은 곳으로 향하고, 대화하고 싶은 소재를 이야기해요. 모르는 길로 빠져들기도 하고, 맛있는 빵집도 발견하면서 발 닿는 대로 다녀보는 거예요. 발바닥이 아파오면서 '이제 집에 가볼까.' 싶을 때 자연스럽게 돌아가죠. 그렇게 하루를 보내고 나면 영상 주제가 자연스럽게 만들어지고, 편집을 하면서 주제가 나타나기도 해요.

프랭키 주제에 대한 고민은 매일 자연스럽게 이어가는 것 같기도 해요. 일상 속에서 마주친 것들에 관해 일기를 쓰거나 서로 대화하면서 생각을 깊이 있게 나누죠. 그러다 산책하면서 마주치는 장면들을 보고 떠오르는 걸 담는 식이에요. 주제를 고민하는 시간을 따로 마련해 두고 영상에 반영하기보다는, 일상 속에서 계속되는 고민이 촬영에 자연스럽게 녹아드는 거예요.

취미인 산책이 어떻게 보면 일이 된 건데, 쉼에 방해가 되지는 않아요?

프랭키 신기하게 완전히 일만 하는 기분은 안 들어요. 자유롭게 걸으면서 나를 돌보고 풍경에 치유받거든요. 그래서 일 속에 적당한 쉼이 녹아든 느낌이에요.

바깥을 걷는 일은 두 분이 가장 좋아하고 자주 하는 일이라고 했죠. 주로 어떤 상태나 기분일 때 나서요?

키키 기분을 환기하고 싶을 때 주로 나가는 편인데요. 집 안에서 이야기를 하다가 대화가 길어질 것 같으면 밖으로 떠나요.

어머, 계속 자리에 머무르는 게 아니라요?

프랭키 네. 우리한테는 바깥으로 나가는 일이 회사에서 회의실 잡는 거랑 비슷해요. 산책은 긴 대화를 더 길게 할 수 있는 방법이거든요. 걷다 보면 보는 풍경이 계속 바뀌니까, 생각이 뚝 끊긴다기보다 창의적인 생각이 연속적으로 떠올라요.

가까운 곳으로 떠나는 나들이는 두 분에게 어떻게 쉼이 되나요? 집에서 여가를 즐길 때와 비교해서요.

키키 집에서의 쉼은 몸이 쉰다는 느낌이 드는데요. 밖으로 나가면 마음까지 쉬는 느낌이에요. 과학적으로 말하면 뇌가 쉰달까요. 고민거리가 있으면 집에서 책을 읽거나 누워 있다가도 문득문득 그 생각이 나거든요. 그런데 밖에 나가면 고민이 고여 있지 않아요. 막혀 있던 생각이 흐른다는 느낌을 받죠. 일상에서 한 발짝 멀어져서인지 현재에 집중하게 되고요. '아, 나 물소리 좋아하네. 새소리도 좋아하네.' 같은 걸 느끼면서요. 결국 내가 뭘 좋아하고 싫어하는지 알아가는 시간이 돼요.

공감해요. 걱정에서 벗어나 훌쩍 떠나온 기분이 들죠.

키키 나들이는 듣기만 해도 너무 기분 좋아지는 말 아닌가요? 강아지들한테 "산책!" 하면 기분이 확 좋아지는 것처럼요(웃음).

프랭키 저는 산책 안 하는 날이 거의 없어요. 잠깐 슈퍼 가거나 쓰레기 버리러 가도 잠깐 걷다 들어오죠. 제게 없어서는 안 되는 활동이에요.

키키 산책하자고 할 때 프랭키가 거절한 적이 없어요. 강아지 같아요(웃음).

프랭키 하하하.

프랭키 씨가 전에 영상에서 이런 말을 했어요. "내가 원하는 대로 발걸음을 내딛고 책임지면 돼. 실패하면 추억이고 성공하면 기쁘고. 산책은 우리 삶이랑 비슷한 것 같아." 밖으로 떠나는 일과 우리 삶이 왜 닮았다고 생각했는지 더 들어보고 싶어요.

프랭키 사실 질문지 읽으면서 그때 뭔가 멋져 보이려고 했나 싶었는데요(웃음). 답해보자면… 제가 했던 말은 산책을 왜 좋아하냐는 키키의 질문에 대한 답이었어요. 답을 고민하는 사이에 어느새 제가 발을 옮기고 있었는데, 생각해 보면 그 모든 걸음이 다 선택인 거죠. 영상을 찍을 때 제가 먼저 움직이면 카메라가 따라오는 경우가 많아서, 걸음 하나하나가 이 영상의 흐름에 직접 영향을 준다는 책임감도 느껴요. 그런데 그게 인생이랑 좀 닮았다는 생각이 들었어요. 자유롭게 걸어 나가면서도, 그 선택에 책임지는 태도. 골목 끝까지 가보고 좋으면 더 가고, 아니면 돌아오면 되는 거잖아요. 그런 과정이 결국엔 인생과 닮았다는 생각을 했어요.

키키 씨는 그 대답을 듣고 어떤 생각을 했어요?

키키 산책과 삶은 불확실하다는 점에서 비슷한 것 같다고요. 밖에서 걷다 보면 어떤 장면을 마주칠지 모르잖아요. 매일의 삶도 불확실의 연속이죠. 하지만 산책에서는 쉽게 발을 내딛어도 삶에서는 무언가를 두려움 없이 선택하기 어렵다는 점에서 달라요.

그러게요. 산책처럼 인생도 가볍게 걸어 나가면 될 텐데.

키키 그만두고 싶으면 멈춰서 돌아오고, 다른 길로도 가보고. 산책하듯이 살아가면 좋겠다 싶어요.

프랭키 말하다 보니까 정말 그렇게 살고 싶네요. 《빵 고르듯 살고 싶다》라는 책도 있잖아요. 먹고 싶은 빵은 쉽게 고르고 처음 보는 빵도 고민 없이 먹어보는데, 인생을 대할 때는 그러기 쉽지 않아요.

키키 씨는 두 사람의 나들이를 카메라나 그림으로도 기록하는 것 같던데요.

키키 맞아요. 하루에 한 장이라도 사진을 남기려고 해요. 카메라를 들고 문밖을 나서면 여행자가 된 것만 같죠. 무언가를 찍으려고 하니까 보이지 않던 것들이 보이고, 그걸 발견했을 때 기쁘더라고요. 집에 돌아가자마자 찍은 사진을 살펴보면 특별한 하루를 보낸 것처럼 느껴져요. 카메라로 나들이를 기록하면서 일상이 특별한 순간으로 이루어져 있다는 걸 깨닫기도 했죠. 이런 기록 도구가 더 많았으면 좋겠어서 아이패드에 그림도 그리기 시작했어요. 찍은 사진을 보고 오늘 느낀 감정을 섞어서 마음 가는 대로 그려보는 거예요. 잘하려고 하지 말고 편안하게 꾸준히 기록을 남겨보고 싶어요.

이제 퇴사라는 쉼에 대해서 이야기해 볼게요. 직장 생활을 마무리 지은 이유는 뭐였어요?

프랭키 직장 생활할 때는 출근하고 돌아와서 쉬기 바빴어요. 직장에서 성과도 잘 내고 인정받는 분들도 있지만, 저는 회사 들어갔을 때부터 알았어요. '나는 회사 오래 못 다니겠구나.' 그런데 너무 오래 다닌 거죠(웃음). 남들은 불만 없이 일을 척척 해내는데 저는 왜 그 일을 해야 하는지 납득하는 데 시간이 걸리는 사람이었어요. 자유롭지 못하다는 생각이 쌓여가고 더 늦으면 내 인생을 살 수 없을 것 같아서 위기감을 느끼던 무렵, 키키가 먼저 직장을 그만뒀고 이어 저도 퇴사했죠. 신기하게 그때 제 안의 답답함이 절반 정도 해소가 되더라고요. 키키가 퇴사하고 혼자 이것저것 해가는 모습을 보면서 나도 할 수 있겠다는 용기를 얻은 거죠.

키키 저는 오로지 돈 때문에 회사를 다닌다는 걸 알아차린 순간 시간이 아깝게 느껴졌어요. 시간을 내 편으로 만들어야겠다는 생각에 그만뒀죠. 하고 싶은 일만 하면서 살 수는 없겠지만, 적어도 하기 싫은 일은 안 하고 살 수 있지 않을까 하는 마음이었어요.

쉼이 불안하게 느껴진 적은 없어요?

프랭키 '프리랜서'라는 말이 원래는 영주에게 고용되지

않고 자유롭게 싸우는 창기병을 뜻한다고 해요. 막상 프리랜서가 되어 보니 자유롭긴 하지만 창 없이 전쟁터 한가운데 선 기분이었어요. 그런 불안감과 동시에 새로운 삶에 대한 기대도 분명 있었죠. 사실 회사에 있을 때도, 프리랜서가 된 뒤에도 불안한 건 똑같아요. 회사에선 '내가 원하는 일을 못할까.' 걱정하고, 프리랜서가 된 뒤엔 '자립하지 못할까.' 두렵죠. 다만 이전과 다른 건 삶에 대한 불만 대신 기대가 있다는 점이에요. '이대로도 괜찮겠다. 앞으로 어떤 일이 생길까?' 하고 설레는 마음으로 살고 있어요.

여백의 시간이 앞으로의 삶을 기대하도록 만들어준 거네요.

프랭키 퇴사 후에 여러 사업도 시도해 봤으니까 마냥 쉬기만 한 건 아니에요. 그런데 쉼이라는 게 의미 있는 장치라는 생각은 들어요. 종일 집에 있으면 문득 외출하고 싶어지는 것처럼, 쉬니까 자연스럽게 움직이고 싶다는 마음이 생겼어요. 회사에서 근무할 땐 몰랐던 감정인데, 중간에 쉰 덕분인 것 같아요. 만족스럽지 못한 나를 비워내려면 삶 중간에 쉼을 끼워 넣고, 자발적인 '하고 싶다.'는 마음을 기다려보는 것도 좋은 방법이에요.

키키 쉼이라는 여백 속에서는 잠시 멈춰 생각할 시간이 주어지는 느낌이에요. 그 시간 동안 미처 돌아보지 못했던 부분이나 계속 마음에 걸리던 것들을 다시 마주하게 돼요. 그러면서 '아, 이렇게 해봐야겠다.'는 결심이 생겨요. 결국 제 안에서 용기가 되고요. 그래서 아무것도 하지 않는 시간도 꼭 필요하다고 생각해요.

이야기 나눌수록 원하는 일을 적극적으로 선택하며 살아가는 삶을 중요하게 여기는 것 같아요.

키키 맞아요. 원하는 일로 하루하루를 채워나간다면, 나다운 인생을 살 수 있을 것 같아요. 전에는 이런 삶이 거창하다고 생각했어요. 그런데 사실 '하고 싶은 일'이라는 건, 사소하거든요. 그림을 그리고 싶으면 그림을 그리고, 커피를 마시고 싶으면 커피를 마시고. 우리는 이런 일상을 영위해 나갈 방법을 고민 중이에요.

자유로운 나만의 일상을 유지하기 위한 방법, 지금까지 내린 결론이 있어요?

프랭키 아이러니하게도 자유로움을 유지하려면 규칙이 필요하더라고요. 시간을 성실히 쪼개서 사소한 규칙도 만들고, 건강도 챙겨야 오랫동안 자유롭게 살아갈 수 있는 것 같아요. 그래서 우리가 매일 일기도 쓰고, 일주일에 영상 한 편씩 꼭 올리고, 달리기도 꾸준히 하는 거예요. 하고 싶은 일을 습관으로 만들어야지 그렇지 않으면 남들을 따라가게 되죠. 그럼 원치 않는 걸 다시 버티며 하게 되고요.

키키 저는 루틴, 규칙이라는 말을 싫어하는 사람이었어요. 직장을 그만두고 나면 원하는 시간에 일어나고 자는, 자유로운 생활을 꿈꾸잖아요. 그런데 내가 원하는 루틴은 오히려 나를 자유롭게 하더라고요. 방학 숙제처럼 남들이 만들어주는 규칙 말고요(웃음).

재지한 마인드로 나만의 스타일을 찾아가는 여정에서 지금 어디쯤 와 있다고 느껴요?

프랭키 처음엔 이 여정이 언젠가는 완성에 가까워지지 않을까 생각했어요. 이제는 달라요. 계속 나를 찾아가는 과정이 중요한 거고, 어쩌면 평생 이어질 지도 모르겠어요. 세상도 변하고, 환경이 바뀌면 가치관도 변하잖아요. 사는 곳이 바뀌거나 문화가 달라지면 내가 중요하게 여기는 것도 바뀌게 되고요. 그러면서 내가 좋아하는 게 달라지고, 그걸 따라가다 보면 또 다른 나를 발견하게 되는 거죠. 그래서 지금 내가 어느 정도쯤 와 있는지 정확히 말하긴 어렵고, 그냥 '나'라는 중심을 향해서 조금씩 나아가고 있다는 느낌이에요.

키키 솔직히… 저는 잘 모르겠어요. 정말로. 이 여정의 어디쯤 왔는지 죽기 전까지 모르지 않을까요(웃음)? 확실한 건, 유튜브 채널 '재지마인드'가 나를 알아가는 데 도움이 된다는 거예요. 내가 좋아하는 것들을 카메라로 보고, 영상 편집하면서 나를 반복적으로 보니까요.

프랭키 저도요. 그대로의 나를 인정하게 되더라고요. 사람은 내가 가진 것보다 더 잘하고 싶을 때 긴장된다고 하잖아요. 되고 싶은 나와 진짜 내 모습이 비슷해질 때 편안하죠. 유튜브를 시작하고 나서는 그 격차가 조금씩 가까워지고 있어요.

"천천히 걸어보세요. 따라가면서 찍을게요." 셔터음이 계속되는 동안 발걸음을 옮기는 두 사람을 보면서, '산책할 때 가장 우리답다.'던 말을 확신했다. 정독도서관 이곳저곳을 거니는 장면은 그날 본 두 사람의 모습 중 가장 자연스럽고 편안했으니까. '오롯한 내가 되는 가장 기분 좋은 방법을 안다는 건 무척이나 귀한 일이야.' 북촌에서 집으로 향하는 길, 나는 좋아하던 벽화를 좀더 유심히 보거나 보폭에 집중하며 걸었다. 나는 어떤 장면과 속도를 좋아하는지, 좀더 알아챈 순간이었다.

Interview Collections

자연히 얻은 결실로

종암동으로 향하는 내내 [잎사귀와 나비의 음향]을 들으며 오선지 위에 펼쳐진 한 음악가의 발자취를 상상했다. 아스라한 선율은 꿈에서 스치듯 들었던 멜로디 같기도, 나비의 날갯짓이나 낮잠 든 별이 뒤척이는 소리 같기도 했다. 이 몽롱한 인상을 어떤 문장으로 옮겨 적을 수 있을까. 마땅한 표현을 찾지 못한 채 헤매다 마주한 '풀풀'은 형용하기 어려운 마음을 잠시 내려둘 수 있는 공간이었다. 음악가가 고요히 내어준 여백 속에서 쓰는 이와 감상하는 이, 그리고 걷는 이는 마음 놓고 서성인다.

걸음 끝에 남은 여음

김수진—풀풀·음악가

에디터 오은재
포토그래퍼 박은비

반가워요. 풀풀은 성북구 종암로에 자리하고 있죠. 분위기가 아늑해서 좋은 인상을 받았어요.

안녕하세요. 풀풀을 운영하는 음악가 김수진입니다. 종암동에 산 지는 3년 정도 됐어요. 결혼하면서 이사 왔는데, 집 뒤에는 '개운산'이라는 바위산이 있어요. 산 가까이에 자리한 덕분에 침수 걱정도 없고, 햇볕도 잘 들어요. 무엇보다 어르신들이 많이 거주하셔서 동네가 무척 조용해요. 저녁 시간이 되면 불 켜진 집도 거의 없을 만큼 고요하고요. 여러모로 만족하며 지내고 있어요.

자랑할 게 많은 동네네요. 오래전 SNS 게시물로 "하루에 한 번은 꼭 산책을 해야겠다."고 써둔 걸 봤어요. 그 다짐, 요즘도 잘 지키고 있나요?

네, 잘 지키고 있어요. 아침마다 강아지 산책을 꼭 하거든요. 이 동네는 아침 6시만 돼도 제법 북적여서, 자연스럽게 일찍 눈이 떠져요. 일과를 시작하면 강아지와 함께 천천히 집을 나서요. 우선 카페로 향하긴 하지만, 곧장 가지 않고 일부러 골목골목을 천천히 거닐어요. 오래된 동네라 골목 풍경 보는 재미가 크거든요. 그렇게 여유롭게 내려가 커피 한 잔을 마신 뒤, 다시 골목길을 돌아 산을 오르죠. 적당히 걸었다 싶을 때쯤 집으로 돌아오고요.

원래도 그렇게 나선형으로 산책하는 편인가요?

아니요, 이 동네로 이사 오고 나서부터 바뀌었어요. 예전엔 아파트를 나서면 바로 큰 도로가 있었기 때문에 특별히 헤맬 일이 없었거든요. 그런데 여기서는 정류장까지 가는 길도 제법 걸려서, 어느새 그 시간이 산책처럼 느껴지더라고요. 원래도 걷는 걸 좋아했지만, 이 동네로 오고 나서 더 즐기게 됐어요. 뭔가… 제가 꿈꾸던 삶에 가까워졌달까요? 사실 전부터 시골에서 사는 게 로망이었어요. 하지만 현실적으로는 포기해야 할 것들이 많잖아요. 어딘가 놀러도 가야 하고 가끔은 올리브영도 가고 싶고요(웃음). 그래서 서울 안에서 조용한 곳을 찾고 싶었는데, 종암동이 딱 그런 곳 같아요.

풀풀은 문구와 음악을 만드는 가게죠. 그 이름은 어떻게 짓게 되었나요?

공식적으로는 자연을 보며 기록하는 걸 좋아해서 지은 이름이라고 설명하긴 해요. 하지만 사실은 꽤 단순한 이유였어요. 제가 평소에 감탄사를 두 번씩 말하거든요. 예를 들면 "어머, 저거 좋다 좋다!" 혹은 "그거 예쁘다 예쁘다." 이런 식으로요. 싫은 건 표현을 잘 못하지만, 좋은 건 꼭 강조해서 말하는 편이에요. 제가 식물을 좋아하다 보니, 길을 걷다가 풀을 보면 "어? 풀, 풀이다!" 하고 반가워하거든요. 그렇게 자연스럽게 '풀풀'로 짓게 된 거예요. 조금 웃기지만, 어감이 꽤 좋더라고요(웃음).

음악 작업을 하다가 문구점까지 꾸리게 된 계기가 궁금해요.

실용음악을 전공해서 대학 시절부터 졸업한 뒤로도 입시 강사로 꽤 오래 일했어요. 음악에 더 집중해 보기로 마음먹고 일을 그만뒀는데, 코로나19로 팬데믹이 시작됐어요. 일을 다 정리한 상태라 생계를 위해 전공과 무관한 알바를 세 개나 뛰었죠. 무리하게 육체노동을 하다 보니 건강에도 이상이 왔고요. 보다 못한 엄마가 당근마켓에서 초등학교 배식 알바를 찾아 직접 학교에 전화까지 해주셨어요. 솔직히 정말 가기 싫었지만, 그게 아니면 방법이 없던 상황이라 어쩔 수 없이 반년 정도 일했죠.

여러모로 힘들고 고민 많은 시기를 거쳐 왔네요.

정말 막막했어요. 아이러니하게도 그 시기에 풀풀이 탄생했어요. 제게 음악은 늘 대전제였는데, 배식 일을 하면서 처음으로 '음악 말고 내가 잘할 수 있는 게 있을까?'를 진지하게 고민해 봤어요. 그러다 문득 '마스킹 테이프나 엽서를 만들어볼까?'라는 생각이 든 거죠. 그림 그리는 게 원래 취미였거든요. 그전부터 문구도 좋아해서 가볍게 엽서를 제작해 본 적은 있지만, 판매할 생각을 해본 건 그때가 처음이었어요. 큰 기대 없이 스마트스토어를 열고 몇 가지 제품을 올렸는데, 신기하게도 하나둘 팔리더라고요. 왜 반응이 오는지도 모르면서, 일단 인스타그램에 열심히 홍보했죠. 그렇게 시작한 일이 어느덧 여기까지 오게 된 거예요.

과거의 나였다면 상상도 못 했을 방향으로 흘러온 거네요. 처음 해보는 일이니, 시행착오도 꽤 겪었겠어요.

몇 달은 샘플을 만들며 난항을 거듭했어요. 그래도 음악가로 활동하며 음반을 직접 제작해 본 경험이 도움이 많이 됐죠. 프로듀싱부터 실무까지 직접 하면서 조금씩 노하우가 쌓였나 봐요. 오픈 초창기엔 일이 정말 재미있어서 한 달에 네다섯 개씩 신상품을 내기도 했어요. 음악 작업할 때만큼 무언가를 몰입해서 만들어 본 건 처음이었죠. 미친 듯이 즐겁게 일하다 보니, 정신적으로도 많이 회복됐고 체력도 더 좋아졌어요. 음악 작업도 훨씬 잘됐고요. 돌이켜 보면 그땐 어떻게 그런 아웃풋을 낼 수 있었을까 싶은데, 그 원동력은 아마 '소통'이었던 것 같아요.

즉각적인 반응 덕분에 힘을 얻은 걸까요?

그것도 맞지만, 풀풀을 찾아주시는 분들이 정말 사랑스러워요. 주문할 때 배송 메시지에 '풀풀을 좋아하는 이유'를 아주 정성스럽게 적어주시거든요. 초반에는 주문이 많지 않다 보니, 엽서에 손편지를 길게 써서 함께 보내드렸어요. 그런데 어떤 분들은 그걸 받고 꼭 답장을 써서 보내주시더라고요. 물건을 파는 것보다 그런 소통이 훨씬 더 재미있었어요. 펜팔 같기도 하고요. 사실 저는 사람 만나는 걸 그리 좋아하지 않아요. 그래선지 이런 비대면 소통 방식이 저하고 꽤 잘 맞더라고요. 풀풀 손님들과는 마음을 주고받을 수 있다는 사실이 큰 위로가 됐죠. 지금도 그런 관계가 어느 정도 유지되고 있어서 늘 감사하게 생각해요.

"음악과 문구를 함께 소개하는 것이 난해할 수도 있겠다."고 하셨죠.

문구점에서 음악을 소개한다고 하면 보통은 음악 관련 소품을 파는 걸 떠올리실 텐데요. 하지만 저는 문구는 문구대로, 음악은 음악대로 말하고 싶었어요. 풀풀을 시작하면서 브랜드를 통해 제 음악 작업도 자연스럽게 알리게 되면 좋겠다는 생각이 있었거든요. 처음엔 플리마켓에 나가면 손님들이 꼭 "왜 음악과 문구를 함께 소개하세요?"라고 물어봤어요. 그럴 때마다 '아, 드디어 소개할 타이밍이 왔구나!' 싶어서 최선을 다해 말씀드렸고, 흥미를 느낀 분들이 엽서나 CD를 사 가기도 했죠.

저는 무언가를 기록할 때 꼭 음악을 듣는 편이라, 이 시도가 전혀 낯설게 느껴지지 않았어요. 저처럼 생각하는 분들도 꽤 많지 않았을까요?

그렇게 말씀해 주시니 정말 다행이에요. 저는 일본에 갈 때마다 카페나 옷 가게 한쪽에 CD 몇 장을 진열해 둔 모습을 보면 늘 부러웠거든요. 일상에서 음악을 편안하게 소비한다는 게 좋아 보였어요. 그런 장면들을 떠올리다 문구점에서도 음악을 소개하는 일이 충분히 가능하지 않을까 싶은 거죠. 다만 제가 만드는 음악이 앰비언트 장르다 보니, 풀풀을 찾는 분들께 좀더 친절하게 다가가고 싶었어요. 마침, 생활 환경이 변하면서 삶도 변한 탓에 자연스럽게 편안한 음악이 나오게 되었어요. 모든 게 이어져서 [잎사귀와 나비의 음향] 앨범이 탄생하게 된 거죠.

잠시만요, 먼저 '앰비언트 사운드'가 무엇인지 짚어봐야 할 것 같아요.

현대에 이르러 영화나 광고, 다큐멘터리를 통해 가장 자주 접하게 되는 음악이 바로 앰비언트 사운드예요. 간단히 말하면, 분위기를 만드는 음악이죠. 더 나아가 요즘에는 반복적인 구조 안에서 마음을 편안하게 만들어주는 멜로디로 이루어져 있어 요가나 명상 음악으로도 많이 쓰이고요. 저는 어떤 장면이나 공간에 어울리는 음악이 무엇일지를 직감적으로 잘 캐치하는 편이라, 그런 점에서 이 장르가 저랑 잘 맞더라고요. 평소에도 공간 안에 흐르는 소리를 예민하게 받아들이는 편이거든요.

그런 감각에 예민하다 보면, 공간을 고를 때도 기준이 생기지 않나요?

맞아요. 요즘은 어디를 가도 음악이 흘러나오잖아요. 특히 카페에 가면 멋진 스피커로 유튜브 플레이리스트를 틀어두는 경우가 많은데, 알고 보면 대부분 가상 악기로 만든 재즈풍 트랙이에요. 요즘 프로그램이 워낙 좋아져서, 버튼 몇 번만 눌러도 자동으로 박자가 만들어지니까요. 그런데 그런 음악은 오히려 귀를 더 피곤하게 만들기도 해요. 특히 공간 음향 설계 없이 무작정 큰 스피커로만 재생하면, 베이스가 울리거나 파형이 튀어서 오히려 분위기를 해치는 경우도 많고요. 저는 소리를 잘 흡수하는 나무 소재를 쓴 공간을 특히 좋아하는데요. 그런 점에서, 저한테는 풀풀이 더할 나위 없이 최고예요. 이 나무 벽이 큰 역할을 하거든요.

[잎사귀와 나비의 음향]은 산책하면서 녹음한 자연의 소리로 만든 앨범이죠. 듣다 보면 수진 씨의 걸음을 상상해 보게 되더라고요.

결혼하고 이 동네로 이사 온 뒤, 제 성격이 좋은 방향으로 많이 바뀌었어요. 집 뒤에 산책로가 있으니 절로 나가게 되더라고요. 햇살 가득한 산길이 저를 부르는 것만 같고, 그렇게 산책하면서 스스로 치유할 수 있었죠. 그 시간을 고스란히 [잎사귀와 나비의 음향]에 담았어요. 앨범 후반으로 갈수록 음악 분위기가 깊어지는데요, 그 곡을 만들면서 과거의 고통을 정면으로 마주한 것 같아요. 한때는 제 삶이 너무나 고요하고, 아무 일도 일어나지 않는 것처럼 느껴졌거든요. 하지만 몸도 마음도 건강해지고 나서 그 시절을 다시 돌아보니까, 전보다 객관적으로 이해하게 됐어요. 그 시간을 지나온 덕분에 지금은 내가 좋아하는 일을 하며 살 수 있다는 게 너무 감사하죠. 이제는 당당하게 이야기할 수 있어요.

결국 이 앨범이 수진 씨에게 멋진 전환점이 되어준 셈이네요. 평소 산책할 때는 어떤 장면이나 소리에 귀를 기울이나요?

친구들이 저보고 '엄청난 INFP'라고 할 정도로 예민해서 일이 막히거나 마음이 복잡할 땐 무조건 산책해요. 햇볕을 받으며 혼자 걷다 보면 조금 너그러워지거든요. 매일 같은 길을 걸으면서 계절 따라 피고 지는 풍경을 바라보는데, 가끔 처음 듣는 새소리를 만나면 "어, 쟤는 뭐지?" 하고 녹음 해둬요. 나중에 다시 들으면 이전에 어디선가 마주쳤던 새였다는 걸 소리만으로 알아차리기도 하죠. 그렇게 차곡차곡 쌓인 인상들이 작업의 재료가 되어요.

자연의 소리를 온전히 담아 내려면 여러모로 신경 쓸 게 많겠어요. 녹음은 주로 어떻게 하나요?

전용 레코더랑 테이프 녹음기를 들고 나가요. 그 장비로 녹음했을 때만 느껴지는 특유의 감성이 있거든요. 물론 항상 들고 다니긴 어려우니까 아이폰으로도 자주 녹음해요. 아이폰 녹음 기능이 생각보다 꽤 좋아요. 음질도 깨끗하고, 파일 전송도 간편해서 작업 효율 면에선 정말 최고죠. 원하는 소리를 빠르고 정확하게 남길 수 있으니까요.

'Mountain water'에 삽입된 청량한 물소리가 유달리 기억에 남아요. 이 앨범에 담긴 소리 중 수진 씨가 특별히 좋아하는 소리가 있나요?

저도 그 트랙을 정말 좋아해요. 그렇지만 이제는 필드 레코딩 소리를 있는 그대로 쓰는 건 피하려고 해요. 누군가는 새소리도 음악이라고 말하지만, 저는 사람의 의도가 들어가야 비로소 예술이 된다고 생각하거든요. 그래서 저만의 색과 관점을 더하려 하죠. 그런 의미에서 가장 애정을 담은 곡은 'A biblical verse'예요. 저희 강아지 발소리가 들어가 있거든요. 그 친구는 유기견 출신이라 짖는 일이 거의 없어요. 그래서 목소리보다 더 자주 듣게 되는 소리가 발소리예요. 집에 온 저를 반기거나 밥 먹으러 달려올 때마다 들리는 사뿐한 발걸음, 저는 그 소리를 세상에서 가장 사랑해요. 어느 날 산책 중 낙엽 위를 걷는 소리가 유난히 애틋해서 조용히 녹음을 해뒀죠. 음악에 넣을 땐 강아지 발소리라는 걸 눈치채지 못하게 살짝 변형해서 넣었고요. 일종의 이스터에그처럼요.

돌아가는 길에 집중해서 들어봐야겠어요. 수진 씨 작업에서는 전반적으로 꿈결 같은 분위기가 느껴지던데요. 그것도 의도한 걸까요?
제가 추상적인 걸 좋아하는 사람이라 자연스럽게 나오는 것 같아요. 저에게 중요한 가치는 '사랑'과 '연민'인데, 그런 감정은 언어로 딱 잘라 설명하기 어렵잖아요. 사람마다 받아들이는 방식도 모두 다르고요. 때로는 말투나 눈빛, 손짓처럼 비언어적인 표현이 훨씬 더 진하게 전해질 때도 있어요. 저는 감정을 정의하지 않고, 각자의 방식대로 존중하는 태도가 '추상'이라 생각해요. 저 역시 누군가 제 감정에 진심으로 귀 기울여줄 때 큰 감동을 받거든요. 그런 식의 소통이 저에겐 참 중요해요. 그래서 작업에서도 어떤 정답을 제시하기보다는, 저마다 상상하고 느낄 수 있는 여지를 남겨두고 싶어요.

누군가의 플레이리스트를 보면 그 사람을 조금 더 알게 된다고 하잖아요. 수진 씨의 음악 취향도 궁금했어요. 산책할 땐 어떤 곡을 주로 들어요?
클래식이나 영화 OST요. 대신 볼륨은 아주 작게 틀어요. 자연의 소리랑 겹쳐 들리도록요. 바람 소리나 나뭇잎 흔들리는 소리가 선율에 겹쳐질 때 마치 원래부터 한 곡인 것처럼 들리기도 하는데, 그런 조화를 느끼면 아무리 자주 듣는 음악이라도 지루하지 않아요.

오, 멋진 팁이에요. 그럼 플레이리스트 하나를 반복해서 듣는 편이에요?
플레이리스트보다는 앨범 하나를 처음부터 끝까지 쭉 듣는 걸 훨씬 더 선호해요. 아, 플레이리스트의 매력을 알게 된 일화가 하나 있긴 해요. 예전에 아는 작곡가 오빠가 다니던 회사에서 플레이리스트 채널을 운영한다고 해서, 협업 제안을 받고 작업한 적이 있거든요. 한번은 '비 오는 날의 산책'이라는 테마로 구성해서 올렸더니 반응이 꽤 괜찮았어요. 당시 작업실이 평창동 근처여서 비 오는 날 차 안에서 찍은 국민대 정문 사진을 섬네일로 썼는데, 그 길을 아는 분들이 하굣길이나 산책길의 기억을 댓글에 많이 남겨주시더라고요. 그게 아직 유튜브에 남아 있으려나? (유튜브 앱을 켜서 검색한다.) 어, 찾았어요! 댓글을

쭉 넘겨보면 다들 각자만의 추억에 잠겨 있어요. 어떤 분은 그 플레이리스트를 들으면서 공황장애를 이겨냈다고 용기 내어 적어주셨더라고요. 음악을 통해 그런 기억을 나누며 위로할 수 있다는 게 새삼 좋았어요.

그게 음악의 힘이 아닐까 싶기도 해요. 6월에는 출판사 책사람집과 함께 고다 아야의 《나무》에서 영감을 얻은 공연을 준비 중이라고 들었어요.
《나무》는 제가 정말 좋아하는 책이에요. 영화 〈퍼펙트 데이즈〉(2023)에서 주인공이 읽는 장면을 보고 궁금해져서 찾아봤는데, 절판돼서 구할 수 없더라고요. 그렇게 잊고 지내다가 좋은 타이밍에 출판사에서 선물로 보내주셔서 운명처럼 만나게 됐어요. 한참 윗세대 이야기인데도 제 이야기처럼 느껴졌고, 여러 번 다시 읽을 만큼 깊은 인상을 받았죠. 코엑스에서 열린 '인벤타리오' 문구 페어를 준비하면서도 《나무》에서 많은 영감을 받았는데요. 준비 도중 경북 지역에 대규모 산불이 발생했다는 소식을 접하게 됐고 감정적으로 많이 흔들렸어요. '지금 내가 할 수 있는 일이 뭘까?' 고민하다가, '마음'으로 잡아두었던 전시 주제를 '나무와 숲'으로 바꾸고 《나무》를 전면에 진열하기로 했어요. 개인 소장본이긴 했지만 아무래도 출판사에 허락을 구해야 할 것 같아 조심스럽게 연락을 드렸어요. 감사하게도 흔쾌히 응해주셨죠. 책도 더 보내주시겠다고 하시는 걸 마음만 받겠다고 정중히

인사드렸지만요. 그 인연이 너무나도 감사해서 행사에 출판사 관계자분들을 초대했는데, 제 음악을 좋게 들어주셨다고 하더라고요. 그 자리에서 자연스럽게 공연 이야기가 오가면서 협업까지 이어지게 된 거예요.

마음과 마음이 이어져 마련된 귀한 자리네요. 《나무》에는 작가가 전국의 나무를 찾아다니며 체험하고 교감한 이야기가 담겨 있죠. 특히 어떤 장면이 가장 인상 깊었나요?

작가가 아버지에게 "등꽃이 보고 싶다."고 졸라 함께 등나무를 보러 가는 장면이 있어요. 부녀가 묵묵히 풍경을 바라보는 모습이 그려지는데, 그 장면이 특히 마음에 남았어요. 자세히 말씀드릴 순 없지만, 저에게도 등나무와 관련된 개인적인 기억이 있거든요. 한동안 잊고 지내다가 그 글을 읽는 순간 불현듯 떠올랐어요. 이후에 작가가 딸을 낳고, 그 아이가 정원수 시장에서 등꽃을 보고 마음에 들어 하는 장면도 나오는데요. 기억이 세대를 건너 이어지는 흐름이 참 애틋하게 느껴지더라고요. 작가의 유년기부터 후대에 남겨진 나무 이야기까지 따라가다 보니, 생명이 있는 모든 것에게는 저마다의 시간이 있다는 걸 다시금 깨달았어요. 앞으로의 시간을 그려보기도 했고요. 그런 의미에서 이번 공연도 제 개인적인 서사와 책 내용을 교차하는 방식으로 진행해 볼 생각이에요. 책과 함께하는 공연은 처음이고, [잎사귀와 나비의 음향]을 연주하는 것도 이번이 마지막이 될 것 같아서 여러모로 더욱 뜻깊게 느껴져요.

지나온 시간을 찬찬히 돌아보며, 다음을 향해 나아가고자 하는 마음이 느껴져요. 자연스레 응원하게 되네요. 산책하다 우연히 풀풀을 마주친 사람에게 어떤 경험을 선물해 주고 싶으세요?

가끔 여행 중에 '어? 여긴 어쩌다 왔지?' 싶은 곳이 있잖아요. 일부러 찾아온 건 아닌데, 내 취향에 꼭 맞고 이상하게 마음이 편안해지는 그런 장소요. '편안한 마음'이 풀풀의 슬로건이기도 해요. 이곳이 모두에게 그런 안전지대처럼 느껴졌으면 좋겠어요. 저는 풀풀 뒤에 조용히 숨어 있고 싶어요. 사람이라는 존재는 언제든 실망을 줄 수도 있잖아요. 그러니 작업물에 대해서도 너무 큰 기대를 하지 않았으면 해요. 그저 가벼이 들렀다가, 뜻밖의 편안함이나 작은 기쁨을 얻어 가신다면 좋겠어요. 멀리서 찾아오시는 분들에겐 좀더 오래 머물 자리를 내어 드리고 싶어서, 부담스럽지 않은 방법을 찾고 있어요.

그래서 공간에 일인용 좌석도 마련한 건가요?

앉아서 잠깐 일기를 쓰거나, 음악을 듣고 갈 수 있는 자리를 만들고 싶었어요. 그런데 막상 의자를 놓으면 잘 앉지 않으시더라고요. 다들 저와 성향이 비슷하신가 봐요(웃음). 그냥 산책길에 친구 집 들르듯 가볍게 왔다 가셨으면 좋겠어요. 그리고 돌아간 뒤에도 한 번쯤 떠올랐으면 해요. '거기 좋았는데, 또 가고 싶다.' 그런 공간으로요.

마음에 남은 풍경을 자세히 눈에 담고자 무작정 다가가는 것은 능사가 아니다. 아름다운 찰나는 너무나도 연약해, 사소한 기척에도 금세 흩어지고 만다. 그렇기에 다정한 관찰자들은 언제나 대상과의 적당한 거리감을 먼저 헤아린다. 산책은 취미, 특기는 관찰이라 말하는 소언은 고양이처럼 느긋하게 주변을 맴돈다. 간직하고 싶은 장면 사이에 기꺼이 머무르며 오늘의 빛과 열매를 담담히 응시한다. 그 시선과 걸음에서 이어진 기록에는 오래 바라본 사람만이 남길 수 있는 결이 고스란히 새겨져 있다.

느긋하고도 가만한 시선으로

박소언—소언

에디터 오은재
포토그래퍼 김혜정

고양이들과 마주 앉아 대화를 나누게 되었어요. 참, 어라운드가 무려 파주에 있던 시절에 디자이너로 일했다고요.

안녕하세요. 디자이너로 활동하며 1인 잡화 브랜드 '소언'을 만들어가는 박소언이라고 합니다. 그렇게 말씀하시니 꽤 오래된 이야기처럼 들리네요(웃음). 당시 함께 일하던 친구들 사이에서 "우리 중에서 '인간 어라운드'라고 부를 만한 사람은 너다."라는 말을 자주 들었어요. 그만큼 매체와 결이 잘 맞았나 봐요. 언젠가 함께 이야기를 나눌 수 있지 않을까 막연히 상상하긴 했는데, 생각보다 더 빨리 만나게 되어 조금 신기하기도 해요.

감회가 남다를 것 같아요. "주변을 관찰하며 작고 느긋한 물건을 만듭니다."라고 소개하더라고요. 소언 님에게 '관찰'이란 어떤 행위예요?

방해하지 않고 가만히 응시하는 일이요. 인터뷰를 준비하면서 곰곰이 생각해 보니 어릴 때부터 주변을 유심히 보는 편이었더라고요. 나무, 풀, 벌레 같은 것들이요. 엄마 아빠가 대화할 때도, 언니나 동생은 별 관심도 없는데 저만 열심히 귀를 기울이며 나름대로 해석하곤 했죠. 늘 어느 정도 거리를 두되, 두고두고 지켜보는 걸 좋아했어요.

소언 씨의 관찰 습관이 작업에도 고스란히 드러나는 것 같아요. 식물을 소재로 작업하는 만큼, 무척 세밀하게 표현하더라고요.

소언을 처음 꾸릴 때, 나이와 성별에 구애하지 않고 누구나 쓸 수 있는 제품을 만들고 싶었어요. 어떤 방식이 좋을지 고민하다가 생활 속 이미지를 담아보자는 생각에 세밀화를 그리게 되었죠. 그림을 그리기 위해 공부하면서 알게 된 것을 하나하나 살펴보다 보니, 더 섬세하게 표현하고 싶어지더라고요.

앞에 놓인 나뭇잎 책갈피만 봐도 노방천 위로 잎맥이 하나하나 세세하게 수놓아져 있어요. 대상을 오래 바라봤다는 게 느껴져요.

평소엔 잎맥이나 나무껍질을 그렇게까지 들여다볼 일이 없잖아요. 그런데 자세히 보면 구조가 꽤 정교해요. 볕이 잘 드는 곳에서 투명해진 꽃잎이나 나뭇잎을 보고 있자면, 하염없이 바라보게 되는데요. 그 시간이 꼭 명상 같기도 해요. 잠시라도 휴식이 필요한 분들에게 제 작업이 그런 감각을 전해준다면 참 좋겠다고 생각했어요.

나무껍질을 주제로 만든 엽서 소개 글에도 "나무 표면을 자세히 들여다본 적 있나요?"라는 문장을 적어두었죠. 쉽게 지나치던 것에 한 번쯤 시선을 두게 만드는 힘이 있는 것 같아요.

저는 특별한 재능을 가진 사람은 아니에요. 다만 평범한 일상에서 작고 느긋한 감각을 발견하는 데에는 소질이 있는 것 같아요. 소언이라는 브랜드를 통해서 무언가 새로운 걸 보여주기보다는, 이미 우리 곁에 있는 것을 한 번 더 볼 수 있게끔 손을 내밀고 싶어요.

집 안 곳곳에 화분이 참 많네요. 식물을 좋아하는 것과 잘 돌보는 건 또 다른 이야기일 텐데, 소언 씨는 어떤 편이에요?

본가가 진주라 대학생 때부터 자취했는데, 나만의 공간이 생기자마자 화분을 하나둘 들여오기 시작했어요. 베테랑이라고는 말할 수 없지만, 몇 개 키워보니 식물은 오히려 적당히 무관심해야 더 오래 산다는 걸 알게 됐어요. 과습으로 죽는 경우가 정말 많거든요. '잘 자라고 있을 거야.'라는 마음으로 믿고 지켜보는 편이에요. 흙을 만져봤는데 말라 있으면 그때 물을 줘요. 크게 간섭하진 않아도, 시선은 계속 머무는 거죠.

화초를 키우다 보면 작업뿐만 아니라 삶에도 좋은 영향을 줄 것 같아요.

예전에 《식물은 알고 있다》라는 책을 읽었는데, '식물의 변화'에 관한 이야기가 인상 깊었어요. 우리는 보통

'변화'라 하면 능동적으로 움직이는 걸 떠올리잖아요. 그런데 식물은 누군가 옮겨주지 않는 이상 늘 한자리에만 머물러 있으니 수동적인 존재로 여겨져요. 그런데 그 책에서는 오히려 주어진 환경에 맞춰 바꿔가는 일이 훨씬 큰 변화일 수도 있다고 이야기하더라고요. 이를테면 사람들은 비가 오거나 태풍이 몰아치면 안전한 곳으로 피하지만, 식물은 그 자리에 서서 오롯이 견뎌내잖아요. 그러면서 자기만의 방식으로 살아남는 법을 터득하고요. 그 이야기를 읽다 보니 괜히 용기가 나더라고요. 무엇보다도 제 오랜 꿈이 마당 있는 집에서 사는 건데, 이 화분들이 그 꿈을 완벽히 실현해 주진 않더라도 계속 상기시켜 주곤 해요.

봉제산을 마당 삼아 걷는다고요. 가장 좋아하는 산책길이라고 들었어요.

평소에 등산을 좋아하긴 하지만 매일 산을 오르기엔 부담스럽잖아요. 그런데 봉제산은 집 바로 뒤에 있고, 살짝 숨이 찰 정도로 걸을 수 있어서 자주 가요. 사실 산이라고 부르기에도 머쓱할 만큼 완만한 곳이긴 한데요. 최근엔 어르신이나 장애인도 함께 이용할 수 있도록 평지 산책로가 정비되면서 분위기가 꽤 달라졌어요. 예전에는 혼자서 고요하게 거닐었다면, 이제는 동네 사람들과 함께 걷곤 해요. 강아지랑 아이들도 많아져서 사람들과 동물들 구경하는 재미가 생겼어요.

작업을 염두에 두고 걷는 산책과 일상 속 걷기는 무엇이 다른가요?

작업이 취미의 연장선에 있어서 그런지 두 산책이 크게 다르진 않아요. 한번은 '구멍 난 나뭇잎을 꼭 주워 와야지.'라는 목표로 산책에 나선 적이 있어요. 어찌저찌 구해 오긴 했는데, 생각만큼 기쁘진 않더라고요. 오히려 아무 생각 없이 걷다가 우연히 무언가를 발견했을 때 훨씬 더 감응하게 되는 것 같아요.

산책 중 발견하는 시시하지만 분명한 기쁨은 무엇인가요?

어릴 때부터 계절 변화를 관찰하는 걸 좋아했어요. 친구들에게 "하늘이 너무 예쁘다."고 말하면 늘 놀림을 받곤 했죠. 어른이 된 지금도 그런 순간에 감동하는 건 여전해요. 예전에는 그 변화들이 수채화처럼 느껴졌다면, 이제는 더 선명하고 진하게 다가와요. 세밀화를 그리며 식물에 대해 더 많이 알게 된 점도 한몫한 것 같아요. 산책하다 보면 그런 변화를 체감하게 하는 풍경이나 사물에 눈이 가는데, 이맘때쯤이면 아카시아꽃을 실컷 구경해요. 봉제산엔 아카시아 나무가 정말 많거든요.

조금 있으면 완연한 여름이 찾아올 텐데요. 여름의 낭만을 상징하는 자연물 하나만 골라볼까요?

더위에 약해서 여름을 썩 반기진 않지만 살구, 수박, 자두, 참외 같은 제철 과일을 실컷 먹을 수 있다는 점은 정말 좋아요. 그중에서도 제일 좋아하는 건 복숭아예요. 맛은 물론이고, 빛깔도 생김새도 정말 예쁘잖아요. 표면에 까슬까슬하게 털이 나 있는 것도 매력적이에요. 뭔가 새침하게 자기 자신을 보호하는 것 같기도 하고요. 추억이 많은 과일이라, 언젠가 잡지에 짧은 글을 기고하기도 했어요.

자세히 들려줄 수 있나요?

제가 어릴 때만 해도 복숭아가 지금처럼 흔하지 않았어요. 엄마가 정말 예쁜 복숭아를 고르는 날은 딱 하루, 외할머니 댁에 내려가는 날이었죠. 그럼 저는 아빠 차를 타고 가면서부터 복숭아 생각에 마음이 잔뜩 부풀곤 했어요. 그러던 어느 날, 낮잠을 자고 일어났는데 복숭아가 너무 먹고 싶은 거예요. 어른들이 정신없는 틈을 타서 살금살금 냉장고로 가 가장 예쁜 복숭아를 꺼내 돌아서자마자 엄마와 눈이 마주쳤어요. 그 자리에서 된통 혼이 났는데, 할머니 앞이라 그런지 괜히 더 서러워져서 엉엉 울었던 기억이 나요. 이제는 제가 엄마를 위해 가장 예쁜 복숭아를 고르는 나이가 되었고, 외할머니가 돌아가신 후에는 그 풍경을 더는 볼 수 없으니 더욱 애틋하게 남아 있어요.

이쯤에서 우리 재미있는 상상 하나만 해볼까요? 만약 고양이 상수가 소언 씨 몰래 산책을 다녀온다면, 어떤 장면을 보고 올 것 같아요?

상수는 원래 '길냥이'였어요. 지금은 집에서 살고 있으니 산책하러 나갈 수가 없잖아요. 그래서 이 질문을 들으니 괜히 마음이 찡해요. 저는 아무래도 사람이니까, 상수에게 좀더 다채로운 일상이 필요하지 않을까 싶은데요. 가만히 보면, 정작 상수는 산책에 관심이 없을 수도 있겠다는 생각도 들어요. 예전에 고양이는 지금 이 순간만을 산다는 이야기를 본 적이 있는데, 정말 현명한 존재다 싶더라고요. 사람은 시간을 '과거-현재-미래'라는 선형적인 구조로 인식하잖아요. 우리 마음은 대부분 과거나 미래를 떠돌고 있는 것 같고요.

그렇다면 소언 씨는 어떻게 해야 '지금 이 순간'을 잘 살아갈 수 있다고 생각하나요?

저는 산책을 하며 현재를 사는 법을 배우고 있어요. 주변 둘러보는 걸 좋아하다 보니, 자연스레 눈앞의 길에만 집중하게 되거든요. 2019년에 산티아고 순례를 다녀온 적이 있어요. 큰 포부가 있었다기보단, 혼자 오래 걷고 싶어서 안전한 곳을 찾다 보니 순례길이 떠오른 거죠. 매일 20킬로미터 넘게 걷다 보면 생각이 정리되거나, 그동안 하지 못했던 질문들을 떠올리게 될 줄 알았어요. 그런데 막상 가보니 머릿속이 말끔히 비워지더라고요. 아침에 일어나 침상을 정리한 뒤 짐을 챙겨 길을 나서고, 풍경에 집중하며 걷다 보면 어느새 하루가 훌쩍 지나 있어요. 그렇게 단순하게 살 수 있다는 게 참 편안했어요. 지금 생각해 보면, 그 한 달은 어쩌면 제가 고양이처럼 살 수 있었던 시간이 아니었을까요?

새삼 그간의 걸음들을 돌아보게 되네요. 홈페이지에 '첫 번째 주제는 식물입니다'라고 적어뒀잖아요. 두 번째 주제도 생각해보았나요?

브랜드 만들 때부터 세 번째 주제까지 정해뒀어요. 그런데 생각보다 첫번째 주제에 다소 오래 머물러 있었네요. 언젠가 꼭 바다에 관한 이야기를 해보고 싶었는데, 고래와 산호로부터 시작해 보려고 해요. 산호는 고래에 비하면 사소한 존재잖아요. 해변을 걷다 보면 모래사장 곳곳에서 파도에 밀려온 산호사를 볼 수 있죠. 누군가에겐 그저 쓰레기에 불과할지 몰라도, 제 눈엔 어쩐지 아름다워 보여서 한참을 들여다보게 돼요. 또 고래에게선 지금껏 본 적 없는 웅장하고 묵직한 생명력을 발견해요. 저는 산책만큼이나 수영하는 걸 좋아하는데, 수영을 배우게 된 것도 사실 고래 덕분이에요. 언젠가 고래와 사람이 함께 유영하는 영상을 본 적이 있거든요. 서로의 존재를 신기하게 여기면서도 일정한 거리를 유지하며 나란히 헤엄치더라고요. 그 장면을 보고 수영을 배워야겠다고 결심했어요.

고래와의 수중 산책이라니, 상상만으로도 너무 근사해요. 저도 꼭 배워보고 싶어졌어요.

수영은 산책과는 또 다른 감각이에요. 처음 배울 때 엉망진창의 순간을 꼭 지나야 하는데요(웃음). 물속에서 숨 쉬는 것도 어렵고, 몸으로 하는 운동이다 보니까 못하면 금방 들통나버려요. 그런데 그런 배움이 오히려 좋은 자극이 됐어요. 나이가 들수록 '초보 상태의 나'를 마주할 일이 점점 줄어들잖아요. 그래서 저는 몸으로 무언가를 배우는 경험을 할머니가 될 때까지 계속 이어가고 싶어요. 아직 바다 수영을 꿈꿀 정도로 잘하지는 못하지만, 열심히 연습하다 보면 언젠가 저도 고래와 함께 산책하듯 유영할 수 있지 않을까요?

헤맨 만큼 모두 나의 땅이 된다는 말처럼, 삶은 어쩌면 나만의 지도를 완성해 나가는 일인지도 모른다. 세상의 모든 순간과 눈을 맞추는 반려동물 도현과 버들이 곁에서 예진은 떨어진 꽃잎 하나, 바람에 흔들린 잎새 하나에도 마음을 기울인다. 머나먼 풍경을 동경하던 시절을 지나 이제는 허리 숙여 발치에 놓인 장면 가까이에 손을 뻗는다. 손끝에 스치는 생생한 사랑을 따라 걸음을 이어간다.

손끝으로 그려낸 지도

문예진—Oth,

에디터 오은재
사진 문예진

제주에서 3주간 머무르며 즐거운 나날을 보냈다면서요. 어떤 계기로 떠나게 된 건가요?

제주 'Salt'에서 진행하는 창작자들을 위한 레지던시 프로그램에 초대받았어요. 덕분에 상상으로만 그렸던 제주에서의 삶을 현실로 누릴 수 있었고요. 특별히 아는 사람도 없고 가고 싶은 곳도 없어서, 이곳에 머물면서 몇 년 동안 품고 있던 원고를 세상 밖으로 꺼내야겠다 싶었죠. 예상과 달리 숙소에서 만난 친구들과 맛있는 것도 먹고, 도민들만 아는 장소나 제주의 자연을 마음껏 누비며 알찬 3주를 보냈어요. 계획했던 작업은 끝내지 못했지만, 선물 같은 시간을 원 없이 누렸기 때문에 후회는 없어요.

유람하며 마주한 기억을 마음속 방에 차곡차곡 저장하는 예진 씨는 이번 제주의 시간을 어떤 모양으로 남겨둘 것 같아요?

그야말로, '사람 여행'이었어요. 제주의 자연 풍경도 아주 경이로웠지만, 그곳에서 연을 맺은 또래 친구들과의 시간이 가장 기억에 남아요. 사업을 시작한 뒤로 또래 친구들을 만날 일이 거의 없었거든요. 그런데 제주에 머무는 동안 "오늘 뭐 먹지?", "어디 갈까?" 같은 대화를 나누며 하루를 시작하고, 잘 놀았다며 그날을 마무리했죠. 학생 때 이후로 오랜만에 느껴본 순수한 기쁨이었어요. 스트레스 없이 진심으로 즐겁게 지냈어요.

'한 달에 한 번, 하나의 공간에 머물기' 프로젝트를 6년째 이어오고 있어요. 지금처럼 여행지를 산책하듯 둘러보게 된 데에는 어떤 전환점이 있었나요?

돌아보면, 늘 여행지를 부지런히 돌아다니기보다는 내가 머무는 공간을 천천히 둘러보는 걸 더 선호했어요. 계절마다 영월을 찾아가는데, 숙소 울타리 밖을 벗어나는 일이 드물어요. 스무 시간 비행기를 타고 도착한 핀란드에서도 숲속 한가운데 있는 낡은 통나무집에서만 지냈어요. 여행을 다닌 지 얼마 안 되었을 땐 '언제 이런 곳을 또 오겠어?'라며 일정을 빡빡하게 짜고 주어진 계획을 수행하느라 바빴는데, 그러고 나면 좋았던 기억보다 힘들었던 감각이 먼저 떠오르더라고요. 오히려 느긋하게 머물러야 여행의 잔향이 훨씬 더 오래갔죠. 그래서 이제는 언제든 다시 올 수 있다고 믿으며 욕심을 덜어내요.

그렇다면 하루하루를 여행처럼 바라보게 된 건 언제부터였을까요?

오랫동안 10일의 휴가를 위해 1년을 버티는 삶을 살다 보니, 뭔가를 놓치고 있다는 생각이 들었어요. 귀국하는 날마다 현실에 또다시 발목을 내어주는 것만 같아 괴로웠죠. 그때부터 도피하듯 떠나는 대신, 평범한 일상을 여행처럼 살아보기로 다짐했어요. 이런 변화에는 반려동물 도현이의 영향도 컸어요. 하루도 빠짐없이 함께 산책하며 삶의 태도를 조금씩 수정한 거죠. 처음엔 의무적인 일과였다면, 어느 순간부터 회복하는 시간과 다름없어졌어요. 이제는 산책 내내 이름 모를 작은 꽃을 살피고, 그림 같은 일몰을 바라보고, 산뜻한 바람에 실려 오는 풀 냄새를 맡느라 무척 바빠요. 도현이 덕분에 세상이 내어준 아름다움을 원 없이 즐길 수 있다는 걸 깨달았어요. 어떠한 비용 없이도요.

산책을 통해 감탄하는 감각을 녹슬지 않게끔 유지하고 있네요.

맞아요. 가끔 집을 나설 때마다 바다 위의 선장이 되는 상상을 하기도 해요. 도현이랑 버들이는 어떤 폭풍에도 흔들리지 않는 배고, 길 위에서 만난 야생화들은 저와 함께 항해하길 기다리는 예비 선원들인 거죠. 이런 상상을 하다 보면 익숙한 길도 새롭게 느껴져요.

셔터를 신중하게 누르던 시간을 지나 요즘은 꽃과 나뭇잎을 손에 쥐어 기록을 남기는 작업에 집중하고 있죠. 작업이 확장되며, 브랜드의 방향 또한 조금 달라졌을 것 같아요.

저에게 'Oth,'는 또 다른 정체성과도 같아요. 팬데믹 당시 갈증을 해소하고자, 여행을 테마로 한 이야기를 풀어냈죠. 그런데 하늘길이 다시 열리고, 모두가 어디론가 떠나기 시작하며 '이제는 다른 이야기를 해야겠다.' 싶었어요. 글과 사진, 영상으로만 기록을 남기던 방식이 지루하게 느껴지던 시점이었거든요. 그렇게 시작한 게 압화예요. 자연의 힘을 빌린 작업을 하다 보니, 세상을 바라보는 시선도 조금씩 달라지더라고요. 그걸 계기로 경험 기반의 제품과 프로그램을 기획하면서 브랜드의 서사도 함께 확장하게 되었죠. 덕분에 '다정한 이야기꾼'이라는 브랜드의 새로운 자아를 얻게 된 것 같아요.

"꽃을 만지는 일이 마치 손으로 춤추는 일 같았다."는 말이 참 인상적이었어요. 손으로 물성을 감각하는 일에 특별히 애정을 느끼는 이유가 무엇인지 궁금해요.

촉감은 '내 의지로 선택하는 감각'이라고 생각해요. 내가 먼저 다가가 손을 내밀지 않으면 경험할 수 없기에 더 특별하죠. 반려동물을 쓰다듬거나 사랑하는 사람과 손을 잡을 때 전해지는 체온을 통해 혼자가 아니라는 걸 알게 돼요. 이슬 맺힌 새순을 매만지며 봄이 온 걸 눈치채기도 하고요. 그런 작은 접촉들이 쌓일수록 하루하루가 더 생생하게 다가오고, 내가 이 순간 존재한다는 사실을 실감해요.

직접 해보지 않으면 알기 어려운, 압화 작업만의 매력이 있다면요?

가장 큰 장점은 멀리 가지 않아도 된다는 거예요. 집 앞에서 주운 낙엽이나 꽃잎만으로도 충분히 좋은 작품을 만들 수 있거든요. 잎 하나하나 자연만의 고유한 색감과 형태가 있어요. 그런 미묘한 차이를 손끝으로 느끼는 일이 재미있더라고요. 필름 카메라로 사진을 남기는 것처럼 결과물을 예측할 수 없다는 점도 매력적이죠. 실패도 많이 해봤지만, 끝끝내 마음에 드는 결과물을 얻으면 얼마나 짜릿한지 몰라요. 그게 이 작업을 지속하는 원동력이기도 하고요.

압화 작업을 하면서 가장 기억에 남는 식물과의 만남이 있다면요?

붉은 장미와 카네이션 그리고 안개꽃이요. 너무 흔하게 보아온 꽃이라, 오히려 어떻게 다뤄야 할지 감이 잡히질 않더라고요. 촌스럽다는 편견 때문에 더더욱 용기가 나지 않은 것 같아요. 그런데 막상 압화를 해보니, 홀로 있을 때 비로소 빛이 나는 식물이더라고요. 그걸 보면서 제가 너무 쉽게 판단했구나 싶었어요. 요즘은 대중적인 꽃들에게서 새로운 얼굴을 찾아보려 해요. 평범한 재료에서 낯선 감각을 끌어내는 일이야말로 결국 전문가의 몫이기도 하니까요.

예진 씨는 산책할 때 어떤 방식으로 걷는 걸 좋아하나요?

때로는 지도에 의존하지 않고 발길 닿는 대로 향해야만 보이는 것들이 있어요. 그래서 가끔은 익숙한 길을 걷다가도, 처음 보는 길이 나타나면 주저하지 않고 방향을 틀어 봐요. 무조건 정상을 향해 앞만 보고 돌진하기보단, 마음껏 길을 잃어보려고 하는 편이에요.

산책을 "지도를 만들어가는 일"이라 표현한 것이

떠오르네요. 그렇다면 예진 씨 지도에는 어떤 길들이 수놓아져 있을까요?

초등학생 때 피시방에서 '디아블로'라는 게임을 처음 접했어요. 그 게임 속 지도는 직접 가본 곳만 나타나고, 나머지는 전부 어둠으로 덮여 있었어요. 새로운 길로 나아가야만 제 발자취를 따라 지도 속 길이 열리는데, 그 이미지가 아직도 또렷하게 남아 있어요. 경험의 폭이 넓어지는 걸 지도에 빗대어 말하게 된 것도 그런 이유 때문이에요. 제 지도엔 잘못된 길이든, 우연히 지나친 길이든, 검열 없이 모두 남겨두고 싶어요. 그게 저라는 사람의 여정을 가장 솔직하게 보여주는 방식 같거든요.

"하루 중 산책은 시공간의 모든 족쇄에서 벗어나 홀가분한 마음으로 사색에 잠기기에 좋은 때"라고 하셨죠. 홀로 산책에 나설 때면 마음 속엔 어떤 이야기가 흘러요?

주로 자전거를 타고 음악을 들으며 익숙한 거리를 한 바퀴 돌아요. 누군가를 만나 대화를 나눈 날에는, 혹시 실언은 없었나 곱씹어 보고요. 걷다 마음에 드는 잎을 만나면 '오늘은 너를 만나려고 여기까지 왔구나.' 싶어지기도 해요. 머릿속이 복잡할 땐 가지치기하듯 불필요한 생각을 정리하고, 그 자리에 새로운 싹이 돋기를 기다려요. 인적이 드문 길을 따라 달리며 숨을 고르다 보면 가라앉았던 마음이 다시 기운을 차리는 순간이 올테니까요.

예전에는 취향과 기억을 나누고자 기록했다면, 이제는 "존귀한 생명의 번영을 후세에 남기고 싶다."는 사명감으로 창작을 이어가고 있어요. 이러한 책임감을 안겨준 결정적인 장면이 있나요?

춘천 소양호에는 크고 작은 섬이 여럿 있어요. 그중 하나는 제가 대한민국에서 가장 사랑하던 장소였어요. 외부 손길이 닿지 않은 동식물들의 터전이었거든요. 마지막으로 방문했을 때까지만 해도 그곳에서 아름다운 자연을 마음껏 누릴 수 있었죠. 그런데 2년 전, 긴 장마로 지형이 무너져 초원이 호수 밑으로 가라앉아 버렸어요. 단 한순간에 사라지는 걸 보면서, 자연이 늘 그 자리에 있을 거라는 생각이 얼마나 덧없었는지 실감했어요. 정말이지, 세상에 당연한 건 없는 것 같아요. 우리가 사는 이 세계도 각자가 할 수 있는 만큼의 배려와 양보, 책임을 다하기 때문에 유지되고 있겠죠. 우리는 지구의 주인이 아니라 잠시 머물다 가는 존재잖아요. 그래서 후회 없이 살기 위해, 지금 내가 할 수 있는 만큼 꾸준히 목소리를 내보려고 해요.

그 목소리가 더 멀리 가닿을 수 있도록 저도 계속 귀 기울일게요. 제주에서 돌아온 뒤, 가장 먼저 걷고 싶은 길이 있다면요?

도현이와 버들이 덕분에 매주 집 근처 인왕산에 올라요. 혼자였다면 감히 나서지 못했을 길인데, 두 아이와 함께 걷다 보면 어느새 거뜬히 오르게 되더라고요. 아이들과 오붓하게 서울 전경이 한눈에 내려다보이는 윤동주 시인의 언덕을 지나 초소책방까지 이어진 길을 마음껏 걷고 싶어요. 숲의 품에 안겨 아이스 아메리카노를 마시고, 제 곁에 누운 도현이를 쓰다듬으며 책을 읽다가 산책길에 수집한 잎으로 압화 작업을 해도 좋겠네요.

나와 다른 존재와 함께 걸으며 사랑과 행복을 배워가고 있네요.

아이들이 없는 삶은 이제는 상상하기도 어려워요. 언제 어디서든 아이들과 함께한 산책을 떠올릴 수 있거든요. 발맞춰 걸으며 제 세상도 많이 확장되었고요. 지금 제 삶은 그런 평범한 장면들과, 거기 깃든 사랑으로 이루어져 있어요. 그게 저를 단단하게 지탱해 주는 힘이에요.

그곳에서 거머쥔 장면

이런저런 이유로 당도했던 그곳에서, 나는 무엇을 남기고 싶었나.

에디터 이명주

글 김연영, 김현건, 김혜정, 문주원, 박예빈

2023년 10월 30일 독일 베를린

김혜정
포토그래퍼

이 도시를 언젠가 엄마와 꼭 함께 머무르겠다던 바람을 이룬 여행날의 사진입니다. 침대 머리맡에 있는 라디오에서는 호텔에서 시간대별로 선곡한 음악이 흘러나왔는데, 당시에 들은 노래가 그 순간의 분위기와 참 잘 어울렸어요. 엄마는 뜨개질을 하고, 저는 음악을 들으며 조용히 쉬던 모습이 맞물리면서 하나의 또렷한 장면으로 남았죠. 한국으로 돌아와서는 그 노래의 앨범도 찾아 구매했어요. 한편에 라디오가 담긴 이 사진도, 우연히 알게 된 그 음악도 저한텐 여행의 마지막을 따뜻한 기억으로 데우는 조각 같아요. 익숙한 환경을 벗어나면, 머릿속이 잠시 조용해지잖아요. 늘 반복되던 리듬이 끊기고 나서야 그 틈에 놓치고 있던 감정이나 생각이 떠오르기도 하지요. 잠깐 멈춰 나에게 집중할 수 있다는 것만으로도 충분히 떠날 만한 이유가 되어줘요.

2025년 5월 8일 한국 경주

김현건
디자이너·카페 '얼룩' 운영자

4년 전, 지금의 일을 막 시작할 무렵에 다짐과 소망을 새기려 경주 불국사를 찾은 적 있어요. 그 덕분인지 행복한 일상이 이어졌는데, 다시 그 마음을 꺼내보고 싶어서 걸음을 옮겼습니다. 반야교 다리를 건너기 전, 숲길에서 오래된 고목을 가만히 바라보던 그때처럼 이번에도 같은 나무 앞에 섰어요. 그 자리에서 올려다본 하늘은, 우리 삶을 꼭 닮아 있었습니다. 상처받고 단단해지며, 우거지고 또 다른 생명을 품고, 서로를 존중하며 공생하는 모습이요. 바라보고만 있어도 충만함이 밀려오는 그 순간을 패브릭 포스터로 만들어 일하는 공간 한쪽에도 걸어두었어요. 짧은 여행이 누군가에겐 충만함으로, 또 누군가에겐 상실감으로 닿을 수도 있겠죠. 하지만 그게 무엇이든 결국엔 앞으로 걸어갈 길 위에 놓인 또 하나의 이정표가 되어줄 거예요.

2024년 7월 미국 뉴욕

김연영
출판사 ‘창비교육’ 마케터

태어나서 처음으로 미국 땅을 밟았습니다. 무려 연차 10개를 털어 동생들과 2주 동안 머물기로 했을 때, 꼭 가보고 싶던 곳은 뉴욕의 센트럴 파크였어요. 유튜브 플레이리스트 속 섬네일로만 마주하던 그곳, 복작복작 모여 여유로운 시간을 보내는 그곳에 나도 속해 있고 싶었지요. 부푼 마음을 안고 도착한 7월의 그곳은 예상과 달랐습니다. 시간이 일렀기 때문일까요? 혹은 햇볕이 뜨거웠기 때문일까요? 이유는 모르지만 손가락으로 셀 수 있을 만큼의 사람들만이 자리한 센트럴 파크에서 오롯이 존재하는 개개인들을 목격했습니다. 아무도 나를 모르는 공간에서 무수히 많은 타인 중 하나가 되는 경험은 나를 좀더 자유롭게 만들었어요. 그 시간 덕에 나는 계속해서 용기 있게, 자유롭게 흘러갈 수 있을 거란 다짐을 되뇌었습니다.

2021년 11월 19일 덴마크 코펜하겐

박예빈
라이프스타일 브랜드
'parkvin' 운영자

나랑 잘 맞는다는 느낌을 받는 곳, 다들 하나쯤 있지 않나요? 저한텐 덴마크인데 처음 그곳으로 여행 갔을 때만 해도 지금처럼 잘 알려져 있지 않았어요. 그래서 더 끌렸죠. 남들 다 가는 파리, 런던에서가 아니라 완전히 새로운 곳에서 인생 첫 번째 유럽 여행을 경험하고 싶었으니까요. 저는 새로움을 경험하는 게 삶에서 가장 중요하고 필요하다고 생각해요. 아무것도 하지 않으면 아무것도 바뀌지 않는다는 말이 있잖아요. 예상 밖으로 닥치는 것들을 해결해 보고, 낯선 장면 속에서 이유 모를 위로를 얻으면서, 일과 일상의 아이디어로 연결하고 싶어요. 덴마크는 건물에도, 사람들이 입고 다니는 옷에도 알록달록 다양한 컬러가 쓰이는데 검은색 옷만 입던 저를 완전히 바꿔놨어요. 지금은 옷장에 검은색이 하나도 없답니다!

2023년 12월 13일 한국 제주

문주원
《AROUND》 마케터

한 해가 저물어 가던 저 즈음에는 마음이 싱숭생숭했던 것 같아요. 마침 저렴한 제주행 티켓을 발견했고, 어디든 떠나야겠다는 생각에 1박 2일 동안 홀로 여행을 떠났습니다. 아주 즉흥적이었죠. 광치기해변에서 성산일출봉까지, 신비롭고 아름다운 자연에 푹 빠져 사진을 찍었는데요. 특히 바위 사이에 끼어 있는 현무암을 발견했을 땐 보석을 찾아낸 기분이었어요. 혼자라서 마음속으로만 '우와!' 하고 외쳤지만요. 신비로운 자연은 언제나 새로운 마음을 갖게 해요. 이런 장면을 만날 때 역시 떠나길 잘했다는 생각이 들고, 그 경험은 또다시 나를 새로운 곳으로 이끌어주죠. 삶이 늘 여행일 수는 없지만 이런 시간이 쌓여 점점 더 나다운 모습을 찾아간다고 믿어요.

그녀의 사진을 아낀다. 어떤 사람의 사진을 좋아한다는 건 그의 시선을 '애정한다'는 말과 같다. 송아는 아주 평범한 순간의 가장 커다란 아름다움을 발견하는 사람이다. 그 시선은 꾸밈없이 자연스러워 우리가 모르는 일상의 사랑을 찾게 만든다. 그렇게 보잘것없는 어떤 이의 하루마저 순수하게 빛나게 한다. 특별한 여행이지만 지극히 보통의 하루이기도 한 그녀의 베를린 여행기 사진집《MATI》. 송아만의 시선을 따라 여행을 일상처럼, 일상을 여행처럼 바라보는 또 다른 시선을 찾아간다.

손끝으로 느껴질 순간

최송아—사진가

에디터 김지수
사진 최송아

몇 해 전《AROUND》에서 짧은 인터뷰를 한 적이 있어요. 요즘 날이 좋은데, 봄날을 어떻게 보냈는지 궁금해요.

필름과 디지털 사진을 주제로 대화했었죠. 여전히 사진을 하고 있어요. 직접 찍은 사진을 기반으로 책을 만들고, 브랜드와 협업하고, 다양한 형태로 프린트 작업도 이어가고 있죠. 사실 최근에 목 디스크 증상이 생겨서 아프기도 했는데요. 4월의 절반은 병원에서 치료받거나 누워 지냈어요. 통증이 회복되고는 밤 산책도 나가고, 친구도 만나고, 귀여운 쌍둥이 조카들과 언니, 엄마랑 벚꽃 구경도 했어요. 끝 무렵엔 잠깐 제주에도 다녀왔는데 매년 가고 싶을 만큼 행복한 봄이었어요.

회복의 봄날을 보냈네요. 사진집《MATI》이야기로 시작해 볼까요. 2022년에 출간했고, 2019년부터 베를린에서 지냈던 날들을 기록한 책이죠.

6년 전 잠시 살았던 베를린에서의 여행을 담은 사진집이에요. 그때 함께 지낸 가족들의 일상이 담겼어요. 베를린 외곽에서는 어떤 일이 일어날지, 거기에서 만나게 될 자연은 어떤 모습일지 기대하고 떠난 여행이었어요. 제 사진의 피사체가 되어준 한 소녀에게 빠져들게 된 시간이기도 했죠. 엄마와 아이의 모습을 매일 바라보며 그들을 통해 제 과거와 미래를 동시에 그려보기도 했어요. 그 기록을 다시 꺼내어 2022년에 한 권의 책으로 엮었고, 3년이 지난 지금에도 가끔 책을 펼쳐볼 때마다 이 장면을 어떻게 카메라에 담았는지, 한 장 한 장 넘기다 보면 그 이유가 다 보여요. 저에겐 그때 느꼈던 감정을 다시 생생히 감각하게 해주는 책이에요.

베를린 시골의 배나무 농장이 배경이었죠. 왜 그곳이었는지, 떠나게 된 과정이 궁금해요.

코로나가 한창 유행하던 시기에 베를린에 있었는데, 당시 일정 구간 이상을 벗어나는 이동이 금지되어 있어서, 가까운 국가들을 여행할 수가 없었어요. 대혼란의 시간을 보내다 약간의 안정과 무료함이 찾아올 무렵이었죠. 자유롭게 할 수 있는 일은 마트에서 장을 보거나 약국을 가는 것뿐이었고 많은 부분에 제한이 있었어요. 그렇게 베를린에서의 생활이 무의미해지면서 새로운 환경이 필요했어요. 건강한 자연이 그리웠고, 한적한 시골에서 며칠 묵으며 풍경을 마음껏 담아내고 싶었죠. 막연히 외곽에 숙소를 예약할까 고민했는데 도시에서와 똑같이 지내고 싶지는 않았어요. 그러다 'WWOOFWorld Wide Opportunities on Organic Farms'에 참여하게 됐는데, 유기농 농장에서 봉사하면서 숙식을 제공받는 일종의 여행 프로그램이었거든요. 여러 곳 중에서 선택한 게 '마티'의 가족이 있는 배 농장이었죠. 당시 그곳은 저에게 답답한 일상을 벗어나게 해줄 기회 같은 거였어요.

기대를 안고 떠났는데, 어땠나요?

농장에서 벌어지는 작업 과정을 가까이에서 보고 들으며 그들의 문화 속에서 일상을 함께 보낼 수 있다는 게 정말 감사했어요. 매일 느지막한 아침에 밥을 먹고 세 시간 동안만 배 수확을 도왔죠. 조용히 음악을 틀어놓고 사다리를 옮겨가며 배를 따는 일이 정말 행복하더라고요. 단순노동은 명상과 비슷하잖아요. 배 수확이 끝나면 개인적인 시간을 보냈어요. 근교로 나들이를 가기도 하고, 어떤 날은 낮잠을 잤다가, 가족들과 한식을 만들어 나눠 먹기도 했고요. 하루 끝엔 일기를 썼지만, 거의 대부분의 순간 사진을 찍었죠. 배를 수확하는 경험이 저에게는 어릴 적 추억과 닮아 있기도 하고, 치유받는 느낌이더라고요. 단순한 봉사 이상의 가치였어요.

어릴 적 이야기가 궁금해지네요. 조부모님의 과수원에서 자주 시간을 보냈다고요.

많은 순간이 떠올라서 이야기가 길어질 것 같은데요(웃음). 저희 가족은 여름방학 때마다 외할머니, 외할아버지 과수원에 갔어요. 과수원은 엄마의 어린 시절이 남아 있는 곳이죠. 차를 타고 가는 길부터 눈에 보이는 모든 게 엄마의 추억이라 그때의 이야기를 나누며 출발했어요. 엄마는 형제가 많아서 늘 친척들로 북적였어요. 도착하면 가까이 사는 가족들이 달려 나와 반겨줬죠. 명절이나 방학에만 볼 수 있는 사촌들과 뜨겁게 인사하고 하루 종일 붙어 다녔어요. 쨍한 여름 냇가에서 수영하고, 올챙이 잡고, 할머니 몰래 예쁜 사과 따서 깨물어 먹고, 어른들 심부름하면서요. 조금씩 커가면서 사과에 덮개를 씌우거나 수확하는 일도 열심히 도왔고요. 온 가족이 땀 흘려 노동하고 나면 상추랑 깻잎 따다가 가마솥에 고기도 구워 먹고, 깜깜한 밤에 아빠 차 보닛 위에 누워 코앞까지 펼쳐진 별을 구경하면서 하루를 마무리했죠. 자기 전에 다 같이 누워 무서운 이야기도 하고(웃음). 사과뿐만 아니라 자두, 배, 살구, 호두, 밤까지 다양한 나무가 있었는데 엄마는 제가 처음 보는 과일이나 채소를 하나하나 다 알려주셨죠. 최근에 할머니랑 할아버지, 두 분 다 돌아가셨는데 화장하지 않고 과수원에 모셨어요. 할아버지를 모시던 날 비가 정말 많이 내렸는데 저희 평지로 시작되지만, 녹차밭처럼 산지로 구성되어서 언덕 위로 할아버지 관을 들고 올라가야만 했어요. 장례식장에서 과수원에 도착하니 동네 분들이 먼저 열악한 언덕 진흙 길을 포클레인으로 다 닦아놓으셨죠. 저희가 입을 우비와 장화도 잔뜩 준비해 놓고 기다리고 계셨어요. 빗속에 안개 낀 산이 여전히 너무나 아름다웠는데, 장화를 신고 푹푹 꺼지는 땅을 밟고 올라가서 할아버지에게 마지막 인사하고 무덤을 만들고, 할아버지 옆에서 가족들과 모여 앉아 오손도손 이야기하던 날도 잊을 수 없는 아름다운 추억이에요.

너무 아름다운 이야기예요. 자연스럽고 아름다운 사진에 이유가 있었네요. 어릴 때는 어떤 아이였는지 궁금해져요.

궁금한 것은 다 해결을 봐야 하는 아이였던 것 같아요(웃음). 호기심이 많고 혼자라도 무모한 모험을 하는 성격이었어요. 초등학생 땐 친구에게 둘만 아는 타임머신을 만들자고 하고, 서로에게 편지를 쓰고 좋아하는 것들을 담아서 땅속에 봉인한 기억이 나요. 열어볼 날을 진지하게 믿고 기다리는 일을 참 근사하게 여겼죠. 청소년 때는 성격이 진지해지면서 영화를 정말 많이 봤어요. 기록하기를 좋아했고요.

때로는 천진하고 때로는 진중했던 아이였네요. 《MATI》에도 그런 아이가 등장해요. 이름이 '마틸다'인가요?

맞아요. 마틸다는 정말 말괄량이 같은 아이였어요(웃음). 저를 끌고 다니고, 갑자기 와서 뽀뽀해 주고, 친구처럼 챙겨주고요. 따가운 잔디밭도 맨발로 겁 없이 여기저기 뛰어다니는 에너지 가득한 아이였어요. 연극배우였던 엄마를 닮았는지 마틸다도 카메라 앞에서 자연스러웠어요. 나중에는 표정도 지어주고 포즈도 취해주면서 사진 찍는 게 놀이가 됐죠.

함께한 다른 사람들 이야기도 궁금해요.

'사스키아'라는 친구가 중간에 새로운 식구로 왔어요. 그녀는 네덜란드 사람이었는데 작은 밴을 몰고, '릴루'라는 강아지도 함께였고요. 책에도 릴루 사진이 담겨 있죠. 사스키아는 릴루랑 둘이서 유럽 일주를 하고 있었어요. 저녁에 도착해서 같이 밥을 먹었는데 식사가 끝나자마자 제집처럼 능숙하게 설거지도 하고 농장 식구들과 잘 알고 지냈던 것처럼 차분하게 이야기를 나누더라고요. 신기했어요. 엄청 씩씩하고 강한 친구였어요. 며칠 후엔 수확한 배를 트럭에 가득 채우고 멀리 있는 주스 공장에 가서 배를 착즙하고 병에 담아서 돌아와야 했는데, 사스키아가 태연하게 본인이 다녀오겠다고 하는 거예요. 배를 담은 트럭이 저한텐 아주 커 보였거든요. 사스키아는 일을 깔끔하게 마무리하고 늦은 밤, 역시 아무렇지 않은 얼굴로 돌아왔어요. 혼자서 뭐든 다 해내는 그 친구가 아주 용감하고, 성숙해 보였어요.

저는 추억이 사람을 만든다고 생각해요. 자주 여행을 떠나던데, 그 기억들이 지금의 나에게 어떤 영향을 줬을까요?

추억이 사람을 만든다는 말에 깊이 공감하지만, 여행을 통해 어떤 사람이 되었는지 생각해 본 적은 없는 것 같아요. 여행이 분명 즐겁고 중요한 시간이긴 하지만, 결국 제가 어떤 사람인지 더 또렷이 느껴지는 순간은 돌아온 일상에서 어떻게 살아가는지에 달려 있더라고요. 지금 떠오르는 문장이 있어요. '여행을 일상처럼, 일상을 여행처럼.' 참 흔한 말이지만, 그런 하루를 보냈을 때 훨씬 더 단단한 오늘을 보냈다는 생각에 안정감이 들곤 해요. 여행에서 바쁘게 움직이기만 하고 돌아오면 기억에 남는 게 없잖아요. 그래서 조금은 일상처럼 보내는 시간도 분명 필요한 것 같아요.

이번 《AROUND》 주제가 '나들이'거든요. 일상 속의 가벼운 전환인데, 여행과 나들이를 나누는 기준이 있을까요?

너무 단순하게도… 저에게는 짐을 하루 종일 싸야 하느냐 아니냐의 차이인 것 같아요(웃음). 여행 갈 때 가방 싸는 데 시간을 많이 쓰거든요. 큰 짐을 꾸릴 때 머릿속에 생각이 많아져서 조금 지치기도 해요. 마침 다음 주에 다시 베를린에 갈 예정인데 큰 짐을 꾸릴 생각하니까 벌써 버겁네요.

여행은 짐을 싸고 풀어내는 일과 같다는 말도 있죠(웃음). 짧은 나들이를 떠날 때 꼭 챙기는 게 있어요?

이것도 너무 단순한데요(웃음). 카메라를 꼭 여러 개 챙겨요. 습관처럼 선글라스를 가방에 넣고요. 물건은 아니지만 떠나기 전에 꼭 청소도 해요.

문득 이런 질문도 하고 싶네요. 우리는 왜 여행할까요?

각자의 이유가 있겠지만 저에게 있어서 여행은 내면의 확장을 돕는 일 같아요. 여행을 떠나면 셀 수 없는 자극에 놓이게 되고 그런 기억이 누적되면 좋은 책을 읽었을 때처럼 결국 나의 세계를 넓힐 수 있는 것 같아요. 일상으로 돌아왔을 때 큰 에너지를 쓰지 않고 감당할 수 있는 것들이 많아진달까요.

지금 떠오르는 여행의 기억이 있다면 어떤 걸까요?

베를린에서 살았을 때 기억이 많은데요. 저에겐 여행보다는 삶에 가까운 추억들이에요. 보통 집 뒤에 뜰이 있고 쓰레기 분리수거장이 있어요. 제가 사는 집도 그랬는데 어느 날 쓰레기를 버리러 갔다가 뒤뜰에 너무 예쁜 꽃이 피어 있어서 카메라를 가지고 다시 그 꽃을 찍으러 나왔어요. 1층 집의 발코니 바로 앞인 데다가,

창문도 열려 있어서 누군가와 마주치기 전에 조용히 찍어야겠다 싶던 순간에, 안에 있던 젊은 남자가 나오는 거예요. 집 안을 몰래 찍었다고 오해할까 봐 얼른 사과하고 상황을 설명하려 했는데 그분이 "가위 가져다줄까?"하고 말을 건네더라고요. 꽃을 잘라 가라는 뜻이었어요. 왠인지 그때 기억이 선명하게 남았어요. 또 그런 날들도 꽤 있었죠. 길가에서 꽃을 찍고 있으면 지나가는 분이 멈춰서 그 이름을 말해주고 간다거나, 다정한 사람들에 대한 기억이 많아요. 남은 것은 추억뿐이고, 이렇게 다시 떠올릴 기회가 있을 때마다 나도 누군가에게 감동을 줘야지 하고 마음을 가다듬으며 살아가게 돼요.

다정한 사람만이 다정한 기억을 품을 수 있다는 생각이 들어요. 그래서인지 사진이 참 따뜻하고… 그런 면이 여실히 느껴져요.

따뜻하게 바라봐 주셔서 감사해요. 저는 언제나 늘 꾸밈없는 상태를 아끼는 것 같아요. 사람이든 물건이든 풍경이든 그것이 가진 원초적이고 고유한 모습을 관찰하다 셔터를 누르고 있어요. 사진에서 특유한 질감이 느껴지는 것도 좋아요. 습기라든지, 웃을 때 생기는 주름이나, 머리카락처럼 손끝으로 느껴질 것 같은 순간들을 담고 싶어 해요. 제가 오랫동안 사진 찍는 일을 좋아하는 이유가 명확히 있어요. 사진에는 정답이 없지만 찍는 순간은 마치 문제를 풀고 답을 찾는 과정이라고 생각하거든요. 그 과정에서 나만의 좋은 결과를 얻었을 때 마음에 폭죽이 터지는 것 같아요. 그런 환희가 있어요.

끝으로, 이 책이 출간될 시기엔 여름이 다가오고 있을 텐데, 그땐 어떻게 지내고 있을지 궁금해요.

최근에 '바게트케이'라는 국내 베이커리 브랜드와 협업한 책 출간을 앞두고 있어요. 준비 과정이 1년 정도 걸린 것 같은데 제 사진과 셰프님 이야기가 담긴 책이에요. 가을쯤 나올 예정이라 여름에는 아마 책을 마무리 짓는 일에 집중하겠네요. 그리고 요즘에는 접사에 관심이 생겨서. 올 하반기에는 그 연습을 많이 하고 싶어요. 꽃과 나비를 꼭 찍고 싶은데, 나비는… 가능할지 모르겠네요(웃음). 언젠가 나비를 쫓아다니면서 찍은 사진들을 모아 전시나 책을 통해 보여드릴 기회가 있으면 좋겠어요.

Book—《MATI》 최송아

우리가 살아가며 놓치고 있는 소중한 순간들이 참 많다. 오늘 아침 컵에 담긴 맑은 물을 마시는 일, 창문을 열어 숨을 크게 들이쉬는 일, 문득 올려다본 하늘이 예뻤던 일, 길을 걷던 순간에 나를 감싸는 빛을 바라보는 일, 그 모든 순간, 사랑하는 사람과 얼굴을 마주하며 웃는 일. 그녀의 사진을 보면 나의 이런 순간들이 떠오른다. 그리고 생생하게 감각하게 된다. 그때 우리를 감싸고 있던 온도와 공기의 무게, 감정의 질감까지. 이런 게 일종의 여행이라면 나는, 이 사진들과 함께 늘 어디론가 떠나고 싶어진다.

누군가는 말했다. 음악만이 나라에서 허락하는 유일한 마약이라고. 음악은 '마약'이라는 불온한 단어를 빌릴 수밖에 없을 만큼, 우리를 일상이 아닌 의식의 저편으로 데려가곤 한다. 현실에 발을 붙인 채, 어디가로 떠나고 싶을 때는 가장 빠른 비행기 편이 되기도 한다. 자신이 좋아하는 음악을 튼 채 짧은 여행을 꿈꾸는 이들을 기다리고 있는 장소들을 소개한다.

출국 절차는 음악으로

에디터·사진 지정현

기사에 소개된 공간의 운영자에게
공통 질문을 건네고 그 답을 실었다.

재즈를 펼쳐 보이면

카타오모이

Q. 당신의 가게를 음악으로 설명한다면?

A. 에우미르 데오다토Eumir Deodato가 편곡한 '죽은 왕녀를 위한 파반느'가 적당하겠네요. 서로 다른 시대와 환경을 사는 이가, 이미 사라진 존재를 애도하며 만든 곡이에요. 사라져버린 것을 추억하고 아끼는 마음이라는 점에서 제 가게와 닮았다고 느껴요. 이 공간 역시 언젠가는 사라질 수 있겠죠. 그때가 되면, 이 곡을 조곡 삼아 들을 생각입니다.

'카타오모이'는 뚝섬역 인근에 있는 재즈 킷사다. '킷사'는 일본식 다방을 부르는 준말로, 앞에 음악 장르명이 붙으면 그 음악을 전문적으로 틀어주는 다방 정도로 이해하면 된다. 그러니 카타오모이는 재즈를 전문적으로 틀어주며, 마실 것과 간단한 식사를 제공하는 다방인 셈.

엘리베이터를 타고 4층에 올라서니 베이지 우드 톤의 따뜻한 공간이 보인다. 스피커에선 재즈가 흘러나오고 있다. 시끌벅적한 소음은 문이 닫히는 순간부터 점점 멀어진다. 사장인 장윤수 씨는 굶어 죽지 않을 정도로 벌면서 내가 좋아하는 걸 하고 싶어 카타오모이를 차렸다고 한다. 그의 말처럼, 이곳은 그가 좋아하는 재즈를 적극적으로 권하기보다는 조용히 펼쳐 보인다. 통창으로 들어오는 채광과 녹색의 식물들. 바에 앉아 벽면에 빼곡히 채워진 바이닐을 둘러보면, 안목 좋은 멋쟁이 삼촌네 집에 놀러 온 기분이다(왠지 독신이어야 할 것 같다).

윤수 씨는 재즈를 숨 쉬듯이 듣고, 재즈 킷사를 좋아한다. 그렇기에 카타오모이가 재즈 킷사의 정체성에 초점을 맞추는 건 당연한 수순이었다. 한창 재즈가 주류 음악이던 시절, 영화를 보러 극장에 가듯 일본인들은 재즈를 듣기 위해 킷사로 갔다고 한다. 그러니 손님을 끌어모으기 위해선 '최고급 음향 시설 완비', '레어 바이닐 컬렉션' 같은 말로 어필해야 했다고. 카타오모이의 메뉴판에 음향 스펙과 컬렉션이 기재된 이유다. 선곡 능력은 사장이 모은 바이닐 수에 비례하고, 음향은 투자한 비용만큼 정직한 결과가 나오는 기술의 영역이다. 카타오모이는 전자와 후자 모두를 만족하는 훌륭한 재즈 킷사다. 후자는 어떻게 확신하느냐고? 그가 대략적인 비용을 귀띔해줬다. 가게에 외제 차 한 대가 주차된 셈이었다. 음향은 잘 모르지만, 그만큼 투자해놓고 소리가 별로면 억울하지 않을까 싶다. 본인이 개입하는 비중이 적은 생맥주가 제일 맛있다는 윤수 씨의 말처럼, 재즈 킷사는 음식보다 음악이 중심인 장소다. 음표가 가장 큰 테이블을 차지하고, 남은 자리를 사람이 메운다. 재즈는 몰라도 된다. 다만, 음악에게 자리를 내줄 준비가 되어 있다면 카타오모이는 좋은 선택지다.

바 가까이에 놓인 턴테이블

카타오모이의 주력 메뉴 삿포로 생맥주

A. 서울 성동구 왕십리로4길 26-7 4층

시장처럼 정겹게, 음악은 새롭게

뱅가드

A. 어렵네요. 사장이 네 명이나 되다 보니, 하나로 꼽기가 쉽지 않은데요. 그래도 손님들이 술 한잔하신 뒤, 따뜻한 미소를 지으며 문을 나서는 공간이 되길 바라는 마음으로, 비틀스The Beatles의 'Here Comes the Sun'을 고르겠습니다.

—네 명의 사장 중 DJ를 맡고 있는 J

구수한 냄새가 피어나는 공덕시장에 저녁이 찾아오면, '뱅가드'의 조명이 켜진다. 뱅가드는 바이닐을 기반으로 술과 음식을 선보이는 바다. 얼큰하게 취한 어르신들의 웃음소리가 피어나는 족발집과 나란히 있는 바이닐 바는 마치 열대 과일로 김치를 담그는 듯한 낯선 조합이지만, 이곳은 오래된 재래시장 한복판에서 새로운 흐름을 만들어가고자 하는 의지를 품은 장소다.

키 컬러인 레드로 꾸민 DJ 부스

시장 한복판이라는 입지만큼 이목을 끄는 사실은 운영자가 네 명이라는 점. 각자 본업은 따로 있고, 시간을 쪼개 돌아가면서 운영하고 있다. 이쯤 되면 뱅가드라는 가게가 작은 시장처럼 느껴지는데, 이곳에서 만난 사장 W는 "사장이 네 명이라, 음식 메뉴를 정하는 것부터 쉽지 않았어요."라며 웃는다. 차가운 에그메시를 올릴지 말지를 두고 실랑이를 벌인 끝에 탄생한 '뱅가드 핫도그'는 쪽파의 알싸함과 마요네즈의 고소함이 한 번에 터지는 메뉴였다. 이처럼 뱅가드는 운영자 네 명의 취향이 잘 조율된 공간이다. 와인은 물처럼 와인을 마시는 W, 음악은 DJ 활동을 하는 J가 맡는 식으로, 각자 자신 있는 분야를 맡아 가게를 운영하고 있다. 그리고 사장 네 명을 한데 묶는 건 바이닐과 음악이다.

뱅가드의 선곡은 변화무쌍하다. 오픈 땐 자이언티의 [Red Light](2013)가 가게를 채우는데, 해가 넘어가면 그로버 워싱턴 주니어Grover Washington Jr.의 색소폰 소리가 우렁차게 나오고, 브라질 삼바와 퓨전 펑크로 이어지다가, 손님이 한창인 오후 10시쯤 송골매의 앨범이 턴테이블에 올라오는 식이다. 시대와 장르도 제각각. 마포에 위치한 공덕시장의 풍경이 그려지는 플레이리스트다. 다양한 취향을 아우르는 뱅가드의 선곡은 바이닐 바에 대한 진입 장벽을 낮추면서, 공간에 시장 특유의 정겨움과 환대의 정서를 녹여낸다.

뱅가드의 음악을 책임지는 턴테이블과 아날로그 믹서

뱅가드가 있기 전, 그 자리에는 시장의 오래된 신발 가게 '왕자 신발'이 있었다고 한다. 가게를 열 장소를 물색하다 지금의 장소를 발견했을 때, 국내 신발 브랜드 '뱅가드'의 진열장을 보고 가게 이름을 똑같이 지었다고. 뉴욕의 재즈 클럽 '빌리지 뱅가드Village Vanguard'에서 따온 줄 알았는데, 공덕시장의 역사가 담긴 유구한 이름이었을 줄이야.

A. 서울 마포구 만리재로 19 1층 3호

GROMAIRE
MAISON DE LA PENSÉE FRANÇAISE
GOOSE BOTTLE
COCKTAIL
GOOSE
GIN DAISY

꿈꾸던 장면을 틀어보면

구스커피앤바

A. 안토니우 카를루스 조빔Antônio Carlos Jobim이 작곡한 'Desafinado'가 생각나요. 저희 에스프레소 원두 이름이기도 한데요. 보사노바를 미국 재즈 뮤지션들이 해석해 만들어낸, 보사노바를 대표하는 곡 중 하나라고 생각합니다. 다양한 요소를 가져와, 우리만의 매력으로 녹여내기 위해 늘 고민하고 있습니다.

영화 〈스윙걸즈〉(2004)에서 주인공 토모코는 재즈를 "배 나온 아저씨들이 와인 잔 들고 폼 잡으면서 듣는 음악!"이라며 질색한다. 재즈하면 떠오르는 중후한 이미지를 우스꽝스럽게 표현한 장면인데, 망원의 '구스커피앤바'는 그런 오래된 재즈의 풍경을 멋들어지게 구현해 냈다. 당연히, 재즈도 흐른다.

망원시장으로 향하는 큰길에서 주택가로 빠지는 골목. 차분히 새어 나오는 피아노 선율을 따라가다 보면 구스 그림이 그려진 담벼락이 눈에 들어온다. 구스커피앤바는 이름처럼 낮에는 카페, 밤에는 바의 면모를 지녔다. 동생과 함께 가게를 운영하는 한재영 씨는 자신이 원하는 공간을 직접 꾸리고 싶다는 생각으로 이곳을 열었다. "책 한 권 들고 카페를 찾아다니는 걸 좋아했어요. 그런데 완전히 만족스러운 공간을 찾기란 쉽지 않더라고요." 그렇게 동생과 어떤 공간을 꾸릴지 고심했고, 자연스레 즐겨 듣던 '재즈'의 이미지로 이어졌다고. 힙합만 듣던 동생도 장르의 매력에 스며들면서 미국의 재즈 바는 형제의 이상적인 공간이 되었다.

직접 만든 바이닐 액자와 김민주 평론가의 책 《재즈가 너에게》

구스커피앤바는 재즈가 주류이던 20세기 중후반을 떠올리게 한다. 소파에는 정장을 입은 멀쑥한 사내가 담배를 태우며 위스키 잔을 흔들고 있을 것 같고, 바에서는 커플이 서로를 향해 코를 찡긋거릴 것 같다. 대화를 방해하지 않을 정도로 흐르는 스탠다드 재즈(재즈 음악가들 사이에서 널리 연주되는 작품)를 들으면, 가본 적 없는 시절의 미국이 선명하게 그려진다. 그런데, 이 형제 미국에 가본 적이 없다고 한다. "재즈는 감정을 전달해 주는 음악이라고 생각해요." 정말 한 번도 안 가봤느냐고 되묻자, 한재영은 웃으며 말을 이었다. "둘이 재즈를 들으면서 가장 강하게 느낀 감정을 토대로, 가보고 싶었던 미국의 한때를 상상했죠." 그가 내준 '쿠바노(럼과 에스프레소를 섞은 칵테일)'를 마셨다. 마침 신청했던 곡의 트럼펫 소리가 잔잔히 퍼졌기에, 미국의 시가 바에 온 기분으로 창 밖을 바라봤다. 물론, 나 역시 미국엔 가본 적 없다. 한재영 씨는 수면 위의 구스처럼, 이곳을 유유히 쉬어가는 공간으로 만들고 싶었단다. 성실히 잔을 닦는 그의 모습은 수면 아래에서 쉴 새 없이 발을 구르는 구스 같았다. 취재 중 술을 마시던 나도 그런 모습이었을까. 그때는 점심으로 뭘 먹을지만 고민하고 있었던 것 같다.

가게 이름을 본 딴 구스커피앤바 로고

A. 서울 마포구 월드컵로17길 56 1층

오늘은 이 음악으로 쉽니다

카타오모이 장윤수

250 [뽕](2022)

©BANA

가게에 머무는 시간이 긴데요, 주로 어떻게 쉬세요?
제가 쉬는 방식은 조용한 곳에서, 납득할 만한 소리를 들으며 고립되는 거예요. 이 가게에 오시는 분들도 비슷한 마음일 거라 생각해요. 이 조건 위에 각자의 방식이 얹히더라도 크게 어색하진 않을 것 같고요.

이야기를 나누다 보니, 음악에 대한 감각이 남다른데요. 나들이할 때 들으면 좋을 만한 앨범이 있다면요?
음악보단 주변에서 들려오는 소리를 들어보세요. 음악은 필요할 때 언제라도 들을 수 있지만, 그 순간의 소리는 그때만 들을 수 있어요. 나를 사랑스러운 눈빛으로 바라보는 사람의 말소리, 고운 풍경 사이로 지나가는 바람 소리, 밤바다의 고요 같은 것들 말이죠.

(곤란하다는 듯 머리를 긁적이며) **고요도 좋은데, 앨범을 추천받아야 해서요. 이야기 나누다가 잠깐 일렉트로닉 이야기로 빠지면서 250의 [뽕] 얘기를 했잖아요. 그걸 추천 앨범으로 적어도 될까요?**
아, 예, 그럼요(웃음).

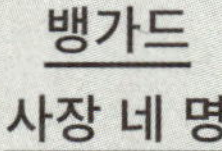

뱅가드 사장 네 명

바비 브룸Robert Broom Jr. [Clean Sweep](1981)

©Arista Records

뱅가드에서 경험할 수 있는 쉼은 어떤 순간일까요?
혼자 왔을 때 가장 완벽한 쉼을 느낄 수 있다고 생각해요. 맥주의 기포, 바 테이블의 식물, 칵테일을 만드는 장면, 턴테이블 위에 돌아가는 바이닐을 찬찬히 감상하는 거죠. 저도 그런 식으로 쉬고 있어요.

짧은 외출에 어울리는 앨범을 추천해 주세요.
너무 들뜨지 않으면서, 적당히 즐겁고 편안한 음악이 좋겠죠. 바비 브룸의 1981년작 [Clean Sweep]을 추천해요. 재즈와 퓨전, 펑크가 섞인 이 앨범은 상쾌하면서도 지루하지 않아서, 외출의 시작부터 마무리까지 잘 어울릴 거예요.

취재하며 만난 세 공간의 주인들은 하나같이 본인이 좋아하는 것으로 가게를 꾸린 사람들이었다. 누구에게 보여주기 위해서가 아니라, 스스로 머물고 싶은 공간을 직접 만들어낸 사람들. 그래서 이들의 가게는 취향의 일상과 감정이 스며든 생활의 장면처럼 느껴졌다. 일과 삶이 분리되지 않은 채, 생업이 곧 일상이고, 일상이 다시 쉼이 되는 구조. 좋아하는 걸 하다 보니 주말도, 야근도 사라졌다고 말한 이도 있었지만.

그렇다면 이들은 자신이 만든 공간에서 어떻게 쉴까. 손님들이 모두 떠난 뒤, 음악이 잔잔히 감도는 공간에 홀로 앉아 감상하는 시간일까. 잠시 가게를 떠나 나들이를 떠날 때, 귀에 꽂고 싶은 한 곡은 무엇일까. 쉼이라 부를 수 있는 순간과, 그 곁에 어울리는 음악을 물었다.

구스커피앤바
한재영

루 도널드슨 Lou Donaldson **[Gravy Train]**(1962)

ⓒBlue Note Records

창가를 물끄러미 바라보는 모습이 인상 깊었어요. 사장님은 언제 '쉰다'고 느끼나요?

휴일에도 종종 가게에서 시간을 보내요. 평일 낮, 햇살이 창문을 통해 공간 안으로 스며들 때 바 자리에 앉아 드립 커피나 얼음이 담긴 잔을 천천히 저어요. 그러면서 재즈가 들려주는 감정에 귀 기울이며 생각을 정리하죠.

그럼 반대로, 몸을 조금 움직여 나들이할 땐 어떤 앨범이 어울릴까요?

루 도널드슨의 [Gravy Train]을 들어보세요. 앨범 전체는 물론, 한 곡 안에서도 템포가 계속 변해요. 나들이 가는 길의 설렘, 목적지에 도착한 여유, 저녁에 술을 마시며 하루를 마무리하는 시간까지. 그 모든 순간에 자연스럽게 어울릴 거예요.

취재하며 창업 의지가 생긴 에디터
지정현

카운트 베이시 Count Basie **[Straight Ahead]**(1968)

ⓒVerve Music Group

현관문을 열고 나설 때마다, 카운트 베이시의 [Straight Ahead]를 튼다. 박력 있는 빅밴드 사운드가 매력적인 앨범이다. 간질이다가 터지듯 쏟아지는 트럼펫과 색소폰 소리에 발끝에 힘이 들어간다. 경쾌한 멜로디를 흥얼거리며, 희망찬 영화의 오프닝 시퀀스 속 주인공처럼 걷는다. 나들이의 끝은 마감을 하러 가는 카페지만, 그 여정만큼은 충분히 즐거우니까.

바르셀로나의 마지막 호텔

여행지를 뒤로 하는 아름다운 방식에 관하여.

글·사진 **박선영**

바르셀로나에서의 마지막 하루는 '호텔 프리메로 프리메라Primero Primera'에서 보내기로 했다. 여행을 하나의 챕터로 마무리하는 의미에서 마지막 하룻밤을 보낼 호텔을 찾는 데 신중한 편이다. 열흘의 시간이었다고는 믿을 수 없는, 생생하고 다채로운 경험들이 견고한 기억으로 변환되기까지 고요한 시간을 보내기 위해서다. 들떠버린 몸과 마음을 가라앉히는 것은 언젠가는 이 경험을 기록해야 하는 자의 몫이기도 하다. 그러기 위해 도심 한가운데에서 조금 벗어날 필요가 있었다. 호텔은 바르셀로나 중심에서 북쪽으로 떨어진 트레스 토레스Tres Torres라는 동네에 있다. 숍이나 카페, 흔한 슈퍼마켓조차 보이지 않는 부유한 주택가 가운데의 호텔이라면, 그 도시의 고유한 맥락이 더 진하게 느껴질 것 같았다. 주변의 여느 집보다는 규모가 제법 큰, 정원이 딸린 저택 앞에서 택시가 멈춰 섰다. 프리메로 프리메라는 1955년 이 저택을 소유한 페레스 살라Perez Sala 가족이 운영하는 부티크 호텔이다. 2012년 대대적인 레노베이션을 거쳐 객실 30개의 호텔로 문을 연 그들은 여전히 이 저택의 한 층에 거주하고 있다. 호텔 소유주와 함께 머문다는 사실이 이곳을 더욱 '집처럼' 느껴지게 만든다.

A. 스페인 바르셀로나 사리아-산트 헤르바시 닥터 카룰라 거리 25번지

우아한 목재 나선형 계단 옆 어둑한 리셉션 데스크에서 체크인을 하는 사이, 투숙객들이 계단을 이용해 빙글빙글 오르내리고 있었다. 카드키를 받아 들고 46호 객실로 들어갔다. 디럭스 스위트 룸, 커다란 테라스가 딸린 제법 넓은 방이다. 새하얀 커튼이 살랑거리는 테라스로 새어 들어오는 빛을 따라 홀리듯 걸어 나갔다. 차분한 동네 풍경 너머로 티비다보Tibidabo산의 웅장함이 내다보였다. 시내에서는 완만한 능선 같던 산은 내가 북쪽으로 올라온 탓에 제법 늠름하게 보였다. 산꼭대기에 우뚝 선 사그랏 코르 성당Sagrat Cor이 화려한 돌조각 같은 희미한 실루엣을 그렸다. 그 옆 1868년에 문을 연 놀이공원에는 신비로운 대관람차도 있다는데, 왜 티비다보에 올라가 보지 않았을까 하는 뒤늦은 후회를 했다. 바르셀로나답지 않은 먹구름이 잔뜩 낀 하늘에서 갑자기 비가 쏟아지기 시작했다. 머무는 동안 처음 만나는 비였다. 정원 풀장의 파란 물 위로 튀어 오르는 빗소리가 리드미컬하게 들렸다. 쌀쌀한 바람이 불어 방 안으로 들어와 푹신한 암체어에 몸을 깊숙이 묻고 앉았다. 하얀 시트의 침대, 둥그스름한 셰이드의 스페인 앤틱부터 조명 브랜드 아르떼미데Artemide의 톨로메오Tolomeo까지 다양한 램프들이 방을 더욱 아늑하게 채웠다. 지중해의 식생들이 섬세하게 조각된 카탈루냐 스타일의 묵직한 책상은 창가로 향해 있어 글이 꽤 잘 써질 만한 자리처럼 보였다. 10시나 되어야 어두워지는 이곳에서 밤은 더디게 찾아오므로 노트를 펼치고 떠오르는 기억을 두서없이 적어 내려갔다.

밀려드는 빗소리에 잔상 같은 바르셀로나의 찬란한 색들이 마음에 더욱 차올랐다. 지중해의 푸른 바다와 황톳빛 카탈루냐의 땅, 이 모든 걸 보듬어 쓸어내리던 햇살. 살랑거리던 거리의 플라타너스와 그것이 반사되어 끝없이 떨리던 그림자. 노랑과 민트, 분홍이 누구에게나 어느 곳에나 있었다. 조성진의 베토벤과 브람스가 카탈루냐 음악당에 울리던 밤 그리고 눈이 부실 정도로 빛나던 홀의 꿈결 같던 타일 장식과 스테인드글라스. 속절없이 흐르던 여행자의 시간 속에, 잠시 멈춰버린 것 같았던 순간들이 있었다. 아마도 나는 이것들을 기억하고 내내 되새기게 될 테지. 침대에 엎드려 나만 알아볼 수 있는 글씨로 꾹꾹 눌러쓰고 멈추기를 반복하다가 스르르 잠이 들었다.
오늘도 정확히 6시에 눈이 떠졌다. 새벽의 새소리 때문이다. 커튼을 여니 희미하게 동이 트기 시작하며, 맑은 하늘을 보여줄 것 같은 푸른 섬광이 서려 있다. 어젯밤 끄적거리던 노트를 보니, 술에 취해 있던 사람처럼 멋쩍은 단어들이 둥둥 떠다니고 있었다. 서울에서 온 업무들을 메일로 간단히 처리하고 1층으로 내려가려는데, 엘리베이터보다는 계단 쪽이 더 끌렸다. 좁은 나선형 계단을 빙글빙글 돌아가는 감각이 재미있을 테니까. 이른 조식이 준비된 다이닝룸, 잠이 덜 깬 사람들이 낮게 잠긴 목소리로 나누는 대화가 들려온다. 라운지에는 이른 미팅에 여념이 없는 중년들이 커피 한 잔만 달랑 두고 진지한 표정을 짓고 있었다. 이런 차분한 분주함은 관광객이 아닌 로컬들이 더 즐겨 찾는 호텔 특유의 분위기다.

오늘 아침은 친구 유정과 함께하기로 했다. 8시가 조금 넘은 시각 그녀가 도착했다. 우리는 화사한 꽃무늬 벽 아래의 테이블에 앉아 따듯한 스패니시 오믈렛과 양치즈, 하몽을 나누어 먹으며 내일 다시 만날 것처럼 일상적인 수다를 떨었다. 유정은 한 번도 와본 적이 없는 바르셀로나로 나를 이끈 사람. 자신을 매혹한 이 도시의 면면과 사랑스럽고 모험적인 친구들을 나와 만나게 해주었다. 여행 내내 동행하며 호안 미로Joan Miró의 시적인 회화를 음미했고, 아름다운 산트 파우Sant Pau 병원의 눈부신 모자이크 타일 아래에서 숨죽이는 시간을 나누었다. 모두가 가우디를 향해 몰려가는 동안 우리는 그 방향을 거슬러 둘만의 발견을 은밀히 만들어갔다. 함께 있으나 서로 다른 것을 보고 포착해 내면서.

그녀의 친구들은 처음 보는 나를 끌어안으며 "이런 날씨에 바르셀로나에 온 건 진짜 행운이야."라고 했고, 나는 정말 그렇다고 매번 끄덕일 수밖에 없었다. 여행자의 시선에서 이 계절, 이 도시의 삶 모든 것은 날씨에 대한 화답처럼 보였다. 집을 나서면 햇빛 아래에서 늘 폴짝폴짝 뛰듯이 걸으며 거리의 강아지들을 쓰다듬고 소담스럽게 핀 꽃 한 송이를 한참 바라보며 "행복하다."고 말하는 유정의 모습에서 나는 내내 조용한 충격에 휩싸였다. 적어도 내가 아는 선에서 서울에서는 행복하다고 말하는 이가 없기 때문이다. 나를 포함해서 말이다. 행복의 실체, 그것이 이 도시에서는 너무나도 가벼웠고 곳곳에 있었으며 현재에 기반하고 있었다.

허브차로 마무리하고 정원으로 나가보았다. 어제 비를 맞은 풀잎들이 더욱 싱그러웠다. 사이프러스 두 그루가 풀장 수면 위에 길다란 모양을 그리고 있다. 물에 몸을 담그기에 4월은 아직 좀 이른 걸까? 살짝 담궈본 발끝으로 알싸한

차가움이 전해졌다. 라탄 의자에 앉아 정원을 하염없이 둘러보다가 화사한 수국과 레드바레리앙 사이로 선베드에 누워 책을 읽고 있는 중년 여인이 보였다. 여행자의 시선은 고독 속에 놓인 사람을 오랫동안 바라보게 한다. 호텔의 오전은 분주히 투숙객들을 떠나보내고 고요 쪽으로 기우는 시간이다. 프리메로 프리메라에서의 하루는 바르셀로나에서의 무수한 인상들을 일종의 유기적인 덩어리로 응축해 주었다. 아직 지중해의 빛으로 채워진 내 안의 온기가 가시지 않은 채로 이곳을 떠나 베를린으로 향한다. 유정에게 짧게 쓴 편지 한 통을 건네고 서둘러 택시에 올랐다. 서두르지 않으려는 내 마음과 상관없이 택시는 속도를 내며 아스팔트 도로를 미끄러지듯 달렸다.

박선영

여행, 아트, 디자인, 건축 등 매혹적인 모든 것들에 대해 쓰는 칼럼니스트. 특히 고유한 히스토리와 흥미로운 디자인을 지닌 전 세계의 장소들을 찾아다니는 여행을 즐긴다. 그중에서도 호텔은 그녀의 여행에서 매우 중요한 주제인데, 이 시대의 건축과 디자인, 예술이 가장 첨예하게 드러나는 장소라고 생각하기 때문이다. 지은 책으로 《유럽 호텔 여행》, 《독일 미감》이 있다.

ⓒ〈노스텔지아〉

지극히 홀로 떠나온 길

〈노스텔지아〉(1983)

ⓒ〈노스텔지아〉

안개가 내려앉은 폐허, 낡은 벽, 성당 안의 고요한 어둠까지. 고르차코프의 여행은 차갑고 눅눅하다. 여행을 낯선 풍경에 자신을 내려놓는 일이라 여긴다면, 고르차코프는 낯선 여백에 덩그러니 놓인 스스로가 당황스러운 듯 보인다. 러시아에서 이탈리아로 떠나온 그는 생경한 곳에서 고향에 대한 깊은 향수를 느끼며 떠돌아다닌다. 그가 머무는 방은 아름답고 소박했다. 작은 창 하나, 넓은 침대, 나무 의자가 덩그러니 놓인 욕실. 어디에서나 볼 수 있는 사물로 채워진 곳이지만 그에게 익숙하고 편안한 것은 없었다. 입고 들어온 코트를 벗지도 않은 채 창을 여닫고, 텅 빈 옷장 문을 열어보는 그. 활짝 열린 창으로 비가 들이친다. 바닥은 금세 빗물로 젖었고 고르차코프는 피로한 몸을 침대에 누인다.
몇 없는 여행의 기억에서 가장 설레는 일은 낯선 서랍에 익숙한 내 물건을 두는 일이었다. 처음 겪는 공간에 매일 보던 물건을 놓아 결국엔 편안함을 찾는 그런 일. 어떤 여행은 온통 새로움으로 가득한 시간 속에서 가장 안정적인 찰나의 순간을 기다리는 일일지 모르겠다.
고르차코프는 여행지에서 계속 꿈을 꾼다. 돌아가지 못한 러시아 집과 그 집에 살던 가족들의 여러 장면이 계속 여행 내내 맴돌아 그를 여행하지 못하게 한다. 장소는 곧 기억이고 기억은 과거. 과거는 그를 어디에도 닿지 못하게 한다. 그렇게 오래된 마음을 꺼내보게 한다.

ⓒ〈거울〉

타인의 꿈을 여행하듯

〈거울〉(1975)

누군가 이 세상에서 가장 아름다운 영화가 무엇이냐 묻는다면 이 영화를 꼭 포함하고 싶다. 작은 순간의 장면까지도 아름다워 영화를 보는 행위만으로 여행하듯, 침잠해 있던 감각이 일깨워진다. 몇 가지 장면을 묘사해 보겠다.

1. 붉고 따뜻한 노을 하늘과 짙은 초록의 숲속, 나무 울타리 위에 걸터앉은 여인의 뒷모습. 그녀는 손에 흰 담배를 쥐고 있다. 넓은 들판 속에서 한 남자가 걸어온다. 나지막이 들리는 새소리.
2. 어두운 오두막집에서 식사하는 두 아이. 까만 고양이는 식탁 위 엎질러진 새하얀 우유를 핥는다. 고요히 타오르는 촛불, 희미한 빛이 드는 창가의 화병.
3. 차가운 비 내리는 숲속 농장. 그 한가운데 활활 타오르는 헛간. 여인은 그 장면을 가만히 바라본다. 이윽고 깊은 우물의 물을 떠 얼굴을 씻어낸다.

〈거울〉은 한 남자의 기억과 꿈, 과거와 현재, 실재와 허구가 뒤섞인 이야기다. 〈거울〉을 한 편의 여행기로 본다면, 영화 속 장면을 기억의 장소로 삼아 순례하듯 걸을 수 있다. 비와 물, 바람과 불, 자연의 침묵을 손에 쥐고 자유롭게 풀어 보이는 그의 영화엔 일상에서 흔히 보는 원소를 특별하게 감각하게 한다. 비는 슬픔으로, 불은 소멸로, 바람은 잊혔지만 계속 살아 있는 그 무엇으로. 타인의 꿈속을 여행하는 기분을 어느 여행지에서 경험할 수 있을까. 아름다운 장면과 함께 흐르는 시와 같은 내레이션을 여기에 옮겨본다.

난 한 가지 같은 꿈을 꿔. 매우 규칙적으로. 나를
할아버지 집이 있던 그 소중한 장소로 데려가는 거야.
내 맘에 강렬하게 각인된 장소. 풀 먹인 흰 식탁보가
40여 년 전 내가 태어난 그곳으로 내가 들어가려
할 때마다 무엇인가가 방해를 해. 그 꿈을 자주 꿔.
이젠 익숙해졌어. 비바람에 낡은 나무 벽이 보이고
어두운 복도로 들어가는 문이 반쯤 열려 있고 꿈이지만
내가 꿈꾸고 있다는 것을 알고 있지. 그러면 즐거움이
사그라드는데, 그건 깨어나야 할 걸 알기 때문이야.
어떤 때는 웬일인지 그 집에 대한 꿈을 꾸지 않아. 그럼
그 꿈을 고대하게 돼. 내가 어린아이로 등장하는 꿈을
꾸고 싶어서 안달을 하며 기다려. 그 꿈을 꾸면 다시
행복해지거든. 모든 것이 아직도 내 앞에 있고 모든 것이
아직도 가능하기 때문이야.

이 세계의 끝에서

〈희생〉(1986)

길은 바닷가와 나무 사이로 이어진다. 굵은 자갈로 덮인 땅, 자전거 바퀴 자국은 그 위에 얕은 물웅덩이를 만든다. 알렉산더와 아들이 천천히 걷는다. 하늘은 회색빛으로 물들고 파도가 가볍게 밀려온다. 바람은 느리게, 풀을 낮게 휘젓는다. 오래된 회화처럼 한 편의 시와 같은 장면. 스웨덴의 고립된 해안 마을, 알렉산더의 가족과 지인들은 생일을 맞이해 조촐한 파티를 열었다. 그러나 갑작스럽게 핵전쟁 뉴스가 전해지고 절망에 빠진 그들은 신에게 간절히 기도한다. 세상의 종말을 깨달은 사람들에게 이 세계는 어떻게 비칠까. 곧 사라질, 내가 딛고 있는 이 땅과 하늘에 대한 아쉬움으로, 후회로, 떠나보낼 수 없는 절박함과 두려움. 그렇게 결국엔 사랑으로 읽히는 모든 장면이 〈희생〉에 그려졌다. 〈희생〉은 말 그대로 잘 그려진 영화다. 섬세한 붓질로 아주 오랜 시간, 현상을 지긋이 바라보며 애정과 슬픔을 담아 그린 그림처럼. 장면 장면에 깊은 이야기가 새겨졌다. 이 영화를 보는 동안 우린 어디에도 가지 않지만, 결국 모든 곳을 향해 떠나기도 한다. 우리의 눈이 되는 카메라는 고요히 움직여 스크린 속 모든 순간을 깊이 담는다. 영화를 통해 명상하는 시간이다. 우리가 존재하지 않은 시간을 그대로 봉인한 장면들이 일종의 여행지로 느껴지는 경험. 그 안에 머무는 것만으로도 우리 내면을 통과하게 만드는 기이한 경험. 드넓은 들판의 나무 집. 알렉산더의 거처가 불에 타고 있다. 불꽃은 빠르게 타올라 검은 연기를 뿜고 창문이 날카로운 소리를 내며 깨진다. 알렉산더는 그 모습을 바라보며 가만히 서 있다. 불은 조금도 조급하지 않게 그러나 완전히 집을 집어삼킨다. 이 세상의 끝이 두려웠던 알렉산더는 희생을 택했다. 말도 잃고, 가족과도 멀어지며 자신의 몸을 누이던 집을 활활 불태워버렸다. 그렇게 자신이 가진 모든 것을 이 세상에게 보내며 이 세상을 구한다. 종말 직전의 세계는 다시 현재를 찾았지만 알렉산더와 아들의 나무는 앙상하게 말라 쓰러졌다. 〈희생〉은 우리의 현재가 얼마나 사랑스러운지, 맑게 빛나고 있는지, 세상의 종말에 괴로워하는 인물의 일상을 통해 보여준다. 여행을 단지 새로운 곳에서의 새로운 일상이 아닌, 매일 지나온 평범한 일상을 생생히 감각하게 하는 일이라 여기면 어떨까. 세계의 끝과 마주한 사람은 오히려 현재를 끌어안는다. 알렉산더의 아들이 죽은 나무에도 물 주는 일을 결코 멈추지 않는 것처럼. 떠나지 않고 떠날 방법을 가까이서 찾는 일이 중요하다 여기며.

YAWN YARD

코우리섬의 조용한 안내자

에디터 전진우 사진 전진우, 타이키 후카오Taiki Fucao

오키나와 나하공항에서 북쪽으로 한 시간 반 정도 차로 이동하면 야가지섬에 닿는다. 거기서 긴 다리를 하나 건너면 코우리섬이다. "하이라이트입니다!" 오래전에 이 섬에 와본 적이 있다던 친구가 코우리 대교를 앞에 두고 말했다. 바다 위로 떠 있는 긴 다리를 지나는 동안 차창 밖은 온통 하늘색이 된다. 조깅하는 속도로 자동차를 몰아도 뒤에서 아무도 경적을 울리지 않는다. 출발한 곳이 어디였든 새로운 기분을 주는 구간. 다리를 건너 섬의 왼쪽으로 5분만 더 가면 바다 쪽으로 향해 지어져 있는 숙소 '야운 야드YAWN YARD Kouri Island'가 있다.

A. 일본 오키나와현 쿠니가미군 나키진손 코우리 1837
H. Kouriisland.yawnyard.com

마당으로부터 시작

코우리 섬의 호텔 야운 야드는 일본 전역의 블루보틀과 협업을 통해 잘 알려진 스키마타 아키텍츠Schemata Architects 대표 나가사카 조Nagasaka Jo가 설계한 새로운 프로젝트다. 외부와 내부를 연결해 주는 '마당Yard'을 중심으로 설계된 여덟 개의 공간이 바다 쪽으로 열려 있으며, 각 객실에는 작은 수영장과 오키나와식 다다미가 깔린 거실, 침대 공간, 야외 식사 공간이 마련되어 있다. 이곳 일본 남쪽은 아열대 기후로 이웃 섬에서는 노지에서 커피를 재배할 수도 있는 환경이다. 사계절 기후를 모두 가진 한국에서는 좀처럼 경험하기 힘든 열린 형태의 주거 공간이 코우리섬에 있는 이유다. 섬을 알아가고 호응하기 위한 장소로 야운 야드에서는 마당을 강조한다. 바다 쪽으로는 활짝 열려 있지만 건축적으로는 안으로 품어진 형태의 아늑한 마당. 여느 숙소에서 쉽게 볼 수 있는 티브이나 오디오 시스템 대신 여러 개의 커다란 창문과 자꾸만 나와서 앉아 있게 만드는 아름다운 야외 가구들을 디자인했다. 음식 먹기, 밤 수영하며 별 보기 등도 모두 마당에서 이루어진다. "마당에서 바라볼 수 있는 '얀바루'를 구경하세요." 얀바루는 깊숙한 곳과 넓은 들판을 의미하는 두 단어의 조합으로 숙소 주변의 풍부한 자연환경을 뜻한다.
숙소 안을 채우는 것들에서도 섬의 특징을 찾아볼 수 있다. 전통 기와에서 영향을 받은 붉은색 테이블과 오키나와 북부 지방의 숲에서 자라는 이라즈 나무로 만든 의자들은 현지 디자인 회사인 루프트Luft와 오키나와의 장인들이 제작을 맡았다. 현관을 지나 거실에 들어서면서 가장 먼저 보이는 커다란 석회암 카운터도 오키나와의 일부다. "이 돌은 문을 통과할 수 없는 크기였기 때문에 먼저 자리 잡은 후에 주변 건축을 진행해야 했습니다." 야운 야드의 안내자 후루타 씨가 말했다. 독특한 류쿠(오키나와의 옛이름) 석회암의 표면을 손으로 만져 보면 아늑한 숙소와는 또 다른 섬의 거친 피부를 상상해 볼 수가 있다. 후루타 씨는 단단한 석회암 위에 차와 다과를 올려 놓고 우리의 도착을 반겨 주었다.

ⓒTaiki Fukao

ⓒTaiki Fukao

작은 지도 한 장

아주 먼 곳으로 이동했는데도 집에서 지내는 것과 비슷한 환경에 놓일 때가 있다. 다양한 문화가 빠르게 섞여 구분이 어려워지고 또 스스로도 익숙한 환경을 지키는 일이 쉬워졌으니까 말이다. 여행을 가서도 내가 입던 옷을 입고 익숙한 사람들과 익숙한 언어로만 말하고 또 내가 자주 먹던 음식을 파는 식당을 찾아다니다 보면, 편리함과 함께 의문스러운 헛헛함도 느끼게 된다. '빈 몸으로 찾아오면 좋았을걸.' 야운 야드에서의 나는 처음으로 그런 생각을 했다. 여분의 옷이나 신발 없이 그리고 무얼 해야겠다는 계획 없이 와서 이들이 제안하는 것을 충실하게 따라보고 싶다는 생각 말이다.

숙소에서 제공하는 일본식 관내복을 입고서 쉬고 있으면 하루 두 번 식사가 제공된다. 섬 주변에서 구한 식재료로 만든 음식들을 먹으며 눈으로는 그게 어떤 계절에 나는지, 어디에서 왔는지를 읽는다. 낮엔 바다 수영을 하고, 아침엔 온수 목욕을, 저녁엔 작은 수영장에 둥둥 떠서 내내 물을 즐긴다. 주변엔 바다와 숲, 폭이 좁은 길뿐이니 숙소에 놓인 작은 종이 지도 한 장만으로도 꼼꼼한 산책을 할 수 있었다. 코우리섬은 둘레가 6킬로미터 정도로 한 바퀴를 다 도는 데 걸어서 두세 시간이면 충분한 곳. 코우리 대교가 있는 남쪽으로는 몇몇 상점과 기념품점 그리고 작은 해변이 있다. 객실 내부에는 오키나와에서 생산된 위스키와 럼, 진과 맥주 등이 큐레이션 돼 있으니 남쪽을 산책하며 사 온 과일이나 음식을 이에 곁들이는 시간도 즐길 수가 있다. 섬의 북쪽은 남쪽에 비해 한적하다. 가로등이 드문 북서쪽 해변에서는 망망대해의 수평선을 멍하니 구경할 수 있다. '섬에서는 섬을 경험한다.' 작은 섬을 여행하는 것은 바로 이런 기쁨 아닐까. 수많은 루트 중에 무얼 골라야 하는 방식이 아니라 그저 섬을 천천히 한 바퀴 도는 식으로도 좋은 여행을 할 수가 있다. 지나온 곳들, 잠시 멈춰서 시간을 보냈던 곳을 머릿속에서 조합하면 나만의 지도 한 장을 그릴 수 있는데, 그 지도는 숙소에서 그려준 것과 그리 다르지 않다.

작은 글씨와 간단한 드로잉으로 채워진 리플릿.
숙소와 그 주변에 관한 정보의 대부분을 얻을 수 있다.

조식으로는 수제 햄 샌드위치, 이웃 섬의 소금을 곁들인 연어구이와 주먹밥, 찻물로 끓인 죽과 제철 비건 반찬 메뉴 중 하나를 선택할 수 있다. 코우리섬을 기준으로 70킬로미터 이내에서 구할 수 있는 식재료를 사용하는 점이 특징.

©Taiki Fukao

이어진 물

욕실에서 샤워를 하다 보면 이어진 물이 보인다. 욕조에서 작은 수영장으로 그리고 멀리 바다까지 자연스럽게 시선이 이어진다. 객실 안쪽에서 바다 쪽으로 문을 하나씩 열고 나가면 수영장 끝까지 걸어갈 수 있게 설계되어 있다. 수영장 물에 몸을 담근 채로 난간에 기대어 있으면 마치 내가 섬의 일부가 된 것만 같다. 시원한 바람도 피부에 그대로 닿는다. 야운 야드에 머무는 동안 가장 자주 느끼는 기분이 바로 이러한 연결감이다. '반쯤 열려 있는 곳.' 숙소 소개 글에서는 마당을 그렇게 표현하고 있다.

언젠가 핀란드를 여행할 때 친구에게 들었던 대화가 떠올랐다. "왜 우산을 쓰지 않아?" 비가 자주 내리던 시기에 좀처럼 우산을 쓰지 않는 사람들에게 누군가 물었다. 그러자 비를 맞고 있는 사람이 이렇게 되물었다고 한다. "왜 비를 받아들이지 않아?" 물론 젖는 게 싫은 마음을 모르는 것은 아니지만, 햇살이나 바람처럼 빗방울을 받아들이는 마음에 관해서도 생각해 보는 계기는 충분히 되었다. 당연하게 막고만 지내는 것들이 몇 가지 더 떠오르기도 했고 말이다.

야운 야드에서 지내는 일은 우산을 잠시 접어보는 듯한 종류의 경험이었다. 마당에 앉아 있으면 있을수록 침실은 아늑했고 음식은 달았다. 따뜻한 물과 밤의 조명도 두 배로 아늑했고 말이다.

건축가 나가사카 조Nagasaka Jo
아트 디렉터 이로베 요시아키Irobe Yoshiaki
푸드 디자인 우에타 다카시Ueta Takashi
프로젝트 디렉터 아케야마 준야Akeyama Junya
기획·관리 카시와바라 신스케Kashiwabara Shinsuke

산책은 언제나 우리를 더 나은 존재로 만든다. 나는 이 단순한 진리를 예술가의 걸음을 통해 알게 되었다. 매일 끼니를 챙기듯 성실하게 밖으로 나서고, 낯선 길로도 주저 없이 나아가며, 그 길에서 무수한 기척과 조우하는 여정이라니. 그에 비해 우리의 산책은 어떤가. 미처 해소하지 못한 일과 감정에 쫓겨 겨우 밖으로 나선 날엔, 도피처를 찾듯 숨 가쁘게 걷는다. 마치 세상에 나 혼자만 남은 것처럼. 걸음걸이를 조금 바꿔보려 해도 이내 익숙한 리듬으로 되돌아온다. 어쨌든 나는 나이기에 내가 아는 박자에서 벗어나기란 쉽지 않다. 어제와 조금은 다른 자세로 걷고 싶은 날이면 책 한 권을 꺼내 든다. 나로서는 상상할 수 없던 기술을 연마하기 위해 오늘의 산책점을 쳐본다. 어떤 문장이 나를 걷게 만들지, 그 밑줄에서 시작된 발걸음이 나를 어디로 이끌지. 연필로 그어둔 트랙 위에서 운동화 끈을 고쳐 맨다.

밑줄에서부터 시작된 걸음

에디터 오은재
일러스트 세아추

다정을 회복하는 산책

"산책자는 아무리 사소하고 작은 생명체라도 어린아이나 개, 모기, 나비, 참새, 벌레, 한 송이 꽃, 남자, 집, 나무, 울타리, 달팽이, 생쥐, 구름, 산, 잎사귀, 그뿐 아니라 누군가가 구겨서 던져버린 너절한 종잇조각조차도, 아마도 어느 착하고 순한 아이가 태어나 처음으로 써놓은 서툰 글자들이 있을지도 모르는 그런 것들을 모두 놓치지 않고 관찰하고 연구하기 위해 최대한의 사랑과 주의력을 갖추어야 합니다."

—로베르트 발저, 《산책자》 중에서

발저의 문장은 나라는 우람한 그림자 뒤에 숨어있던 작고 연약한 존재들에게 빛을 비춘다. '발저식 산책'이 필요한 날에는 생활 산책의 대가인 엄마를 꾀어 밖으로 나선다. 우리 엄마는 정신없는 출근길에도 하천가에서 반상회를 여는 하얀 새들의 수다에 귀 기울일 줄 아는 사람이다. 늘어지게 하품하며 집으로 돌아오다가도, 텅 빈 가지에 어느새 움트기 시작한 봉오리를 보고 감탄한다. 그만큼 길 위의 사정을 속속들이 꿰고 있다. 시야를 한곳에 고정한 채 직진만 거듭하는 초보 운전자에게 넓게 보는 법을 가르쳐 주듯, 엄마는 주목해야 할 풍경을 콕콕 짚어준다. 윤슬에 멍하니 시선을 두다가도 엄마의 손끝을 따라 고개를 돌린다. "저 오리 가족은 최근에 이사했나 봐. 지난주까지만 해도 여기엔 원래 시꺼먼 오리가 살았는데, 어딜 갔는지 안 보이더라고." 그런 이야기가 내면의 동굴로 숨으려던 나를 다시 현실로 불러낸다. 잔디 저편에서 쉬고 있는 어른 오리들과 그로부터 조금 떨어진 거리에서 급류를 타며 노는 작은 오리를 발견한다. 며칠간 내린 비로 강물이 불어난 걸까. 유속이 제법 거세다. 장면의 맥락을 따라가며 한 번도 본 적 없는 시꺼먼 오리의 안부를 상상해 본다.

인간에게 하루란 변화를 감지하기에 턱없이 짧은 시간이다. 하지만 자연의 하루는 모든 일이 일어날 만큼 충분히 길다. 한 발을 내딛는 사이에도 주변 생물들은 찬찬히 변한다. 매일 지나던 이 길 위에는 내가 미처 몰랐던 오늘의 새 소식들이 수두룩하게 쌓이고 있다. 발저의 문장을 거쳐 어느새 《걷기 예찬》 속 브르통의 문장에 닿는다. "도보 여행자는 이름을 찾아 떠나는 사람이다." 그 '이름'이란 산이나 마을처럼 산책자의 좌표를 설명해 주는 지명이다. 대신 나와 엄마는 우연히 알게 된 이름을 하나씩 주워 담는다. 태양을 따라 한 뼘 더 자라난 서양벌노랑이, 혀를 한껏 내밀고 달려가던 몰티즈 코코, 콧물이 흘렀는지도 모른 채로 엄마를 보며 까르르 웃는 시우. 몰랐던 이름을 되뇌다 보면, 이 세계가 한층 더 다정해지는 듯하다.

나무를 끌어안기 위한 산책

“그날따라 나무로 만들어진 산책로에 아무도 없었다. 가끔 들리는 새소리와 나뭇잎을 스치고 지나가는 바람이 전부였다. 산책로 옆에는 공룡과 함께 살았다던 메타세쿼이아가 하늘을 향해 쭉쭉 뻗어 있었다. 세로로 엉성하게 갈라진 수피가 까칠까칠해 보였지만 크기는 적당해 보였다. 조심스럽게 다가가 메타세쿼이아를 안았다. 오래 살았는지 두 팔에 가득 찼다. 나무에 기댄 손바닥과 뺨에 까끌까끌한 나무껍질이 느껴졌다.”

—우숙영, 《산책의 언어》 중에서

주말의 올림픽공원은 응원봉을 들고 기념사진을 찍는 팬들과 양손 가득 피크닉 용품을 챙겨 온 가족들로 북적인다. 평소 같았으면 나도 그 대열에 합류했겠지만, 오늘은 그들을 지나쳐 공원으로 향한다. 그러니까 나는 지금, 언덕 위에 홀로 서 있는 나무 한 그루를 만나러 가는 중이다. 그저 바라보기보단, 다가가 품에 한 아름 안아보기 위해서다.

능선을 따라 늘어선 나무들은 이곳을 찾은 사람들만큼이나 각양각색이다. 저마다의 초록빛을 지닌 수목을 구경하다 문득 친구와 나눈 대화가 떠올랐다. 마침 친한 친구가 콘서트를 보러 왔다기에 산책 전 잠깐 만났다. 무슨 일로 왔느냐는 물음에 “나무를 안으러 왔다.”고는 차마 말하지 못하고, 오늘의 여정에 영감을 준 《산책의 언어》 이야기를 먼저 꺼냈다. 자연과 좋은 관계를 맺는 데 도움이 될 만한 수천 가지 언어를 안내하는 책인데, 그중에서도 나무와 포옹을 나누는 장면에 밑줄을 그었다고. 어떤 나무와 인사를 나눌지 고민하다 ‘나 홀로 나무’를 찾아왔다고 덧붙였다. 친구는 신기하다는 듯 웃어넘겼다.

예상했던 반응이었다. 나 또한 지천으로 널린 나무들과 그런 식으로 마음을 나눠본 적은 없었으니까. 하물며 그늘 아래 머무는 이들조차 나무에 등을 기대거나 손을 뻗으려 하지 않는다. 그런 상상력이 결핍된 세상에서, 언덕 한가운데 뿌리내린 나무를 끌어안으려니 괜히 어깨에 잔뜩 힘이 들어간다.

나름대로 심혈을 기울여 자세까지 연구해 갔는데, 결국 시도도 못 해보고 발길을 돌리게 될 줄이야. 울타리에 가로막혀 가까이 다가설 수 없었다. 선 밖에서 기념사진을 찍는 사람들 곁에서 나무와 나 사이의 거리를 가늠해 보았다. 나 홀로 나무는 측백나무. 측백나무는 사계절 내내 푸르고 양지바른 곳에서 잘 자라 소나무 다음으로 손꼽히는 정원수다.

나 홀로 나무 역시, 한때는 동네 어디서나 흔히 볼 수 있었던 수많은 나무 중 하나였다. 88 올림픽을 앞두고 삼십여 채 가까이 되는 민가를 철거하면서 주변 나무들까지 모조리 베어버렸다. 급격하게 재편되던 풍경 속에서 나이가 많은 은행나무와 수형이 고운 나 홀로 나무만이 유일하게 살아남았다. 오랜 시간 이 자리에서 서서 희로애락을 새겨온 나무라면 나의 어설픈 몸짓쯤은 넉넉히 받아주지 않았을까. 두 팔로 감싸안는 순간, 어쩌면 소중히 간직해 온 어리숙한 포옹의 기억을 들려주었을지도.

아쉬움을 달래며 돌아가는 길, 나 홀로 나무와 수형이 비슷해 보이는 나무 한 그루를 마주한다. 책에서 본 것처럼 사람들이 시선을 거둔 틈을 타 어색하게 안아본다. 단단하고도 포근한 어른의 품 같다. 바람 따라 볕뉘가 나를 가만가만 어루만진다. 잠시 눈을 맞추고 함께 호흡한다. 나무가 내뿜는 짙푸른 숨을 오래도록 기억해 두고 싶었다. 눈앞에서 손톱만 한 벌레가 꿈틀거리며 기어가는 바람에 금세 물러서고 말았지만. 첫 만남은 계획대로 되는 법이 없다는 노랫말을 흥얼거리며, 설익은 기억을 담아 두기로 한다.

우중산책

"산책했죠. 우산을 사러 가야지, 생각하면서. 비가 오고 있었으니까.
밖으로 나가니 그러므로 이제 필요해진 우산을 사야 할 거라면서, 나는 산책했죠."

—안태운, 〈산책했죠〉, 《산책하는 사람에게》 중에서

산책의 분위기를 좌우하는 건 다름 아닌 날씨다. 오죽하면 '날씨가 다했다.'는 말까지 있을까. 내리쬐는 햇살, 바람 세기, 구름 빛깔 하나하나 산책자의 걸음에 결정적인 영향을 미친다. 〈산책했죠〉 속 화자는 궂은 날씨에도 빗속을 걷는다. '우산을 사야겠다.'는 마음 하나로. 네 문장을 읽자마자 페이지 모서리를 접어 두었다. 비가 내린다고 해서 산책을 미룰 이유는 없다. 필요에 따라 가방을 꾸리듯, 마음가짐 또한 날씨에 맞게 재정비하면 되는 법이다. 시인의 의도와는 조금 다를 테지만, 나는 나만의 방식대로 결론을 내렸다.

봄비가 내리던 어느 날, 기다렸다는 듯 우중 산책을 나섰다. 작정하고 비 오는 날을 즐겨본 게 도대체 언제였던가. 우산을 쓰지 않아 볼 위로 자꾸만 빗물이 떨어졌다. 무해한 감촉에 기분이 개운해졌다. 무엇보다 어디선가 운명처럼 내가 원하는 우산과 마주치게 될지도 모른다는 기대감이 슬며시 고개를 들었다. 그 우산으로 이 순간을 기념해도 괜찮지 않을까. 어느 고전 영화 속 비를 맞으며 노래하고 춤추던 사람들처럼 한 보 한 보 경쾌하게 나아갔다. 이내 눅눅한 습기가 온몸을 잠식했다. 설렘 또한 서서히 시들어갔다. 적당히 즐겼다고 생각했을 때 발길을 돌려야 했던 건 아닐까. 망설이는 사이 하늘은 점점 어두워졌다. 〈산책했죠〉 속 화자가 비가 그치진 않을까 초조해했던 것과 달리, 나는 빗줄기가 더 거세지진 않을까 조급해졌다. 아직 우산을 고르지도 못했는데, 이대로 마치기엔 어쩐지 찜찜했다. 결국 한참을 더 걸어야 하는 소품 가게 대신 가까운 초등학교 앞 문구점으로 향했다. 한구석에 놓인 진열대에는 요즘 유행하는 캐릭터 우산과 눈이 시릴 정도로 쨍한 핑크색 땡땡이 우산뿐이었다. 별다른 고민 없이 투명 비닐우산을 집었다. 화자처럼 '우산 같은 건 무엇인지'를 고고하게 사유하며 다음 행선지로 가볼까도 고민했지만, 점을 찍듯 목표만을 향해 걷고 싶지는 않았다. 내가 원했던 건 우산보다 산책이었으니, 이쯤에서 만족하기로 했다.

만약 화자가 우산을 샀다면 시의 제목은 "산책했죠"가 아니었을 지도 모른다. 끝끝내 우산을 손에 넣지 못했기 때문에 그 모든 순간이 산책으로 남게 되었던 건 아닐까. 산책은 선과 선을 잇는 여정이고, 기대와 실망을 외줄 타듯 오가며 걷는 일이기도 하니까. 내 산책은 비록 '비 오는 날 괜히 나가서 쓸데없는 비닐우산을 샀죠.'로 끝날 뻔했지만, 얼렁뚱땅 마침표를 찍고 싶지는 않았다. 어찌 되었든 '산책했죠.'로 간직하고자 꿋꿋하게 전진했다.

대도시 산책

"도시 산책의 이상적인 공간은 사람이 많은 대도시입니다. 서로가 서로를 다 아는 작은 마을과는 달리, 길에서 마주치는 사람도 그저 어떤 한 사람일 뿐 내가 아는 특별한 인물이 아니고 무리 지어 지나가는 사람들도 지인들의 무리가 아닌 곳, 그곳이 바로 대도시입니다. 이곳이라면 자유로워질 수 있습니다. 조그만 도시와는 대조적으로 대도시에서는 아무 거리낌 없이 거리로 나가 걸어도 기분이 밝아지고 맑게 개는 것을 느낄 수 있습니다."

—카를 고틀로프 셸레, 《산책하는 법》 중에서

구체적인 지명은 다 다르더라도, 모두의 상상 속 '사람 많은 대도시'의 생김새는 비슷할 테다. 을지로에서 종각을 가로질러 광화문으로 향하며 셸레의 문장을 고스란히 통과한다. 걷는 내내 수많은 행인을 마주친다. 점심시간이 한참 지난 뒤라 느긋하게 걷는 이는 드물다. 옷깃만 스쳐도 인연이라던데, 이들은 한 치의 틈도 내어주지 않은 채 망설임 없이 목적지를 향해 흘러간다. 마치 해리 포터의 투명 망토를 두른 듯, 유령처럼 거리를 누빈다. 교보문고 맞은편 사거리에 서서 신호를 기다릴 때면 늘 시선을 멀리 둔다. 광화문이 도시 산책을 익히기 가장 좋은 장소인 이유는 저 너머에 있다. 높다란 건물 사이 펼쳐진 너른 광장과 고요한 품격이 깃든 경복궁이 시야에 들어찬다. 활짝 열린 창 앞에 선 듯, 마음에 시원한 바람이 몰아친다. 쉼 없이 스쳐가는 시간 속에서 궁과 사찰은 산책자들이 숨 돌릴 수 있는 비빌 언덕이 되어준다. 문안으로 들어서자마자 담장 밖과 유리된다. 이곳을 '산책하기 아름다운 땅'이라 칭송했다는 어느 왕의 유유한 자태를 떠올린다. 발바닥이 유연하게 지면과 맞닿는 자극을 느끼며 지긋함을 유지한다. 궁궐을 무대 삼아 호선을 그리는 이들 덕에 도시의 리듬은 한층 다채로워진다.

인파를 피해 걷는 일에도 엄청난 체력이 필요한듯하다. 서점이나 카페로 피신해 보지만, 어디든 사람들로 빼곡하다. 지친 나그네에게 완벽한 일인용 자리를 내어주는 곳은 오로지 독립영화관 뿐. 타인들로부터 멀어져 어둠 속에 은신한다. 스크린 속 한 사람의 세계에 몰입하다 보면 다시금 나라는 존재가 선명해진다. 엔딩 크레디트가 오른 뒤에는 새로 태어난 기분으로 상영관을 벗어난다. 모두가 집으로 돌아간 한밤의 광화문은 몇 시간 전과는 전혀 다른 얼굴로 나를 맞이한다. 환한 빛을 내뿜는 빌딩을 지나 한산해진 사거리 한복판에 멈춰서 나를 둘러싼 세계를 찬찬히 감상한다. 아득한 우주 속을 떠도는 먼지 한 톨이 된 것만 같다. 그 감각은 근사한 위로다.

나에게로 돌아오는 산책

"나는 적어도 하루 네 시간씩 세속적인 일에서 완전히 해방되어 숲과 언덕과 들판을 어슬렁거린다. 그렇게 하지 않으면 건강도, 기운도 유지할 수 없다. 대개는 그보다 더 오래 걷는다. 당신은 아마 나와 생각이 다를 수 있을 것이다."

—헨리 데이비드 소로, 〈걷기〉, 《산책하는 법》 중에서

소로는 내가 아는 사람 중 최고로 못 말리는 산책 광인이다. 하루 두 시간씩 걷던 차이콥스키도 소로 앞에서는 명함도 못 내밀고 머쓱하게 돌아서야 했을 것이다. 그의 확고한 철학이 깃든 문장을 읽고 있자면 경외심에 사로잡혀 밑줄을 치게 된다.

일 년 전, 산티아고 순례길에 오른 나는 매일 20-30킬로미터를 활보하며 걷기의 효능을 온몸으로 체감했더랬다. 인생에서 가장 건강했던 그 시절을 다시 한번 누려보고자 소로의 문장을 가이드 삼아 도전을 거듭했다. 하지만 번번이 실패하고 말았다. 일부러 시간을 확인하지 않았음에도 한 시간쯤 걷고 나면 귀신같이 집에 가서 눕고 싶어졌다. 해야 할 일을 미룬 채 속 편히 걷고 있으려니 괜히 한량이 된 것만 같았다. (소로도 "마을 일을 떨쳐 버리지 못하는 때가 있다."라고 했으니 아마 이 정도는 이해해 주지 않을까.) 더군다나 우리 동네엔 드넓은 녹지가 없어서 같은 자리를 네 시간 동안 실컷 어슬렁거리기에도 무리가 있었다. 호기롭게 나섰다가도 몇 시간 지나지 않아 이런저런 핑계를 대며 돌아오는 일이 반복되자 소로에게 진 기분이 들었다. 환경이 이토록 달라졌다는 이유로, 예전의 내가 거뜬히 해냈던 일을 지금의 나는 할 수 없다는 사실이 못내 애석했다.

그 시절의 나는 어떻게 해낸 걸까. 나를 그렇게까지 걷게 만든 건 도대체 무엇이었을까. 이제는 다소 희미해진 여정을 되짚어보려 한 달 동안 품에 끼고 살던 일기장을 펼쳐보았다. 기나긴 고행길을 버틸 수 있었던 데엔 아름다운 풍경보다도 스스로를 인정해 주던 순간들이 있었기 때문이다. 낯선 길 위에서 내가 한없이 작게 느껴질 때, 비슷한 속도로 걷던 이들이 앞서가는 걸 보며 속도 차를 실감할 때, 돌덩이 같은 가방을 고쳐 메야 할 때, 잠시 멈춰서 쉬고 싶을 때, 좋은 장면을 기록하고 싶을 때, 눈부시게 행복할 때, 다시 일어나 걷고 싶을 때, 오렌지 주스를 마시거나 노래를 고를 때도. 몸과 마음이 끊임없이 보내오는 신호를 구분하며 나에게 필요한 걸 조심스럽게 내어줘야 했다. 오늘의 컨디션이 어제와는 다르게 느껴지거나, 이 길이 아닌 저 길이 궁금해져도 의심 없이 순순히 받아들였다. 뜻대로 움직여주지 않는 나를 말 안 듣는 강아지처럼 여기며 최대한 너그럽게 보살폈다. 한계에 맞설지, 한발 물러설지를 결정하려면 지금의 내가 어떠한지 정확하게 파악해야 했다. 변화무쌍한 기운을 이해하기 위해선 꾸준히 좋은 질문을 건네야만 했다. 오직 그 진심을 이정표 삼아 매일매일의 보폭을 가늠했다. 결국, 그게 전부였다.

마지막 문장은 등을 부드럽게 미는 바람이 되어, 나를 이전과 다른 길 앞에 서도록 이끈다. 어서 그렇다고 인정하고선 너의 속도로 가보라고 일러주는 듯하다. 설령 오독일지라도 별수 없다. 이쯤에서 책을 덮으며 처음의 질문을 약간 고쳐본다. 오늘의 나는 어떤 길을 걷고 싶은지, 그 작은 확신이 나를 어디로 데려다 줄지. 내게 손을 내밀어 줄 마음속 문장에 희미하게 선을 그어본다. 비틀비틀 걷더라도, 내키는 대로 가보겠다는 믿음으로.

THERMOS

오지를 탐험하거나 신대륙을 발견하는 이들만 모험가라 부르고 싶진 않다. 평범한 우리도 용기를 내어 낯선 골목을 걷고, 가까운 산에 오르며 작은 탐험을 시도하니까. 일상 속 작은 모험가에게 거창한 장비는 오히려 짐이다. '한번 나가볼까?' 하는 마음만 있다면, 꼭 필요한 몇 가지만 챙기면 된다. 그중 하나로 나는 늘 든든한 텀블러를 고른다. 예상치 못하게 길어진 하루에도 안심하고 열 수 있는 것으로. '써모스THERMOS'는 그런 물건을 만든다. 언제 어디서든 한결같은, 믿음직한 동반자다.

오랜 안심을 담아

에디터 차의진

자료 제공 써모스

믿음직한 도구의 탄생

지금과 무척 달랐을 과거의 삶을 떠올려본다. 볕이 내리쬐는 밭에서 한참 일하다 보면 시원한 물이 간절했겠지. 추위를 뚫고 먼 길이라도 나서면 따듯한 차를 호호 불어 마시고 싶었을 거다. 한 번 집 밖을 나서면 음료를 원래 온도 그대로 마시기는 어렵던 시대.
그 일상을 조금 다른 모습으로 바꾼 건, 써모스였다.
이들은 당시 대중에게 생소하던 '유리제 보온병'을 일상에서도 사용할 수 있도록 제조, 상품화해 전 세계로 널리 보급했다. 혁신적인 제품은 수많은 모험가의 여정에도 든든한 힘을 보태주었다. 극지탐험가인 프레더릭 쿡Frederick Cook 박사, 남극을 탐험한 어니스트 섀클턴Ernest Shackleton, 최초의 북극점 도달자 로버트 피어리Robert Peary, 동력 비행에 성공한 라이트 형제Wright Brothers 등 수많은 모험가가 써모스 제품을 사용했다고. 하지만 유리제 보온병은 명확한 한계가 있었다. 무겁고 깨지기 쉬우니 케이스에 넣어 조심스럽게 운반해야 한다는 것.
써모스는 한 번 더 혁신을 시도한다. 1978년, 이들은 기존의 단점을 개선해 '고진공 스테인리스 보틀'을 개발했다. 오늘날 우리에게 익숙한 보온병의 형태는 바로 이때부터 세상에 모습을 드러낸 것. 그로부터 10년 뒤에는 스테인리스보다 더 가벼운 티타늄으로 보온병을 제작하는 데 성공했다. 가볍고 튼튼한 도구와 함께하는 생활이 시작되면서, 바깥에서 먹고 마시는 일은 좀더 쉽고 즐거워졌다. 시원하고 따듯한 일상은 그렇게 탄생했다.

H. Thermos.kr
H. Thermosshop.kr

즐거운 바깥 생활을 위하여

보온병은 열이 전달되는 세 가지 방식인 대류, 복사, 전도를 효과적으로 차단하는 기술이 핵심이다. 이를 위해서 음료가 담기는 내병 그리고 내병을 둘러싼 외병을 각각 제작하고, 그 사이를 진공 상태로 바꾼다고. “써모스는 고도의 금속 프레스 가공으로 이중 구조의 용기를 만든 다음, 대형 진공 챔버 안에 용기를 넣어 천만 분의 일 기압이라는 초고진공 상태를 만듭니다. 이후 제조 공정에서 두 번의 전수 검사, 두 번의 추출 검사 등 네 차례 이상의 엄격한 품질 관리를 거쳐 제품을 선보여요.” 훌륭한 보온 성능의 비밀은 여기에 있었구나.

뛰어난 기술력을 무기 삼아, 이들은 텀블러뿐만 아니라 도시락, 보냉백, 유아용 빨대컵까지 제품을 넓혀 왔다. 캠핑, 야외 스포츠, 피크닉 등 다양한 상황에 적합한 물건을 선보인다는 점도 돋보인다. 예컨대 가벼운 한 끼 식사나 과일 등을 담기 좋은 ‘등산용 푸드 컨테이너’는 보온·보냉 기능은 물론 접이식 스푼과 용기로 활용할 수 있는 뚜껑, 전용 보온백까지 갖춰 산행 중 허기를 든든하게 채우도록 돕는다. 얼음을 녹지 않게 보관할 수 있는 ‘대용량 아이스 워터 저그’는 이동이 많은 야외 환경을 고려해 잡기 편한 손잡이가 달렸다.
이들은 언제 어디에서나, 써모스와 함께하는 순간이 잠깐의 쉼이 되길 바란다. 잠시 멈춰 마시는 한 모금을 위한 세심함. 일상 속 모험가들에게 써모스가 전하는 가장 큰 응원이다.

우리 함께 떠나 볼까요?

네 가지 야외 활동을 위한 제품을 써모스가 직접 추천했다.

1.

2.

3.

4.

1. 도심 산책

캐리 핸들 텀블러

긴 시간 산책을 떠날 때 충분한 수분 섭취를 도울 대용량 보틀입니다. 마개에 일체형 핸들이 고정돼 있어 휴대하기도 좋아요. 식기세척기 사용이 가능해 더욱 쉽고 깔끔하게 관리할 수 있어요.

2. 등산

등산용 보틀 시즌2

산 정상에서도 맛있는 온도의 음료를 마시고 싶은 이들을 위한 텀블러예요. 손에 땀이 많이 났거나 물에 젖었을 때, 장갑을 착용했을 때도 미끄러지지 않고 병을 잡을 수 있도록 바디링이 상단을 감쌉니다. 고무 소재의 바닥 커버가 보틀을 보호해 등산길에 떨어뜨려도 흠집을 최소화해요.

3. 캠핑

트래블 킹 2WAY 컵 & 캔홀더

평소 컵으로 사용하다, 음용구를 분리해 캔홀더로도 쓸 수 있어요. 용량에 따라 캔맥주 350밀리리터, 500밀리리터가 알맞게 들어가니 야외에서도 시원한 맥주 한 모금을 즐길 수 있답니다. 차와 커피도 따듯하게 유지해 줄 거예요.

4. 여름 바다 수영

뉴 데일리 원터치 텀블러

한 손가락으로 버튼만 누르면 열려 손이 자유롭지 않은 바닷가에서도 손쉽게 음료를 마실 수 있어요. 뚜껑에는 이중 안전 잠금장치가 부착돼 있어 음료가 샐 걱정을 하지 않아도 되죠.

스스로 "서촌 백송터 옆 작은 공간"이라 말하는 전시장이 있다. 여기서 무얼 보여줄지 거창하게 늘어놓기보다 그 터를 오랫동안 지키던 나무 한 그루의 이름을 말한다. 그 얼마나 수더분한 소개말인가. '무서록'은 운영자 이규형, 매니저 변주현의 두 손이 성실하게 움직여 모양새를 갖춘 갤러리다. 본래 '문화사'라는 표구사 운영자의 작업실이자 낡은 집이었는데, 오래된 나무 창문과 벽은 그대로 둔 채 나무문은 넓은 테이블이 되었고, 창문틀은 집기가 되어 유용하게 쓰인다. 그들의 발이 닫기도 전부터 존재하던 이야기를 쉬이 망가뜨리지 않은 덕분에 공간은 편안하고 자연스럽다. 무서록이 생각하는 아름다움을 하나씩 꼽아본다. 어렵지 않고 편안한 것, 삶과 가까이 닿아 있는 것, 꾸준히 좋은 것, 이야기가 담긴 것 그리고 마지막으로 우리의 것. 나무와 흰 벽에 기대어 마음을 전하는 전시장에게 귀 기울인다.

無序錄
나무와 흰 벽 사이, 그곳

에디터 **이명주**
자료 제공 무서록

긴 방명록이 쓰이는 그곳

아름다운 단어와 문장을 겸손히 담아낸 소설가 이태준의 수필집에서 이름을 빌린 무서록에 들어선다. 이곳에 머무르던 이들의 흔적이 다정한 빛으로 남아 있기 때문일까, 가까운 이의 집에 초대받은 듯 아늑하다. '환대의 공간'으로 쓰이는 거실을 중심으로 300년 넘게 자리를 지키던 백송의 터를 바라보는 큰방과 작은방은 '기록을 나누는 공간'과 '사유의 공간'으로 구분되어, 자신만의 이야기를 안고 찾아오는 창작자들에게 빌려준다. 작업실 전체를 옮겨 온 대나무 작업자 '구름'의 〈만드는 마음〉과 압화를 주제로 사유와 기록을 선보인 작가 '문예진'의 〈개화의 방〉 등 그간 아름다운 작품뿐 아니라 작가의 행보와 작업 과정을 감상할 수 있는 전시가 열렸다고. 삶을 대하는 저마다의 가치와 그것이 스민 작품들을 천천히 바라볼 수 있기에, 무서록의 전시에서는 유독 긴 방명록이 적힌다. 삶 가까이의 아름다움을 발견한 공간에서 한 나무의 그루터기를 기억하는 살가움을 떠올린다. 그 사이 오늘도 무서록의 이야기가 쓰인다.

뉘 집에 가든지 좋은 벽면을 가진 방처럼 탐나는 것은 없다. 넓고 멀직하고 광선이 간접으로 어리는, 물속처럼 고요한 벽면, 그런 벽면에 낡은 그림이나 한 폭 걸어놓고 혼자 바라보고 앉았는 맛, 그런 벽면 아래에서 생각을 소화하며 어정거리는 맛, 더러는 좋은 친구와 함께 바라보며 화제 없는 이야기로 날 어둡는 줄 모르는 맛, 그리고 가끔 다른 그림으로 갈아 걸어 보는 맛, 좋은 벽은 얼마나 생활이, 인생이 의지할 수 있는 것일까!

—이태준, 〈벽〉, 《무서록》 중에서

무서록에서 이어지는 전시

〈핸드메이드 의자: The beauty through imperfection〉
2025. 6. 3.—6. 22.

생목의 고유한 특징을 활용하는 '그린우드워킹' 과정을 통해 자연스럽고 편안하며 견고한 의자를 만드는 체어메이커 이경찬 작가의 전시가 열린다. 그의 손은 자연 그대로의 재료와 다정한 마음을 바탕으로 매번 새로운 얼굴의 의자를 빚는다. 손으로 만들어 나가는 불완전함의 아름다움에 대해, 체어 메이커의 도구와 과정 나아가 사유가 담긴 노력까지 감상할 수 있는 전시다.

H. Museorok.kr

H. Instagram.com/museorok.seoul

A. 서울 종로구 자하문로6길 12-16 2층

그때 거기 있었습니까

중국 윈난에 다녀왔다. 그리고 일상에 아름다운 균열이 생겼다.

글·사진 정다운

친구 따라 윈남에

언제부턴가 집을 떠나면 마음이 불안하다. 덕분에 여행을 못 간 지 좀 되었다. 집을 떠나지 않고 여행할 방법은 없고, 불안은 힘이 세며, 불안을 감당하느니 좋아하는 걸 포기하는 게 낫다. 더 이상 여행을 좋아하지 않는다고 생각하기로 했다. 그래야 나의 일상을 싫어하지 않을 수 있다. 하지만 종종 친구들이 SNS에 올리는 여행 사진을 보면 나도 저기에 가고 싶다는 생각이 불쑥 든다. 이탈리아 볼로냐에 가서 매 끼니 볼로네제 파스타를 먹고 싶고, 중국 시안에 가서 비양비양면을 먹고 병마용갱 앞에 오랫동안 서 있고 싶다. 쿠바 아바나에서 산티아고데쿠바까지 자동차 여행을 하고 싶기도 하고, 콜롬비아 보고타에 다시 가서 오래 그리워한 싸이타 호스텔 문을 두드리고 싶다. 후안이 문을 열어줄까? 나를 알아볼까? 남미 40번 국도 북쪽부터 남쪽까지 달리고 싶기도 하다. 하지만 내 불안은 집에 있는 사랑에서 비롯된 것이라, 집에 사랑이 존재하는 한 나는 내내 불안할 수밖에 없다. 사랑을 최대한 오래 하고 싶으니, 그만큼 불안도 오래 데리고 다녀야 한다. 내가 선택한 것이니 내가 감당할 수밖에.

그러다 최근 친구 따라 중국 윈남성에 가게 되었다. 내 친구 리우는 매년 4월이면 윈남 중에서도 오지에 속하는 빙도 마을에 간다. 그곳에 머물며 손으로 차를 따고, 불에 덖고, 햇볕에 말리며 보이차를 만드는 과정을 함께한다. “나도 같이 갈래!” 불안의 수위가 낮은 날이었을까? 용감해진 나는 손을 번쩍 들었고, 중국행 비행기 티켓을 예약했다. 일단 손을 들고 나면, 모든 것이 시작된다. 지금이 아니면 봄에 새로 난 싱그러운 찻잎의 향을 맡지 못할지도 몰라. 한 번도 맡지 못한 그 향이 궁금했다. 향은 그곳에 가야 맡을 수 있는 거니까. 불안을 이기는 건 호기심일지도 모르겠다.

보이차를 좋아하냐 묻는다면

제주에서 상하이까지 비행기로 한 시간 반, 상하이에서 린창 공항까지 네 시간. 그리고 다시 차로 한 시간 남짓 달려 맹고진에 도착했다. 거기서부터 다시 한 시간 정도 높고 깊은 산을 구불구불 감싸며 도는 좁은 길을 달리면 우리의 최종 목적지 빙도 노채 마을에 닿는다. 도로 폭이 넓지 않아 차 두 대가 동시에 지나갈 수 없고, 한쪽은 가파른 낭떠러지다. 하지만 가장자리에 안전장치는 없다. 앞차가 보이지 않는 커브 길마다 차는 속도를 줄이는 대신 빵빵 클랙슨을 울린다. 그러다 맞은편에서 달려오는 차를 만나면, 둘 중 한 대가 거침없이 후진을 한다. 그러니까 여기는 사람보다 나무가, 자동차보다 산이 먼저인 곳.

정신을 차려보니 이곳에 와 있다. 문득 집 생각이 난다. 습관처럼 홈캠을 켜고, 나의 사랑이자 불안이 소파 위에 웅크리고 자고 있는 장면을 확인한 뒤, 조금 안심한 채로 카메라를 끈다. 산속이라 걱정했는데, 휴대폰 전파는 잘 잡힌다. 휴, 다행이다.

집을 떠나면 불안하다면서, 왜 하필 보이차의 고장, 윈남에 갔느냐고, 평소 차 마시는 걸 좋아하냐고 묻는다면, 그렇다고 답하겠다. 차를 마시지 않는 사람들보다는 차를 좋아한다. 그중에서도 주로 보이차를 마신다. 보이차는 중국 남서부 윈남성의 차나무에서 채취한 잎으로 만든 차다. 하지만 차 애호가들만큼 차를 좋아하는 건 아니다. 어떤 날은 하루 종일 차를 마시기도 하지만, 어느 날은 커피를 마시기도 한다.

다만, 항상 궁금했다. 내 친구가 왜 그곳을 사랑하는지. 이 친구 이야기를 언젠가는 꼭 하고 싶었는데, 이렇게 하게 될 줄은 몰랐네. 리우는 20여 년 전 처음 한국에 왔고, 치열하게 일했다. 그러다가 번아웃이 오면서, 일을 멈추고 잠시 쉬러 제주에 오게 된다. 몇 년 전 그때 제주의 한 요가원에서 우리는 처음 만났다. 한달살이가 끝나자 일 년 살 집을 구하더니, 일년살이가 끝나자 전셋집을 구했고, 그다음엔 집을 지었다. 아니 나도 아직 집을 못 지었는데! 집 옆에 차실도 만들었다.

리우 덕분에 좋은 차를 만났고, 시행착오 없이 차 생활을 시작했다. 그뿐 아니다. 리우와 친구가 되면서 내 세상은 한 뼘, 아니 열 뼘 넓어졌다. 우선 중국에 대해 쉽게 가졌던 편견들이 모두 깨졌다. 당신이 알고 있는 중국에 대한 생각은 대체로 사실이 아니다. 그리고 어디서나 뿌리를 내리지만, 뿌리내린 땅에 휘둘리지 않는 단단한 마음도 알게 되었다. 나도 사는 곳을 어렵지 않게 옮겨 다니는 편이고, 어디서든 적응을 잘하는 사람이지만, 내가 언제나 약간 주저하며 어정쩡하게 뿌리를 내린 채, 주변 나무와 비슷한 모양의 이파리를 내밀고 적당히 비슷하게 맞춰 산다면, 리우는 곧장 땅속 깊이 뿌리를 내리지만, 자신만의 이파리 모양을 버리지 않았다. 뿌리가 얕아 흔들리는 나무인 나는, 여간해선 흔들리지 않는 리우 나무를 보고 있는 게 좋았다.

이 향을 맡으러 여기에

지금 나는 우리 집 책상 앞에 앉아 차를 내려 마시고 있다. 윈남 빙도 마을에서 직접 가져온 '빙도 노채 100년 고수 생차'. 빙도 지역의 100살 이상 나이 먹은 나무에서 딴 잎으로 만든, 인위적으로 발효시키지 않은 차라는 의미다. 나무의 나이가 많을수록 땅의 기운을 깊게 가지고 있어 좋은 차로 여겨진다. 수확한 지 한 달도 채 되지 않은 햇차라 맛이 산뜻하고 맑다.

비행기 두 번, 차 두 번을 타고 빙도 다산을 정면으로 바라보고 있는 초제소(차 덖는 곳)에 머무는 동안, 딱히 한 일은 없다. 불과 며칠 전에 수확했다는 햇차로 쉬지 않고 차를 내려 마셨다. 바구니 안에 수북이 쌓여 있는 차를 무게도 재지 않은 채 대충 손으로 집어 투박한 다기 안에 넘치게 채우고 내려 마신 차 맛이 정말 좋았다.

어디에나 귤이 쌓여 있어 손끝이 노래지고 속이 쓰리도록 귤을 까먹는 제주도의 초겨울을 떠올리게 한다. 그러다 수확한 찻잎이 초제소에 도착하면 반갑게 마중을 나갔다. 윈남의 차나무는 키가 무척 커서, 높은 사다리로도 닿지 않는 가지가 많아 굵고 튼튼한 대나무로 나무 주변에 지지대를 설치해 둔다. 수확은 주로 윈남 소수 민족들이 하는데, 어깨에 커다란 바구니를 메고 지지대를 타고 올라 가지 끝에 달린 새순을 딴다. 나도 한번 올라가 봤는데, 다리가 후들거려 서둘러 내려와야 했다. 결코 쉬운 일이 아니다. 수확한 잎은 골고루 펴서 말리듯 널어 둔다.

이때는 전문가가 아닌 나도 찻잎을 만져볼 수 있다. 두 손 가득 잎을 담아 얼굴을 파묻고 향을 맡는다. 몸 구석구석에 향이 닿길 바라며 가능한 한 깊은숨을 들이쉰다.

아, 내가 이 향을 맡으러 여기에 왔지.

그 상태로 잎을 펼쳐 두고 얼마간 시간이 흐르면 나무 장작을 떼 불을 피우고 솥을 뜨겁게 달궈 잎을 모아 덖는다. 이후 유념 과정을 거쳐 그대로 햇볕 아래 말리면 된다. 코끝을 채우는 방금 딴 잎의 향과 솥의 열기를 타고 나는 향, 그리고 햇볕 아래 마르면서 공기를 채우는 향이 각각 다르다. 아, 그립다. 자리에서 일어나 햇차가 담긴 통을 열고, 고개를 숙여 차의 향을 맡고 왔다. 더없이 향기롭다. 어떻게 잎에서 이런 향이 나지? 빙도 다산의 공기와 햇볕까지 깊숙이 들이마신다. 빙도에선 고개를 돌릴 때마다 산과 눈이 마주쳤다. 시야를 가득 채우는 산을 보며 산을 이루고 있는 나무를 헤아렸고, 나무 사이에 난 길을 떠올렸고, 매일 그 아슬아슬한 길을 오가는 사람들을 생각했다. 산 방향으로 바로 앉아 나무와 길과 사람을 생각하다 보면 집을 떠나며 등에 지고 온 나의 불안도 조금씩 사라졌다. 햇볕 아래 바싹 마른 찻잎처럼 어깨가 가벼워졌다.

아름다운 균열

윈남성에 다녀온 후 차에 대해 더 많은 지식을 갖게 되었다든가, 차 맛을 극적으로 더 잘 알게 된 것은 아니다. 다만, 잎 하나를 보면 떠오르는 이야기가 많아졌다. 이제 나에게 차를 마시는 일은 깊은 산을 떠올리는 일이다. 내 하루가 한결 풍부해졌다. 그러니 다녀오길 잘했지. 그곳에 직접 가야만 느낄 수 있는 것들이 있다. 안전한 집 안에서는 알 수 없는 것들. 불안을 감당하고, 손을 번쩍 들어야 가질 수 있는 것들. 전과는 다른 나.

〈그때 거기 있었습니까?〉(2006)라는 루마니아 영화가 있다. 오래전에 봐서 내용은 조금 희미해졌지만, 제목은 오래 남아 내내 나를 두드렸고, 매 순간 내 등을 떠밀었다. 하지만 언제부턴가 잊고 있었다. 나에게 '그때 거기 있었습니까?'라는 질문을 하지 않은 지 오래되었다는 걸, 윈남에서 돌아와 깨달았다. 그리고 바로 그 주 주말 경북 구미에 다녀왔다. 구미 공단의 불탄 한국옵티칼 공장 위에 '일하게 해 달라.' 외치며 수백 일간 고공 농성 중인 박정혜, 소현숙 두 여성 노동자가 있다고 했다. 그들을 직접 봐야겠단 생각이 들었다. 그뿐이었다. 세상사에 관심이 많은 편이긴 하지만, 농성 현장에 직접 찾아가는 건 처음 있는 일이다. 불쑥 집에서 나와 비행기를 타고 구미에 가서, 고공에 있는 사람이 웃고 우는 걸 보고 왔다. 그때 거기 내가 있었다.

한 친구를 알게 되었고, 보이차를 마시기 시작했고, 윈남 차 여행을 다녀왔다. 그리고 그 여행은 뜬금없이 나를 구미로 등 떠밀었다. 매일 똑같던 잔잔한 일상에 뜻밖의 작은 균열이 생겼다. 아름다운 균열이다.

균열 사이로 천천히 좋은 것들이 스밀 것이라는 걸 안다. 그리고 더 단단해질 것이라는 것도. 그 사이로 불안이 낄 틈은 없다. 다녀오길 잘했다. 오늘도 따뜻한 차에 천천히 불안을 녹인다.

본의 아니게 다카마쓰

나는 꽤나 충동적이다. 친구들과 함께할 때면 그 기질이 더 세게 발동되곤 한다. 이건 의도치 않게 벌어진 어떤 여행에 관한 이야기다.

글·사진 김건태

연휴를 맞아 오랜 친구들과 술을 먹었다. 가위바위보를 해서 메뉴를 정했는데 내가 이겼다. 냉채족발을 고르자 친구들은 죽상이 됐다. 코가 따갑다는 이유였다. 하지만 우리의 가위바위보는 콘클라베만큼이나 신성한 의식이어서 무를 수는 없었다. 나는 잔뜩 신이 난 채로 소주를 들이켰다. 우리는 내일이 없는 사람처럼 술을 마셨고, 채 1시간도 지나지 않아 모두가 취해버렸다. “야, 부산 가자!” 얼마 전에 부산 애인과 헤어진 친구가 소리쳤다. 그 사실을 아는 우리는 그의 머리를 때렸다. “그거 추태야!”, “그럼 제주도 가자!” 이번엔 컨버스만 신고 한라산에 오르다가 조난 직전에 발견된 친구가 말했다. 그는 에어쿠션이 있는 나이키를 신고 있었다. “신발 샀네?” 우리는 오래 신으라는 의미로 그의 흰 신발을 밟아줬다. 어쩐지 나도 뭔가 말해야 할 것 같았다. “일본은 어때? 요즘 환율이 괜찮대.” 친구들 눈빛이 반짝였다. 우리는 가장 빠른 비행기표를 알아봤다. 내일 점심 출발, 2박 3일의 일본 여행이 그 자리에서 결정됐다. 다만 나는 피부과에서 점을 빼기로 예약이 잡혀 있어서 친구들과 따로 출발하기로 했다.

다음 날 느지막이 눈을 떴을 때 숙취로 머리가 깨질 지경이었다. 해장을 하려고 냄비에 물을 올리다 문득 떠올렸다. ‘아차! 오늘 일본 가기로 했지?’ 친구들에게 연락하자 이미 공항에 있다고 했다. 토할 거 같다고, 늦게 출발하는 내가 부럽다고 했다. 전화를 끊고 서둘러 가방을 챙겼다. 피부과에 전화해 약속을 어겨 죄송하다고 한없이 굽신댔다. 가까스로 공항에 도착해 비행기에 올랐다. 술 냄새를 풍기면 탑승이 안 된다는 얘길 들은 터라 가그린 한 통을 다 썼다. 그렇게 2시간여의 비행 끝에 일본에 도착했다. 그런데 아무리 둘러봐도 마중 나오기로 한 친구들이 보이지 않았다. 서둘러 와이파이를 잡고 메시지를 보냈다. “어디야? 너네 안 보여.”, “우리도 너 안 보여.” 나는 무언가 잘못됐음을 깨달았다. 그리고 불길한 예감은 틀리지 않았다.

〈나 홀로 집에 2〉에서 케빈은 가족들과 떨어져 홀로 뉴욕에 도착했다. 그리고 나는 다카마쓰에 도착했다. "다카마쓰가 어디냐? 너 왜 거기 있어?" 친구들은 후쿠오카에 있다고 했다. 술에 취해 항공권을 따로 예매한 게 화근이었다. '다카마쓰, 후쿠오카, 그래도 한 글자는 닮았네.' 나는 갑자기 터진 웃음을 멈출 수 없었다. 낯선 공항 한가운데서 좀비 같은 몰골로 후레쉬민트향을 퐁퐁 풍기며 깔깔대는 한국인, 그게 바로 나였다. 내친김에 매끄러운 공항 바닥을 뒹굴며 흔들어 젖히고 싶은 심정이었다. 그렇게 한참을 웃다가 불쑥 서러움이 밀려왔다.
"안 돼, 정신 차려!" 기합을 넣었다. 곧 해가 질 거였기 때문에 서둘러 숙소를 검색했다. '일본인이 거주하고 있는 숙소입니다. 방문객은 단체 침대를 사용하십시오.' 어색하게 번역된 한국어를 보자 그제야 여행이 실감 났다. 번화가 숙소보다 저렴한 걸 보니 변두리 지역인 듯했다. 그 점이 마음에 들어 바로 예약했다. 그 와중에 맛집을 검색하는 것도 잊지 않았다. 다카마쓰는 '사누키 우동'의 본고장이라고 했다. 해장으로 생생우동을 끓여 먹으려다 못 먹은 게 오히려 나이스였다. '이런 행운이 다 있군!' 생각하며 우동집으로 달려갔다. "이랏샤이마세(어서 오시게)!" 일본어 메뉴판만 있는 현지 맛집. 택시 기사들 틈에서 쫄깃 탱탱한 우동을 두 그릇이나 먹었다. "나루호도(역시)…." 나는 유일하게 아는 일본어를 중얼거리며 계획한 일이라는 듯 으스댔다.
빵빵해진 배를 문지르며 거리로 나왔다. 이번 여행에선 비위를 맞출 사람이 나 하나뿐이었으므로 내키는 대로 걸었다. 좁지만 깔끔하게 정돈된 골목, 저녁놀이 스며든 아케이드, 그라피티 거리와 보드 타는 청년들, 분홍색 모자가 귀여운 할머니의 뒤를 쫓다가 이름 모를 공원에 닿았다. 교복을 입은 까까머리 학생들이 발을 하나로 묶고 신나게 달리고 있었다. 분명 어젯밤엔 친구들과 '뉴진스와 에스파 중에 누가 더 최고인가?' 그런 찐따 같은 토론을 벌이고 있었는데, 갑자기 이런 비현실적인 풍경이라니…. 그런 와중에 친구들이 자꾸만 메시지를 보내왔다. 뭘 먹었고, 어딜 갔는지, 사람이 얼마나 많은지 같은 시시콜콜한 이야기들. 어쩐지 시끄러워서 단톡방을 나와버렸다.

조금은 쓸쓸하고 또 충만한 혼자만의 저녁을 만끽하다 숙소로 갔다. 시내에서 한참 떨어진 어느 개울가에 화려하지 않은 일본식 단층 건물이 나타났다. 벨을 누르자 수염을 덥수룩하게 기른 남자가 걸어 나왔다. 그는 일본어로 무언가 말했는데, 내가 알아듣지 못하자 당황한 기색을 보였다. 살면서 외국인을 처음 보는 듯한 표정이었다. 번역기를 열어 겨우 대화하며 숙소를 안내받았다. 좁고 짙은 나무 복도, 한 사람이 겨우 들어갈 만한 일본식 욕조, 침대 여섯 개가 있는 방의 손님은 나 하나뿐이었다. 문득 이런 곳에 시끄러운 친구들과 함께 묵지 않아서 다행이라는 생각이 들었다.

뜨거운 물에 목욕을 하고 나오자 털보 아저씨가 함께 맥주를 마시자며 불렀다. 다른 방에 묵고 있는 중국인 여행객도 함께했다. 그녀는 일본에 사는 중국인이었는데, 한국말도 제법 알아들었다. 일본어를 못하는 한국인과, 한국어를 못하는 일본인과, 한국어와 일본어를 알아듣기만 하는 중국인의 조합. 우리는 맥주를 마시고, 더듬더듬 여행 계획을 공유했다. 털보 아저씨는 보여줄 게 있다며 집 밖 개울가로 우릴 안내했다. 그가 돌멩이 하나를 주워 새까만 개울에 던지자 무언가 터지듯 반짝였다. 발광 플랑크톤이라고 했다. 국적도 언어도 세대도 다른 우리는 개울에 돌멩이를 던지며 놀았다. 물속 발광 플랑크톤이 반짝거릴 때마다 "대박", "스고이", "타이빵러" 각자 모국어로 '짱'을 외쳤다. 나는 대박을 더 세게 표현하기 위해 "디에-박"이라고 발음했고, 일본 남자는 "스게"라고 고쳐 말했다. 중국어는 너무 빨라서 기억이 잘 안 난다. 나중에는 발음 임팩트 경쟁이 붙어서 아무 말이나 막 했다. '아, 진짜 완전 유치하네.'라고 생각하면서도 바보짓을 멈출 수가 없었다.

다음 날에도 또 그다음 날에도 도시 구석구석을 혼자서 여행했다. 친구들은 자꾸만 후쿠오카로 넘어오라며 재촉했다. 나는 코를 파는 셀카를 전송했고, 그걸로 우리의 연락은 끝이었다. 한국에 돌아오고 며칠 후, 친구들을 다시 만났다. 자기들이 얼마나 대단한 경험을 했는지 다들 신이 나서 떠들어 댔다. 모두 지어낸 얘기 같았지만, 그저 듣고만 있었다. "건태 너는?" "나는 뭐, 별로." 말을 하면 금세 빠져나갈 것 같아서, 이번 여행을 입속에 아껴두기로 했다. 그러고 보면 혼자서 낯선 도시를 여행하는 내내 마음에 걸리는 것이 하나도 없었다. '딱히 불안한 마음이 들지 않으면 행복한 것'이라는 사소하지만 기억할 만한 사실도 그때 깨달았다.

외출이라는 작은 여행

글 배순탁—음악평론가·〈배철수의 음악캠프〉작가

01. '작은 것들의 신' —넉살

02. 'Phantasmagoria in Two' —Tim Buckley

03. 'Sofa' —Lomba Sihir

매일 집이다. 매일 술은 아니다. 일주일에 많아야 두 번 마신다. 끊을 수는 없을 것 같다.

나는 맥주 마시면서 책을 보거나 게임 하는 걸 엄청나게 사랑한다. 여러분에게도 있을 것이다. 정말 사소한 행위인데 '이 순간을 위해 사는 거구나.' 싶은 때가 없지 않을 것이다.

밖에서 사람을 거의 만나지 않는다. 한 달에 많아야 한 번, 진짜 많으면 두 번, 일 년으로 치면 열다섯 번은 확실히 안 넘는다. 40대 이후 제일 잘했다 싶은 부분이다. 갈수록 밤에 다른 사람 만나는 시간이 좀 많이 아깝다. 오직 나 자신을 위해, 시간을 더 온전하게 소비하고 싶다.

짧고 덧없는 인생이다. 친구는 이미 충분하다. 새로운 관계를 만들어야 할 필요 역시 느끼지 못한다. 오늘도 나 자신을 위해 집에서 글을 쓰거나 번역을 한다. 책을 보거나 게임을 한다. 영화를 감상하거나 드라마를 정주행한다.

자랑 하나 하고 싶다. 저 유명한 〈왕좌의 게임〉을 이제 막 시작했다. 시즌 2의 1화까지 봤다. 부럽다는 소리가 여기저기서 들린다. 하나 더 있다. 매일 이렇게 살 수는 없는 법이다. 그래서 숨통을 트이기 위해 짧은 외출을 시도한다. 대략 일주일에 두 번 정도다.

시간은 정해져 있다. 빠르면 밤 8시, 늦어도 9시에는 집 밖을 나선다. 소요 시간도 언제나 비슷하다. 한 시간에서 많으면 한 시간 반이다. 내가 외출하는 이유를 곱씹어본다. 걷기가 목적은 아니다. 차라리 '구경'이 목적이다. 좀더 직설적으로 표현하면 훔쳐보기 욕망 때문이다.

오해하면 안 된다. 나쁜 의미가 아니다. 단지 작은 위로를 받고 싶어서다. 예를 들어 산책을 하다가 어떤 예쁜 커플이 식당의 투명한 창유리 너머로 보일 때 괜히 기분이 좋아진다. 손님의 머리카락을 최선을 다해 다듬고 있는 미용사를 슬쩍 지나치듯 보면 나도 모르게 미소가 지어진다.

산책길에는 교자 가게가 하나 있다. 그 교자 가게 안에서 대체 무슨 이유에서인지는 몰라도 열과 성을 다해 대화하고 있는 사람 보는 걸 좋아한다. 그들 앞에 놓인 하이볼이 눈에 들어올 때 "확실히 맥주보다는 하이볼이 대세군. 나도 땡기는데."라고 생각하는 걸 좋아한다.

요컨대 "다들 나와 똑같구나. 최선의 태도로 열심히 살고 있구나." 싶을 때 얻을 수 있는 작은 위로다. 나는 이런 위로를 좋아하는 사람을 좋아한다. 글쎄, 모두가 그렇진 않겠지만 나이 먹으면서 자꾸 작은 것에 감동하는 나 자신을 발견한다. 나에게 외출은 바로 그 '작은 것'을 목격하기 위한 나만의 작은 여행이다. 과연 그렇다. 진실로 아름다운 것들은 거대한 이념 따위에 있지 않다. 그것은 언제나 사소하다. 부디 내 남은 삶이 사소한 것에 깃들어 있는 아름다움을 놓치지 않기를 바란다.

'작은 것들의 신'

넉살

최근 완전히 푹 빠진 유튜브 채널이 있다. 가수 카더가든의 카더정원이다. 나에게 카더가든은 탁월한 가창력과 작곡 능력을 지닌 싱어송라이터다. 세상에서 가장 웃긴 사람이기도 하다. 이 채널에 거의 주인장에 버금가는 손님이 몇 있다. 넉살이 그중 하나다. 넉살의 유머력 역시 만만치 않다. 그럼에도 잊어서는 안 된다. 그는 한국 힙합 역사상 가장 뛰어난 가사 전달력을 자랑하는 래퍼다. 그가 압도적인 성량으로 다음 가사를 내뱉는다. "작은 배역들이 주연으로 살아가는 film 이 곳 / god the god of small things" 산책할 때마다 이 구절이 자연스럽게 떠오른다.

[작은 것들의 신](2016)

'Phantasmagoria in Two'

Tim Buckley

최근 일 때문에 읽기 시작한 책에 푹 빠졌다. 패티 스미스Patti Smith가 쓴 《저스트 키즈》다. 이 책을 보면서 정말 놀랐다. 어쩜 이리 주변의 사소한 것을 거의 정확하게 기억하고 있는지 부러울 지경이다. 이 책은 뮤지션이자 시인인 패티 스미스와 혁신적인 사진가였던 로버트 메이플소프Robert Mapplethorpe의 관계에 대한 것이다. 둘이 함께 돈이 없던 시절에도 기어코 외출하는 풍경은 그중에서도 아름답다. 책에는 수많은 음악이 언급되어 있다. 이 음악을 하나하나 찾아 듣는 재미에 요즘 푹 빠졌다. 팀 버클리는 내 인생의 아티스트 제프 버클리Jeff Buckley의 아버지다.

[Goodbye And Hello](1967)

'Sofa'

Lomba Sihir

인도네시아 밴드다. '롬바 시히르'라고 읽고, 뜻은 '마술 대회'라고 한다. 이 밴드에 대해 아는 바가 거의 없다. 인도네시아에서 널리 인정받는 몇몇 뮤지션이 결성한 일종의 '슈퍼 밴드'라는 점, 그래서 인도네시아에서는 수만 관객을 앞에 놓고 공연한다는 점 정도가 내가 파악한 전부다. 밴드라고 해서 부담 가질 필요는 없다. 내가 요즘 이 음악을 산책할 때 즐겨 듣는 이유가 다 있다. 롬바 시히르는 과격한 록 밴드와는 아주 거리가 먼 음악을 지향한다. 아는 사람은 다 알지만 동남아시아에는 탁월한 밴드가 정말 많다. 밴드 시장이 한국은 비교조차 안 될 정도로 크다. 꼭 한번 들어보기를 권한다.

[Sofa](2025)

밤, 빛

글 이주연(산책방) 일러스트 휘리

"서울이 한눈에 내려다보이네요."
"뷰가 참 좋죠? 여기가 '야경 맥주 맛집'이래요."

빌딩 숲이 듬성듬성 늘어선 곳보다는 낮은 건물이 빼곡한 편이 좋고, 제일 좋은 걸 택하라면 역시 네온사인과 네모난 건물이 없는, 굳이 고개를 들지 않아도 하늘이 펼쳐져 보이는 그런 땅이다. 초록과 파랑이 만나 노랑과 분홍을 틔워내는 곳, 계절의 변화를 땅에서부터 가장 먼저 마주할 수 있는 곳. 대단히 아름답고 광활한 자연보다도 어린애 축구공이 굴러다니고 자전거 바퀴 자국이 나 있는 흙바닥 놀이터, 돌과 조개가 널려 있는 물가, 잠잠해서 괜히 한 번 건드려 보고 싶은 조용한 숲, 관리자가 없어도 빼어나게 솟아난 아름드리나무들이 있는 곳이 좋다. 성질이 그러하여 사람이 많은 도시에 오면 쉽게 피로해지고 얼굴이 허옇게 질려 집을 찾게 되는데, 아이러니하게도 시골에서 나고 자란 건 또 아니다.
여하간 스스로 도시에 편입되길 바란 적 없는 나한테는 강남 한복판에 위치한 호텔 꼭대기 층 카페란 영 낯이 선 곳이었다. 아직 호텔 운영 시간도 아닌 이른 아침, 열어선 안 될 것 같은 문을 열고 겹겹이 벽에 싸여 숨겨진 엘리베이터를 겨우 찾아 19층으로 올라선 날이 있었다. 건물 '꼭대기'가 아니라 '루프탑'이라 불러 마땅한 카페. 꽁꽁 싸여 있는 엘리베이터와는 달리 루프탑 카페는 높은 층고와 널찍한 창을 품은 곳이었다. 아니, 그걸 '창'이라 부르는 게 맞나? 벽 한 면이 탁 트인

전면 통유리여서 창문이라 부르기엔 어딘가 어색했고, 그것은 기실 익숙하지 않은 곳에 제 발로 찾아와야만 했던 그날 그곳이 생경한 까닭인지도 모른다. 호텔 루프탑 카페가 전면 창으로 품고자 한 것은 저 멀리 보이는 남산과 남산타워, 어디에나 공평하게 펼쳐진 하늘이었을 테다. 내려다보이는 건 시대를 주름잡은 압구정동이지만 네모 속에 가두고 싶어 하는 건 자연이라는 점이, 서울 근교에서 나고 자라 생활 역시 도시 가까운 곳에서 해왔으면서 자연이 좋다 무구하게 읊는 나랑 얼마간 닮은 것만 같았다.

“여기 관광객이 많이 찾는대요. 일본 호텔 브랜드라 일본인이 많다더라고요. 밤에 야경이 멋져서 ‘야경 맥주 맛집’이라던데요? 밤에 한번 와보고 싶어요.” 그런 목소리를 들으며 밤 풍경을 슬몃슬몃 상상한다. 푸른 하늘과 꼿꼿한 남산타워의 형체가 사라진 깜깜한 밤, 빨갛고 노란 불빛이 수놓는 풍경, 때때로 깜빡이고 움직이면서 생명력을 뽐내는 불빛들. 상상 속 풍경은 금세 밝아져 야트막한 (아니, 그렇게 보이는) 남산과 네모난 집, 원근감의 장난으로 낮아 보이는 저 먼 압구정 아파트의 정수리를 드러낸다. 밤보단 낮이, 낮만큼 아침이 좋은 까닭에 상상도 그쪽으로 기울어 버리는 것만 같다. 맛집이 수식하는 게 야경인지 맥주인지 잘 모르겠지만, 후자라면 한낮 맥주 맛집이라고 불러보고 싶다고도 생각한다. 마셔본 적 없는 루프탑 카페 맥주 맛을 상상하기가 어려워 야트막한 동산 꼭대기 나무 벤치에서 쓱 닦아 따는 캔맥주 맛을 선연하게 떠올리면서.

"이건 무슨 소리야?"
"피아노라는 악기 소리야. 아름답지?"

언젠가 지면을 빌려 '최초의 소리'에 관해 쓴 적이 있다. 기억하는 내 인생 최초의 장면, 그때 나는 부모님과 손을 잡고 집 앞 길을 산책하고 있었고, 청세포를 간질이는 생경한 소리를 들었다. 동네 작은 피아노 학원에서 들려오는 소리였고, 그때 나는 엄마의 목소리를 통해 '피아노'라는 단어를 가졌다. 그 아름다운 기억을 떠올리며 기술하지 않은 풍경이 하나 있다. 어릴 때 살던 동네의 밤을 가로등보다 밝게 비추던 홍등. 그것은 어느 선술집 앞에 비가 오나, 바람이 부나, 눈이 오나 늘 자리를 지키던 기물이었다. 지금도 너끈히 역사를 이어가고 있는 그곳 이름은 '투다리'. 무언가 풍경을 상상해야 한다면 밤보다 낮을, 낮만큼 아침을 길게 떠올리는 편이지만 유독 어린 시절 집 앞에 있던 굴다리 옆 투다리는 밤 풍경으로 기억된다. 홍등의 강렬함이 그 이유일 테다.
어려서부터 네온사인 없는 동네에서 살고 싶다고 생각했는데, 우스운 점은 한 번도 네온사인이 화려한 곳에서 살아본 적이 없다는 거다. 한밤을 요령껏 비추던 네온사인은 아침이 오면 비뚜로 선 채 전선과 뒤엉켜 버린다. 그 모습을 마주하는 건 길에 버려진 쓰레기를 보는 것처럼 마음 한쪽이 불편한 일이었다. 그래서인지도 모른다, 야경에 흥미를 갖지 않은 건. 내가 기억에 남기고 싶은 야경은 오로지 투다리다. 투다리와 피아노 학원이 있던 굴다리 앞 길가는 어디를 가든 지나야만 하는 구간이었다. 학교에 갈 때도, 문방구에 갈 때도, 시장에 갈 때도, 떡꼬치를 사 먹으러 갈 때도 그 길목을 지났다. 아침이고, 낮이고, 저녁이고, 밤이고 나는

투다리를 보았다. 홍등에 불이 켜지면 '6시가 지났구나.' 알 수 있었다. 한번은 친구와 여행 이야기를 하다가 다음 달에 훌쩍 떠날 거란 얘길 들었다. 일주일 이상 긴 여행을 선호하는 나와 달리, 친구는 하루이틀, 길어야 사흘 정도 머무는 짧은 여행을 선호했는데, 어쩐 일인지 이번엔 5박 6일 일정으로 꼭 홍콩에 가겠노라 했다. 보통의 여행보다 긴 일정에 이유를 물으니 홍콩의 밤은 짧으니까 도시 야경을 다섯 번은 볼 수 있어야 한다는 게 그 애의 대답이었다. 그때 진하게 알았다. 나는 도시도, 밤도, 야경도 그리 원하지 않는다는 걸. 애초에 상상이 잘 안되어서 '밤이 좋다.'거나 '야경 보고 싶다.' 같은 생각을 할 수 없는 듯하다. 불꽃놀이를, 등불 축제를 보며 "와!" 한 적이 있으니 네온사인이나 인공적인 불빛에 아름다움을 못 느끼는 것은 아니지만, 그것을 걷어낸 세상을, 밝아진 사위를 상상하는 편이 훨씬 쉬웠다. 그러나 투다리만은 예외다. 지금도 투다리 홍등을 보면 어린 시절 살던 동네가 떠오른다. 투다리 옆에 있던 피아노 학원은 내 보금자리 같은 곳이었다. 독방에 들어가 문을 닫고 피아노를 치고 있으면 처음 피아노 소리를 듣던 때, 그러니까 "지금 들리는 소리는 뭐야? 꼭 물방울이 터지는 것 같아!" 하던 그때로 돌아가는 기분이었다. 나는 피아노를 치는 데 열중하면서도 어김없이 투다리를 떠올렸다. '오늘 할당 치를 끝내고 학원에서 나가도 홍등은 꺼져 있겠지?' '저녁 먹을 즈음에야 불이 들어오겠지?' 피아노를 치면서 다른 생각을 하면 반드시 틀리게 되어 있음에도, 투다리와 피아노는 내게 꼭 붙어 있는 단짝이어서 나는 알맞은 건반을 알맞은 타이밍에 누르며 '반드시'의 규칙을 비껴 나가곤 했다.

"놀이터에 가고 싶어."
"지금은 안 돼, 너무 늦었어. 거기 '담배 피우는 아저씨' 있다?"

엄마와 나만이 아는 몇몇 단어와 소통법이 있다. 어떤 외국 여자 이름을 부르면 "코딱지!" 하는 것, "코딱지!" 하면 그 여자 이름을 말하는 것. 때때로 납작하고 긴, 플라스틱 자 같은 걸로 손등을 탁탁 때리며 "코딱지!" 하기도 한다. 이 아리송한 대화는 지금도 통용되는 우리만의 암호다.
어릴 땐 뭇 어린이들처럼 놀이터에 가는 게 좋았다. 낯 모르는 아이들과 친해져 노는 일은 잘 없었고, 낮이고 저녁이고 부모님을 졸랐다. "놀이터 가고 싶어." 내가 좋아한 건 특히 그네였는데 발을 몇 번 구르면 하늘을 날 수 있다는 게 좋았다. 혼자 탈 수도 있고, 둘이 즐길 수도 있고, 여차하면 셋이나 넷도 가능하기 때문에 더 즐겨 탄 것 같다. 그런 내가 한밤에 놀이터에 가자고 이야기를 꺼내면 엄마는 꼭 이렇게 대꾸했다. "지금 가면 담배 피우는 아저씨 있어."
그땐 담배 피우는 아저씨가 세상에서 가장 무서운 존재였다. 깜깜한 밤, 담뱃불이 번쩍이는 걸 보면 도깨비불을 본 것처럼 어깨가 움찔했다. 담배 연기를 내뿜으며 성큼 다가와 "네 이놈!" 할 것 같은 기분에 휩싸였다. 그래서 나는 밤에, 혼자 만나는 담배 피우는 아저씨가 가장 무서웠다. 멀리서 흔들거리는 주황 불은 한낮에도 무서웠지만 대비 효과로 유독 선명해지는 한밤엔 더했다. 나는 달리기가 빠른 어린애였지만 어두울 때 만나는 담뱃불 빛 앞에선 달리기 실력도 무용했다. 옴짝달싹 못 하는 두 다리로는 실력을 뽐내기는커녕 한 발짝 걷기만 해도 등줄기가 서늘했으니까. 몇 초쯤 지나야만 '아, 나에겐 다리가 있지!' 하고 깨닫는 식이었다. 한밤에 바깥에 혼자 있는 일은 좀처럼 없었지만 해가 짧은 겨울이면 '투다리 홍등이 켜질 즈음'에도 사위가 거뭇했는데, 그럴 때 인적이 드문 길에서 담배 피우는 아저씨를 만나면 두 다리가 얼어붙는 것을 어김없이 느끼곤 했다. '하나, 둘, 셋!' 속으로 수를 세고 '우다다다' 달리는 것이 보통 일이었기에 담배 피우는 아저씨가 있는 밤의 놀이터는 쉽게 포기하게 됐다.
돌아보면 참 이상하다. 그 당시 아빠도 담배를 피웠고, 따지자면 아저씨였고, 아빠도 한밤에 담배를 피우는 '담배 피우는 아저씨'였을 텐데 그 존재가 왜 그리 무서웠을까. 아마 그런 걸 테다. 밤이란 내게 익숙한 시간대가 아니고 부모님과 함께하는 놀이터는 안전지대였으니까, 아빠가 내게 익숙지 않은 시간에 내가 좋아하는 안전지대에서 담배를 피울 리 없다고 여기니까 '담배 피우는 아저씨'는 아빠가 아니라고 생각한 게 아니었을까. 지금도 한밤에 담배 피우는 아저씨를 보면 슬쩍 겁이 난다. 아저씨라고 해도 이젠 내 또래랑 별반 차이 없을 테고, 지금 내 주변엔 성격 좋은 담배 피우는 아저씨도 많으니까 내가 무서워하는 건 어쩌면 '담배 피우는 남성 어른'이 아닌 엄마의 음성으로 울리는 "담배 피우는 아저씨"였을 테다. 그러니까 감히 상상할 수 없는 미지의 위험.
나에게 밤의 풍경은 그런 것이다. 누구에겐 홍콩의 도시, 여의도의 불꽃놀이, 대만의 풍등, 놀이공원의 밤, 호텔 테라스 카페의 전경으로 기억되지만 굴다리 옆 투다리 홍등과 놀이터에서 담배 피우는 아저씨의 주홍빛 담뱃불로 요약되는 것. 투다리 홍등은 내게 야경이지만 담배 피우는 아저씨의 담뱃불은 여전히 좀 무섭다는 것. 그럼에도 담배 피우는 아빠는 사랑한다는 것, 어느덧 그런 아빠가 된 친구들도 있다는 것. 나에게 밤마실이란 여전히 '담배 피우는 아저씨' 같은 감홍색의 기이한 여정이며 때때로 '투다리 홍등' 같은 주홍빛의 그리움이다.

산책을 조심할 것

글·그림 한승재—푸하하하프렌즈

오래전 여행사 광고 중에 '금까기 여행'이라는 것이 있었다. 잠도 안 자고 돌아다니는 그런 여행. 어느 해 겨울, 나는 마치 금까기 여행을 온 관광객처럼 쉬지 않고 돌아다닌 적이 있었다.
시청에 갔다 종로에 갔다 광화문에 갔다…. 왜 그렇게 도시를 싸돌아다녔는가 생각해 보면, 이제 와 솔직히 이야기하건대, 외로워서였던 것 같다. 물론 그 겨울엔 전혀 외롭다고 생각하지 않았고 심심하다거나 지루해서라고 생각했던 것 같다. 스스로 외롭다고 느끼는 사람은 오히려 좀 더 건강한 사람인 것 같다. 지금은 물론 예전에도 혼자 외롭다고 생각해 본 적이 없었다. 아무튼 외로움이나 지루함이나 심심함이나 뭐가 됐든 그런 것들을 피할 방법으로 여러 가지를 고려해 볼 수 있었을 것이다. 영화를 보거나 글을 쓰거나 동호회를 나가거나. 하지만 나는 동호회에 나가는 등의 해맑은 방식으로 누군가를 만나고 싶지는 않았고, 그렇다고 어두운 방 안에 갇혀서 어두운 영화나 보고 글을 쓰고 싶지도 않았다. 그냥 때때로 튀어나가듯 아무 생각 않고 집을 나섰는데, 중요한 것은 매일 밖으로 나가면서 단 한 번도 우연을 기대하지 않은 적은 없었다는 것이다.
많은 작가와 창작자가 산책을 사랑하지만 난 조금 조심스럽다. 혼자서 하는 산책이 얼마나 위험한지 잘 알고 있기 때문이다. 우연히 재밌는 것을 보게 되는 일이 종종 발생하기도 했다. '해물데이트'라는 귀여운 이름을 가진 식당. '본 뼈'라는 완벽한 이름의 뼈해장국집. 남몰래 발견한 산책길도 있었고, 파출소 뒷마당을 따라가면 나타나는 꽃집도 있었다. 이런 재밌는 일들을 책으로 읽거나 영화로 보았다면 정말 낭만적인 하루처럼 보였겠지만 실제로는 그렇지 않았다. '오 대박!' 하고 갈 길 가는 익숙한 여행자의 풍경. 영락없이 혼자 여행 오는 사람들의 표정이었을 것이다.
나는 종종 혼자 걷는 사람들의 눈을 바라본다. 왠지 기운 없어 보이는 그들의 눈. '오 대박!', '오 정말 신기해!'라고 생각하며 아무리 즐거운 표정을 지어도 혼자서 걷는 사람들은 그놈의 눈 때문에 그리 신나 보이지 않는다. 오히려 슬퍼 보이기까지 하는데, 안 슬픈데 슬퍼 보이는 것처럼 억울한 일이 세상에 또 있을까? 기운 없는 눈은 사람을 슬퍼 보이게 만들고 억울하게 만든다. 그렇게 기운 없는 눈으로 하는 산책은 이 넓은 곳에서 오히려 나를 가두는 꼴이 되고 만다. 그래서 외로운 사람은 산책을 조심해야 한다. 그렇다면 외로운 사람은 무엇을 해야 할까? 차라리 재봉틀을 하는 것이 좋다고 생각한다. 아니면 집에서 색칠 공부를 하든가 아니면 쏘다니며 쇼핑을 하는 것이 좋겠다. 아무튼 외로움을 벗어나기 위한 산책은 정말 위험하다.
하지만 단 한 번, 정말 단 한 번 산책을 하다가 우연을 맞이한 적이 있었다. 여느 때처럼 어차피 읽지도 않을 작은 책 한 권을 손에 쥐고 얇은 재킷을 챙겨 입고 거리로 향한 날이었다. 당시 살고 있던 곳은 광화문이었고 또 마찬가지로 주변을 서성거리다가 집에 돌아올 생각이었다. 걷다 보면 발길을 따라서 인왕산 끝까지 올라갈 때도 있었고, 서울역 인근까지 걸어갈 때도 있었다. 우연은 개뿔, 산책은 지긋지긋한 칼로리와 지긋지긋한 시간을 태워버리는 일이라는 걸

거의 인정했을 무렵이었다. 그날의 산책은 경희궁이었다. 궁이라고는 하지만 현대에 재건된 궁이라 너무 새것이고 그 궁을 둘러싼 곳은 운동장이나 마찬가지로 텅텅 비어 있었기에 언제나 스산한 느낌이 드는 곳이다. 가끔 주말에 사람들이 와 돗자리를 펴고 있기도 하지만 어쩐지 아파트 잔디밭에 돗자리를 펴고 있는 느낌이랄까? 아무튼 궁이라기엔 을씨년스러운 장소다. 하지만 을씨년스러운 곳이 아니라면, 예쁘게 차려입은 사람이 많은 곳이라면 어쩐지 이방인이 된 느낌이 들어 오히려 불편했다.

그날 산책에서 발견한 우연은 다음과 같았다.

1번: 유아차에 개가 타고 있는 줄 알았는데 사람이었음

2번: 유아차에 사람이 탄 줄 알았는데 개가 있었음

3번: 바닥에서 카드 주움

바닥에서 카드를 줍는 순간엔 영화 〈녹색광선〉(1986)이 떠올랐다. 특별한 우연이 자신에게 다가와 주길 바라며 하루하루를 우울하게 보내는 주인공의 이야기다. 그녀는 반복적으로 바닥에서 카드를 줍는 우연을 마주한다. 카드는 무언가 우연한 일이 생길 암시 같지만 그래도 그런 일은 일어나지 않고, 바닥에 카드만 거듭해 나타날 뿐이다.

바닥에서 주운 스페이드 에이 카드를 들고 공터를 지나 저 멀리 궁을 향해 걸어가는데 어쩐지 이 장소가 평소와는 다르다는 느낌이 들었다. 울타리를 색칠한 걸까? 청소를 깨끗이 했나? 평소 자세히 들여다보지 않아 잘 모르겠지만 아무튼 새로운 기분이었다. 지루한 길을 쭉 걸어 경희궁을 둘러싼 담장을 돌아가는데 담장 사이로 삐져나온 나뭇잎들도 평소와는 달랐다. 통통하게 살이 올라 있었고, 저 높은 곳에는 꾹 짜면 물이 나올 것 같은 연두색 잎사귀들이 막 돋아 있었다. 나무가 막 간지러워 미치는 것처럼 온몸에 작은 잎사귀가 가득 돋아 있었다.

"아, 봄이구나. 봄이 왔다!"

그해 겨울 나는 미처 봄이 오는 것을 모르고 있었다. 봄이라는 것을 잊고 지냈다! 나는 마치 나에게만 주어진 우연을 만난 것처럼, 마치 봄이 나에게만 주어진 우연인 것처럼, 그 순간 모든 기쁨을 혼자 독차지해 버렸다.

4번: 봄이 옴

햇살이 좋으니 밖으로 나가야겠다

오늘 소개할 책과 영화는 모두 프랑스에서 왔다. 그리고 제목에 둘 다 '아침'이 들어간다.

글 한수희 일러스트 점선면

4월과 5월 그리고 6월은 한 해 중 가장 좋아하는 계절이다. 하늘은 공들여 닦은 듯 깨끗하게 푸르고, 날마다 다른 모양의 구름이 눈을 즐겁게 한다. 싱그러운 연둣빛이 도는 올해의 새 잎사귀들이 따뜻한 바람에 부드럽게 흩날린다. 추위는 완전히 끝났으니 안심해도 좋다. 한낮의 햇살은 따끔거리지만 괴로울 정도로 덥지는 않다. 아직 성가신 모기가 출몰하기 전이다. 옷차림만큼이나 마음도 가볍다. 목적지를 향해 종종걸음을 치던 사람들의 걷는 속도가 느려지고, 벤치에 앉은 이들의 모습도 자주 보인다.
이 좋은 계절이 다 가기 전에 한 점 아쉬움이 남지 않도록 실컷 즐겨야 한다. 이때의 호사 중의 호사는 휴일에 공원의 나무 아래 앉거나 누워서 책을 읽는 일이다. 바람은 목덜미를 시원하게 쓰다듬으며 지나가고, 코로 들이쉬는 공기는 막 포장을 뜯은 듯 신선하다. 사람들의 목소리는 적절한 배경음처럼 멀찍이서 나타났다가 사라진다. 나뭇가지가 흔들릴 때마다 햇살은 드러난 피부 위에 잎 모양으로 내렸다가 떠나기를 반복한다. 남편은 옆자리에 앉아서 (늘 그렇듯) 꾸벅꾸벅 졸고 있다. 나는 행복이라는 모호한 감정을 머리끝부터 발끝까지 체감한다. 이런 호사를 누릴 수 있는 내 인생, 아무래도 복이 터진 것 같다.
그럴 때, 봄날의 나무 아래에서 읽기 좋은 책은 어떤 책일까? 너무 무거워서 가지고 나가거나 들고 읽기 힘들지 않은 책, 사락사락 책장 넘기기가 편한 책, 읽다가 살짝 졸아도 괜찮은 책(괜찮다고 말해주는 책), 봄의 기분을 해치지 않는 책이 좋을 것이다. 그리하여 《사피엔스》나 《코스모스》(우리 집에 있는 가장 두꺼운 책들)는 안 된다. 그럴 때는 이런 책이 좋을 것이다. 필리프 들레름의 에세이 《크루아상 사러 가는 아침》 같은.
이 얼마나… 에세이스러운 제목인가. 왠지 심통이 난다. 두께는 시집처럼 얇고, 표지에는 귀여운 그림이 그려져 있다. 인생의 껍질을 핥는, 아름다움을 찬양하고 무책임한 낙관주의를 강요하는 낭만적이기 짝이 없는 책이 아닐까 걱정스럽다. 그럴듯해 보이지만 사실상 알맹이가 없는 예쁜 단어들로 가득한 책은 아닐지 의심스럽다. 나는 그런 책을 별로 좋아하지 않기 때문이다. 그런데 이 책을 읽다 보면 다른 무언가가 느껴진다. 그 무언가가 무엇인지 한참 생각하다가 다시 읽어본다. 알 것 같은데 뭐라고 설명해야 할지 모르겠다.

> 완두콩을 까다 보면 아무 얘기라도 나직하게 주고받게 된다. 노랫소리와도 같은 이런 말들은 우리 마음의 깊고 평온하고 친숙한 곳에서 샘솟는 것처럼 느껴진다. 이따금 말 한 토막 끝내고 난 뒤 건너편 사람을 보려고 얼굴을 들면, 상대는 십중팔구 고개를 숙이고 있다. 그것은 일종의 암묵적인 규칙 같은 것이다.

> 현재 하고 있는 일이나 앞으로의 계획, 최근의 피로 등에 대해 말하지만, 애써 분석하지는 않는다. 완두콩 깍지를 까는 시간은 설명을 하거나 그것을 듣는 시간이 아니다. 그냥 가볍게 까닭 없이 그 흐름을 따라가기만 하면 된다.
>
> —필리프 들레름, 《크루아상 사러 가는 아침》 중에서

저자 필리프 들레름은 여러 가지 일에 대해 쓴다. 크루아상 사러 가는 아침, 완두콩 깍지를 까는 일, 첫 맥주 한 모금, 호주머니 속 작은 칼, 스노글로브, 일요일 저녁, 아침 식사 때 읽는 조간신문……. 그는 이렇게 시시콜콜한 것들에 대해서 쓴다. 그리고 행복은 시시콜콜하기 짝이 없는 것들과 아무래도 좋은 것들에 있다. 애써 구하지 않은 행복, 작은 것들에 관심과 주의를 기울이다 보니 느닷없이 나타나 수줍게 등을 두드리는 어린 시절의 친구처럼 찾아오는 행복이 거기에 있다.

사실 인생이란 그런 것들이 전부 아닌가? 아, 물론 아니지. 괴로운 것들은 그 아래에서 넘실거리지. 이를테면 아침 일찍 화창한 공기 속을 산책하는 도중에 문득 마음을 어지럽히는 질문들이 떠오르는 것이다. 지금 걱정해 봤자 소용도 없고 내가 걱정한다고 해서 달라질 일도 없는 일들이. 나는 내 마음이 어두운 얼룩으로 천천히 물드는 것을 속수무책으로 바라보고만 있다. 세상은 이렇게 아름답고 나는 이 아침에 이 아름다운 세상을 걸을 정도로 운이 좋은 사람인데도 말이다. 이 무슨 바보 같은 짓일까. 그러나 다행히도 너무 많은 것들이 나를 손짓해 부르고 있다. 세상은 내 시선을 잡아끌고, 생각을 전혀 다른 곳으로 향하게 하며, 귀를 기울이고, 냄새를 맡게 한다. 때로는 손으로 쓸어보고, 발로 디뎌보게 한다. 생각은 좀처럼 이어지지 않는다. 산만하다. 집중할 수가 없다. 그런데 이상하게도 기분이 상쾌하다. 왜지?

나는 집중이라는 것에 대해 달리 생각해 본다. 사실상 집중이란 현재와 관계없는 곳에서 일어나는 일에 대해 골똘히 생각하는 것이 아니라, 지금 내 주위에 있는 것들에 주의를 기울이는 것이 아닐까? 그래, 그렇기 때문에 상쾌한 기분이 드는 것이다.

> 두 팔을 펼쳐 모은 상태로 오래 책을 읽다 보면, 턱이 스르르 내려가 모래사장에 파묻힌다. 입안으로 모래가 들어온다. 그러면 우리는 다시 몸을 일으켜서 두 팔을 가슴 위로 마주 낀다. 이번에는 한쪽 손으로 페이지를 넘기거나, 이따금 읽은 페이지를 접어본다. 흔히 이런 포즈를 '청춘기의 포즈'라고 한다. 왜냐하면 그렇게 하고 책을 읽으면, 서글프고 허무하고 작디작은 것이 엄청나게 크게 느껴지기 때문이다. 자세를 이리저리 바꿔보고, 새로운 방식을 시도해보고, 싫증이나 들쭉날쭉 쾌락을

> 맛보기도 하는 것, 이 모든 게 다 바닷가에서 책 읽기에 포함되는 것이다. 눈이 아닌 몸으로 책을 읽는, 그런 느낌이 든다.
>
> ―《크루아상 사러 가는 아침》 중에서

그런 이유로 바깥에서 책을 읽을 땐 책에 오래 집중할 수 없다. 자꾸만 책장에서 고개를 들게 된다. 그 느낌이 좋다. 필리프 들레름이 쓴 것처럼 자세를 이렇게 바꿨다가 저렇게 바꿨다가 한다. 이런 것이 '눈이 아닌 몸으로 책을 읽는' 것이다.

프랑스의 여성 감독인 미아 한센러브의 영화를 좋아한다. 지금껏 그는 자신의 주변에서 일어난 일들을 소재로 조용하고 야심 없는 영화를 고집스럽게 만들어 왔다. 마치 이 세상의 어딘가에 실제로 존재하는 것 같은 사람들과 그들의 인생 이야기를.
그의 최신작 〈어느 멋진 아침〉(2022)의 주인공은 산드라다. 산드라는 통역사로 일하며 홀로 어린 딸을 키우고 있다. 어느 날 아이의 학교 앞에서 옛 친구 클레망을 만나고, 둘은 곧 사랑에 빠진다. 문제는 클레망이 유부남이라는 사실이다. 산드라는 클레망을 사랑하면서도 불륜이라는 관계에 불안을 느끼고 괴로워한다. 동시에 산드라의 아버지는 희귀병에 걸려 기억과 시력을 잃고 혼자서는 생활할 수 없을 지경에 이른다. 온 집 안이 책으로 가득할 정도로 지적이던 아버지의 병든 모습을 받아들이는 일은 쉽지 않다. 산드라는 괴로워하면서도 아버지를 요양원에 보내기로 결심한다.
사랑의 열병에 들떠 힘들어하는 동시에 아버지를 돌보고 딸을 키우고 일을 하고 중요한 결정들을 내리느라 쉴 새 없이 바쁜 산드라. 미아 한센러브의 영화 속 여자들이 다들 그러하듯이 산드라의 인생도 이리 뛰고 저리 뛰는 매일이다. 끝내 요양원에 모신 아버지를 면회하던 산드라는 울음을 터뜨리며 그 자리를 피한다. 세상은 이렇게 아름다운데, 인생은 왜 이렇게 잔인한가? 눈물을 그치지 못하던 그는 클레망 그리고 딸과 함께 언덕 위로 올라가 멋진 경치를 감상하며 휴일의 좋은 날씨를 만끽한다. 언제 그렇게 슬퍼했냐는 듯 산드라의 얼굴에 행복한 미소가 번지며 영화는 끝난다.
미아 한센러브의 영화에서 등장인물들의 변화는 잘 일어나지 않는다. 그들은 쉽게 변하지도 않고, 맞서 싸우지도 않는다. 그렇다고 달아나지도 않는다. 대신 그들은 일어나는 일들을 그저 받아들인다. 어쩔 수 없지만 받아들일 수밖에 없기에 받아들인다. 그런 그들의 곁에 아름다운 세상이 수줍게, 그리고 당당하게 서 있다.
언제나 그렇다. 행복하지만 행복하기만 한 것은 아니고 불행하지만 불행하기만 한 것도 아니다. 젊음과 늙음이 함께 있고, 불안과 희망이 함께 있고, 사랑과 미움이 함께 있다. 인생은 잔인하지만 세상은 아름답고, 세상은 잔인하지만 인생은 아름답다.

> 봉지에서 크루아상 하나를 집어 든다. 따뜻한 기운은 여전한데 반죽은 조금 물러진 것 같다. 차가운 이른 아침을 걸으며, 약간의 식탐도 부리며 먹는 크루아상. 겨울 아침은 당신 몸 안에서 크루아상이 되고, 당신은 크루아상의 오븐과 집과 쉴 곳이 된다. 서서히 발걸음을 앞으로 내디딘다. 당신은 황금빛 햇살을 온몸에 받으며 푸른빛과 잿빛을, 그리고 사라져가는 장밋빛을 가로지른다. 다시 하루가 시작되고 있다. 그러나 어쩌나. 당신은 이미 하루 중 가장 좋은 부분을 먹어버렸으니.
>
> ―《크루아상 사러 가는 아침》 중에서

아침 일찍 숲길을 따라 걷는다. 걷다 보면 생각은 자꾸 끊어진다. 어제는 없던 새로운 싹과 더 크게 벌린 꽃봉오리에 시선을 빼앗기기 때문이다. 까마귀 소리를 들으면서 지난 교토 여행을 떠올리다가, 손을 뻗으면 닿을 곳에 앉은 까치의 윤기 흐르는 깃털 색에 감탄한다. 그 자리에 서서 까치의 부리를 가만히 지켜본다. 까치는 빠르게 자리를 뜬다.
좀 전까지 고민하던 문제를 다시 떠올리려 해본다. 잘 기억나지 않는다. 머그잔 바닥에 남은 커피의 앙금처럼 어쩐지 마음의 무게를 늘리는 문제들. 그런 문제들은 어디로 가지 않는다. 다만 그런 문제들이 있어도 나는 지금 이 아침의 파란 하늘과 연두색의 싱싱한 잎들과 제 할 일을 게을리하지 않는 새들에 눈과 귀와 마음을 빼앗길 수 있다. 그것들과 함께 있을 수 있다. 현재에 머문다는 건, 바로 이런 것을 뜻하는 게 아닐까? 행복할 수 있는 능력이란 이런 게 아닐까?

> 소소하고 착한 행복이 우리 앞을 지나간다. 우리는 그 행복을 놓칠세라 엄지손가락과 가운뎃손가락으로 가만히 잡는다. 물론 아주 살살 잡아야 한다.
>
> ―《크루아상 사러 가는 아침》 중에서

Book―《크루아상 사러 가는 아침》 필리프 들레름 | 문학과지성사

Movie―미아 한센러브 〈어느 멋진 아침〉(2022)

우리는 밖을 좋아해

자유롭게 걷는 걸음처럼, 나들이에 관한 이야기면 무엇이든 나눠볼까요?

하이 인생 첫 나들이 | 발행인 송원준

사무실 고양이 하이를 데리고 공원으로 나들이를 간 적이 있다. 실내에서만 지내니 얼마나 답답할까 싶어서. 하지만 소심한 하이는 바깥세상을 즐기지 못하고 숨으려고만 했다. 억지로 끌려 나온 이상한 세상에 겁을 먹었고, 발은 얼어붙었다. 악몽 같은 기억으로 남아 있을지는 모르겠지만, 그래도 고양이 인생에 나들이 한 번 정도는 괜찮잖아.

자전거 타기 좋은 계절이 왔다 | 편집장 김이경

집 주변 혹은 차에 싣고 국내 여행지에서 타곤 했던 자전거. 나들이라고 하면, 바람을 맞으며 자전거를 타고 속도를 조절하거나 멈춰가며 마주했던 풍경이 가장 먼저 떠오른다. 이제 자전거 타기 좋은 계절이다! 멀리 갈 생각보다는 나에게 주어진 지역에서 즐겁게 시간을 보내야지.

하루만 빌릴게요 | 에디터 이명주

모름지기 짐 대충 챙겨 '훌쩍' 나서야 나들이. 가벼이 떠나고 싶을 때마다 서울과 그 근처 어딘가의 에어비앤비를 빌린다. 반짝반짝한 호텔보다 공간을 꾸린 사람의 취향이 담겨 있는 곳이 좋다. 그의 일상과 시선, 그가 보던 풍경을 단 하루만 빌려보는 나들이. 다음엔 또 어떤 이가 내어줄까.

계획 없는 여행 | 에디터 차의진

마음이 어두컴컴할 때 펼쳐 보는 기억은 S와 떠난 강릉 나들이. 중간고사가 끝난 다음 날 우리는 기차에 올랐다. 아무 계획도 없이 필름 카메라만 쥐고 온 나에게 S는 무튼 괜찮다고 했다. 정말 괜찮았다. 모래사장에 앉아 한없이 수평선을 바라보는 일이나, 우연히 찾은 식당 같은 것들이 무사한 하루를 만들어주었으니까. 우린 다시 강릉에 갈 수 있을까? 그때도 똑같이 계획 없이 떠나보자.

일상이 나들이가 될 때 | 디자이너 이승연

25년 1월 1일. 엄마는 서울에서 혼자 지내는 딸이 보고 싶다며 아침 기차를 타고 서울로 올라왔다. 서울에 뭐가 볼 것이 있다고, 다 똑같지! 핀잔하는 내 옆에서 엄마는 그토록 꿈꾸던 간만의 서울 나들이를 즐겼다. 그렇게 툴툴대던 순간이었는데 엄마가 대전으로 떠난 지금, 홀로 그 길을 걸으면 왜 자꾸 그때가 생각나는지 모르겠다. 덕분에 내 일상은 매 순간이 나들이 같다.

시시한 나들이 | 마케터 문주원

쉬는 날 홀로 곳곳을 누빌 때면 짧은 여행을 하는 것처럼 느껴질 때가 있다. 우선 맛있는 커피 한 잔을 마시며 지난 바쁜 일상에서 빠져나오는 시간을 가진다. 그리고 주변을 걸어보다가 전시나 영화를 보고 돌아오는, 늘 비슷하고 시시한 날이지만. 시시한 것에서 행복을 느낄 때가 가장 좋은 나들이 같다.

남산 삼순이 계단 | 브랜드 프로젝트 디렉터 하나

기분 전환이 필요할 때 혼자 차를 몰고 가서 높이 뻗은 계단을 쳐다보며 음악을 듣다가 온다. 밤에만 가서 늘 한적했고 계단에 올라 본 적은 없어서 그곳이 유명한 줄 몰랐는데, 한참 나중에 알고 보니 드라마에 나와 '삼순이 계단'이라는 별명이 있는 곳이었다. 꽤나 좋은 밤마실 장소.

선유도 공원 보물찾기 | 브랜드 프로젝트 매니저 정현지

친구들을 불러 모아 재미있는 걸 계획하는 재주가 있는 K는 어느 날, 선유도 공원 나들이를 제안했다. 각자 김밥을 싸 들고 모인 가을 아침. K는 무려 한 시간이나 일찍 도착해 공원 곳곳에 보물쪽지를 숨겨두었다고 했다. 좀처럼 샅샅이 뒤지고 세심히 들여다볼 일이 없는 일상 속에서, 부지런하고 귀여운 마음씨 덕분에 그날만큼은 동심으로 돌아가 마음껏 공원을 누볐다.

겨울 바다로 그대와 달려가고파 | 브랜드 프로젝트 매니저 이하나

일 년에 서너 번 속초에 간다. 계절에 상관없이 푸른하늘의 '겨울바다'를 들으며 등대 해변부터 봉포항까지 걷는다. 돌아올 때는 택시를 타고, 좋아하는 서점 세 곳에서 책을 한 권씩 품고 돌아온다. 이번 봄에는 못 갔지만 돌아오는 여름에는 반드시….

두 손은 무거워야 제맛 | 브랜드 프로젝트 매니저 오은정

기필코 잘 쉬고 말 테야, 라는 마음을 먹고 나면 카페 탐방에 영화나 전시 관람을 곁들여 계획을 세우곤 한다. 그럼 가볍게 나설 생각은 버려야 하지. 일단 고심하며 책을 한 권 고른다. 읽기 싫어질 때를 대비해 다이어리와 마스킹 테이프, 필통도 챙겨야 한다. 밀린 일기도 써야 하지만 무얼 보든 생각을 정리하고 싶어질 테니까. 마음은 가볍게, 두 손은 무겁게 만든 채 발을 떼면 금세 기분이 좋아진다.

나무와 풀, 물줄기 | 브랜드 프로젝트 매니저 최하은

자연은 내 손과 마음에, 두 눈과 영혼에 쉼을 어김없이 쥐여준다. 도심을 누비는 것보다, 나무 아래 잠시 앉아 쉴 수 있는 곳이 내가 사랑하는 나들이 장소! 물이 흐르는 한강이나 냇가면 금상첨화다. 그 자리의 순간들이 오래도록 선명하게 기억에 남는다는 건 그만큼 확실한 쉼이었다는 증거가 아닐까?

Vol.01
Vol.02
Vol.03
Vol.04
Vol.05
Vol.06
Vol.07
Vol.08
Vol.09
Vol.10
Vol.11
Vol.12
Vol.13
Vol.14
Vol.15
Vol.16
Vol.17
Vol.18
Vol.19
Vol.20
Vol.21
Vol.22
Vol.23
Vol.24
Vol.25
Vol.26
Vol.27
Vol.28
Vol.29
Vol.30
Vol.31
Vol.32
Vol.33
Vol.34
Vol.35
Vol.36
Vol.37
Vol.38
Vol.39
Vol.40
Vol.41
Vol.42
Vol.43
Vol.44
Vol.45
Vol.46
Vol.47
Vol.48
Vol.49
Vol.50
Vol.51
Vol.52
Vol.53
Vol.54
Vol.55
Vol.56
Vol.57
Vol.58
Vol.59
Vol.60
Vol.61
Vol.62
Vol.63
Vol.64
Vol.65
Vol.66
Vol.67
Vol.68
Vol.69
Vol.70
Vol.71
Vol.72
Vol.73
Vol.74
Vol.75
Vol.76
Vol.77
Vol.78
Vol.79
Vol.80
Vol.81
Vol.82
Vol.83
Vol.84
Vol.85
Vol.86
Vol.87
Vol.88
Vol.89
Vol.90
Vol.91
Vol.92
Vol.93
Vol.94
Vol.95
Vol.96
Vol.97
Vol.98
Vol.99
Vol.100
Vol.101

Publisher
송원준 Song Wonjune

Editor in Chief
김이경 Kim Leekyeng

Senior Editor
이명주 Lee Myeongju

Editor
차의진 Cha Uijin

Art Director
김이경 Kim Leekyeng

Designer
윤원정 Yoon Wonjung

Cover Design Guide
오혜진 O Hezin

Front Cover Image
최송아 SongAh Choi

Back Cover Image
Fruake Hameister

Photographer
강현욱 Kang Hyunuk
김혜정 Keem Hyejung
박은비 Park Eunbi
최모레 Choe More
해란 Hae Ran

Project Editor
이다은 Lee Daeun
이주연(산책방) Lee Zuyeon
김지수 Kim Zysoo
오은재 Oh Eunjae
박선영 Park Sunyoung
전진우 Jun Jinwoo
지정현 Ji Junghyeon
김건태 Kim Kuntae
배순탁 Bae Soontak
정다운 Jung Daun
한수희 Han Suhui
한승재 Han Seungjae

Illustrator
세아추 Sea Choo
점선면 Jeom Seon-myeon
휘리 Wheelee

Marketer
문주원 Mun Juwon

Copy Editor
기인선 Ki Inseon

Management Support
강상림 Kang Sanglim

Publishing
㈜어라운드
도서등록번호 제 2014-000186호
출판등록일 2009년 12월 5일
ISSN 2287-4216
창간 2012년 8월 20일
발행일 2025년 6월 13일

AROUND Inc.
서울시 마포구 동교로51길 27
27, Donggyoro 51-gil, Mapo-gu, Seoul, Korea

광고 문의 / 070 8650 6359
구독 문의 / 070 8650 6375
around@a-round.kr

a-round.kr
instagram.com/aroundmagazine
blog.naver.com/aroundmagazine

어라운드는 나무를 아끼기 위해
고지율 20퍼센트인 재생종이 그린라이트를 사용합니다.

Contents

ⓒ김태훈

Hello

Body Energy

밝은 기운에 나도 모르게 운동화 끈을 질끈 매고 나서려는 순간, 갑자기 무릎이 쑤시는 것만 같습니다. 신체의 반응을 느끼고 나서야 내가 나를 잘 돌보고 있는지, 나의 삶이 안녕한지를 돌아보게 됩니다. 매일 마주하지만 가장 멀고 낯설게 느껴지는 나의 몸. 이번 호에서는 그 소리에 귀를 기울이고 어떤 에너지를 채우고 싶은지 생각해 봅니다.

규하나 @kyuhana_

'하나와 둘'의 일러스트레이터 규하나. 사람들의 일상을 소재로 사랑과 관계에 관한 이야기를 주로 그림에 담고 있다. 사랑도 다양한 관계 가운데 하나지만, 사랑이 특별히 구분되는 이유는 '각별함' 때문이다. 그러나 모든 관계에는 진실한 마음과 배려의 따뜻함이 필요하다. 이러한 공통 분모에서 나오는 순수함을 그림으로 나타내는 작가가 되려고 노력 중이다.

Find

오늘도 운동을 가지 못한 당신에게

운동 저축이 필요한 이유

하루 내내 일에 시달리다 녹초가 되어 퇴근한 밤. '이제 좀 쉬어 보자' 싶은 시간이다. 그러나 한구석에는 '아, 운동해야 하는데' 하는 마음도 있다. 하지만 이내 '운동은 무슨' 하며 드러눕는다. 운동이 몸에 좋다는 것쯤은 누구나 알고 있다. 그런데도 왜 자꾸 쉬고 싶고 빼먹고 싶은 걸까? 왜 마음과 달리 실천이 이렇게도 어려운 걸까? 이러한 '운동의 역설(Exercise Paradox)'에는 뇌과학적으로도 그럴 만한 타당한 이유가 있다.

글 정세희

운동과 휴식에 대한 뇌과학적 실험

스위스와 캐나다의 연구진이 규칙적으로 운동을 하거나 운동할 결의에 찬 이들을 대상으로 실험을 했다.* 이들이 컴퓨터 앞에 앉자, 화면에 '운동하고 있는 그림'과 '쉬고 있는 그림'이 나타났다. 화면에 운동하는 그림이 뜨면 마우스 버튼으로 사람 모형을 클릭해 그림에 가까이 끌어다 놓게 했다. 만약 쉬고 있는 그림이 뜨면 이번에는 사람을 그림에서 멀찌감치 떨어뜨려 놓게 했다. 그런 다음에는 반대로 하게 했다. 즉, 운동하는 그림이 나오면 사람을 멀찌감치 떼어 놓고, 쉬는 그림이 나오면 사람을 최대한 빨리 그림에 끌어다 놓게 한 것이다. 행동을 하는 동안 이들의 뇌파를 측정했다.

뇌파를 분석한 결과는 흥미로웠다. 운동하는 그림에서 사람을 떼어 놓을 때나 쉬는 그림으로 끌어다 놓을 때보다, 쉬는 그림에서 사람을 멀리 떼어 놓을 때 뇌가 일을 훨씬 더 많이 했다. 결론적으로 우리 뇌는 쉬고 싶은 유혹을 이기기 위해 무척 애를 쓰는 것이다. 심지어 이 실험 대상자들은 이미 운동을 꾸준히 하고 있는 사람들이었다. 그런 사람들조차 본능적으로는 쉬고 싶어 했던 것이다. 즉, 사람의 뇌는 타고 나길 휴식을 선호하게 되어 있다. 우리의 굳은 결심이 번번이 실패로 돌아갔던 것이 하나도 이상하지 않다.

* *Cheval et al. (2018). Avoiding sedentary behaviors requires more cortical resources than avoiding physical activity: An EEG study. Neuropsychologia, 119, 68–80.*

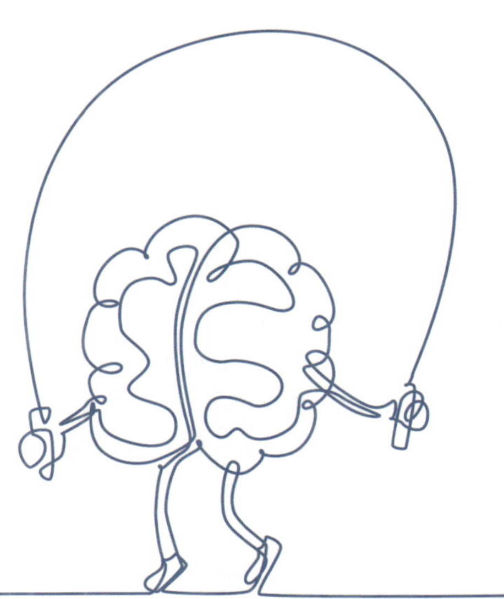

늦었다고 생각할 때가 가장 빠르다

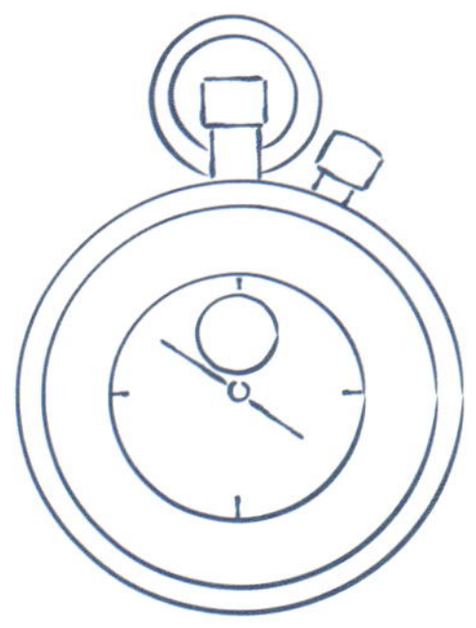
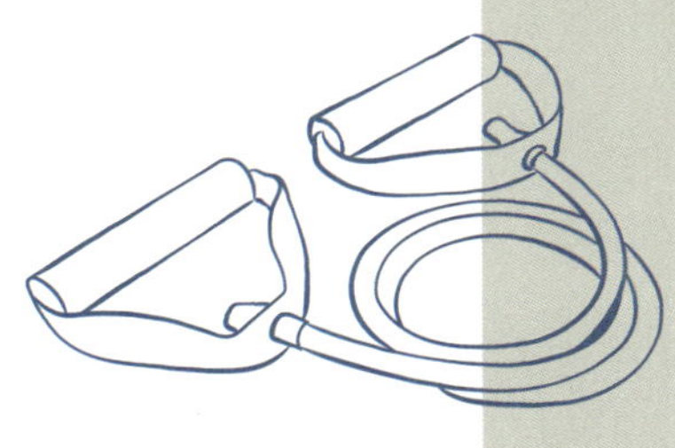

사람의 근육은 30세 때 정점을 찍은 후 나이를 먹으면서 점점 얇고 가늘어진다. 언젠가부터 바닥에서 물건을 주울 때 혹은 자리에서 일어날 때, 나도 모르게 '끙', '헙' 하는 신음을 내뱉지 않는가? (아, 물론 본인은 인지하지 못할 수도 있다.) 아니면 부모님이 예전보다 유난히 이런 소리를 자주 내시지는 않는가? 나이가 들수록 근육이 마르고 근력이 떨어져 예전 같으면 아무것도 아닌 동작이 점점 힘에 부치기 시작한다. 순간적으로 힘을 내서 몸을 일으키거나 무거운 짐을 들어야 하는데 그만한 힘을 내지 못하니 우리 몸은 나도 모르게 '숨 참기 트릭'을 쓰는 것이다. 부모님의 바지통이 유난히 헐렁해 보이는 날도 있다. 허벅지 근육이 심하게 가늘어져서다. 더 문제인 것은 80세쯤부터는 근육 가늘어지는 속도가 훨씬 빨라져 근력이 가파르게 떨어진다는 사실이다.

생존이 목표인 우리 몸은 쓰지 않는 세포나 장기를 줄여 나간다. 쓸모없는 세포와 장기가 에너지만 축내는 꼴을 보지 못하는 것이다. 그렇기에 운동하지 않는 사람은 운동하는 사람보다 일 없이 노는 근육이 더 빠르게 가늘어진다. 뼈도 마찬가지다. 운동하지 않는 사람의 뼈는 할 일이 없으니 뼈에서 칼슘이 숭숭 빠져나간다. 근육과 뼈만 그럴까? 심장, 폐도 마찬가지다. 심장이 바삐 뛰고 혈액을 온몸 구석구석으로 힘차게 보내도록 일을 해야(숨차고 힘든 운동을 할 때 이렇게 된다.) 심장 근육도 두껍고 부드러워지는데, 심장이 놀고 있으면(운동하지 않는 평상시의 심장) 심장 근육은 점점 종잇장처럼 얇아지고 동시에 딱딱하게 굳는다. 폐도 마찬가지다.

같은 운동도 심폐 체력과 근력이 좋은 젊은 시절에 해야 힘도 덜 들고 덜 괴롭다. 젊은이의 뇌는 뇌가소성이 뛰어나 학습 능력이 우수하기 때문에 같은 운동도 더 금방, 쉽게 배운다. 하지만 젊어서부터 드러눕고 싶고 쉬고 싶은 본능에 항복하던 사람은, 나이가 들어서는 불충분한 근력과 부족한 심폐 체력을 가지고 고통스럽게 운동을 해야 한다. 고통스럽기만 할까? 아무리 연습해도 동작을 익히지 못하고, 자꾸 잘못된 동작으로 운동하다 보니 몸에 무리가 가기 쉽다. 그나마 할 수 있는 운동도 몇 되지 않는다. 그러니 운동의 덕도 보기 힘들뿐더러, 운동은 그저 힘들고 재미없고 괴롭기만 한 것이 된다.

내 힘으로 살아가기 위해

이렇게 본능이 이끄는 대로 안락과 휴식의 유혹에 굴하느라 운동과 거리가 먼 삶을 산 사람들을, 나는 어제도 오늘도 진료실에서 만났다. 그들은 비만, 고혈압, 당뇨, 고지혈증, 지방간, 퇴행성 관절염, 우울증, 뇌졸중, 치매, 파킨슨병 같은 진단명을 가지고 나를 찾아온다. 이제 운동하지 않고는 건강을 담보할 수 없는 상태다. 이들이 찾아온 진료실에서는 실랑이가 종종 일어난다. 조금이라도 좋아지려면 반드시 운동해야 한다는 나, 운동 말고 좋은 약이나 달라는 환자. 그런데 이 환자들은 이미 '운동 불구'인 상태다. 아주 오래전부터. 그것도 자발적으로. 그리하여 이 실랑이는 꽤 자주 무위로 끝난다.

현대 의학의 발달 덕분에 병을 진단받은 후에도 생명은 길게 연장된다. 이는 병상에서 혹은 아픈 채로 여생을 보낸다는 뜻이다. 그러니 병에 걸려도 좋은 경과를 꽤 오랫동안 유지해야 할 필요가 있다. 그런데 같은 진단명인데도 사람에 따라 전혀 다른 경과를 보인다. 이렇게 병의 경과를 가르는 것이 바로 운동이다.

치매나 파킨슨병 같은 많은 병의 경우 아직 치료제가 없다. 말 그대로 불치병이다. 그런데 운동은 이런 불치병마저 경과를 바꾼다. 운동의 힘은 오직 운동을 할 때만 발휘된다. 그러니 운동 불구가 된 이들은 삶의 유일한 조종대를 잃어버린 것이다. 어쩌면 스스로 저 멀리 던져버렸는지도 모른다. 이것이 미리미리 운동을 저축해 두어야 하는 이유다. 저축분이 없으면, 정작 운동이 필요할 때 쓸 근력도, 심폐 체력도, 학습 능력도, 심지어 의지도 없다. 나의 조종대를 스스로 버린 삶을 살고 싶은가, 아니면 내가 원하는 방향으로 삶을 운전해 나가고 싶은가. 늦기 전에 튼튼한 조종대를 만들고 두 손으로 꽉 잡길 바란다.

정세희

현재 서울대 의과대학 재활의학교실 교수로 재직 중이며, 재활의학과 전문의로 2007년부터 서울특별시 보라매병원 재활의학과에서 뇌신경질환과 소아질환을 가진 수많은 환자들을 진료했다. 전공의 시절 우연히 달리기를 시작한 후로 20년 넘게 달리고 있다. 뇌를 치료하는 재활의학과 의사가 된 지도 20년이 넘었다. 뇌를 보다 보니, 그리고 달리다 보니 달리기가 그저 운동이 아니란 것을 알게 되었다. 이러한 이야기를 담아 책 《길위의 뇌》를 썼다.

오늘의 파도를 기다리며

팝 칼럼니스트 김태훈

에디터 오은재 포토그래퍼 Hae Ran 장소 제공 라인웍스 서울, 카페 소르비

ODYSEA
SURFBOARDS

ODYSEA
SURFBOARDS
THE SURFER'S CHOICE FOR FUN!
ODYSEA
SURFBOARD CO.
BRASSERIE
PUR
BEURRE
THE LOG

AFRO
SURF
DEEP FUNK
AND DIVINE
INTERVENTION
HOLLYWOOD, CA

여름이면 사람들은 복잡한 일상을 뒤로하고 바다로 향한다. 수평선 앞에 서서 삶의 무거운 선택을 잠시 잊는다. 팝 칼럼니스트 김태훈은 파도치는 바다 위에서 무수한 선택지를 마주한다. 미끄러지는 물결의 언어를 해석하며 심신의 주파수를 맞추는 시간. 그중 무엇에 올라탈 것인지 가늠하고 힘껏 부딪히는 과정에서 인생의 의미를 길어 올린다. 나를 믿고 택한 이 순간의 파도를 후회 없이 즐기기 위해, 그는 오늘도 부지런히 스스로를 단련한다.

안녕하세요, 만나서 반갑습니다. 워낙 다양한 활동을 해 오셨는데, 요즘은 스스로 어떻게 소개하는지요?

저는 요일마다 하는 일이 달라요. 월요일에는 카페에서 커피를 볶고, 글을 쓸 때는 작가, 방송을 할 때는 방송인, 여름에는 서퍼가 되기도 해요. 때로는 한량처럼 지내기도 하고요. 그렇지만 지금처럼 대외적인 자리에서 절 소개할 땐 '팝 칼럼니스트'라고 말해요. 처음으로 저 자신을 정의했던 직업이라 애착도 크고, 다양한 활동을 포괄할 수 있어 편하거든요.

프로 N잡러로서 다양한 분야에서 활발하게 활동을 지속할 수 있었던 비결이 있나요?

저는 늘 제 인생을 '옆문 인생'이라고 말해요. 항상 뭔가 되고 싶어서 열심히 두드리면, 정작 원하는 문 말고 옆문이 열렸거든요. 팝 칼럼니스트가 된 것도 원래 드러머를 꿈꿨는데 학원에 갔더니 소질이 없다고 해서 포기하고 이 일을 하게 된 거예요. 제가 하고 싶은 일을 마음껏 시도할 수 있었던 건 결과에 연연하지 않았기 때문이에요. 뭔가를 시작할 때 '안 되면 다른 걸 하면 되지'라고 생각하거든요. 많은 사람이 시작하기도 전에 '내가 잘할 수 있을까?' 두려워하며 시도조차 하지 않아요. 그런데 사실 실패한다고 해서 큰일이 나는 건 아니잖아요. 기껏해야 돈을 좀 못 벌겠죠. 그러면 덜 쓰고 살면 돼요(웃음). 일은 인생의 일부일 뿐이니 여유롭게 생각하려 했죠.

계속해서 새로운 세계를 탐구하게 만드는 동력이 무엇인지 궁금해지네요.

아직도 새로운 것에 대한 호기심이 넘쳐나요. 궁금한 게 생기면 자연스럽게 공부하게 되잖아요. 그렇다고 제가 학구파인 건 아니고요. 오히려 학생 때는 해야 할 공부엔 관심이 없었어요. 친구들이 교과서나 전공서를 볼 때 저는 전혀 상관없는 음악과 영화, 책 같은 거에 파고들었죠. 그때부터 쌓인 관심과 호기심이 결국 제 취향이 되었고, 그걸 바탕으로 다양한 일을 할 수 있었죠.

호기심 또한 체력의 영역이라고 생각해요. '신체적 웰니스'라는 주제로 이야기를 나누게 되었으니, 평상시에 건강한 생활 습관을 얼마나 실천하시는지 궁금해지네요.

저만의 루틴이 있어요. 일주일에 세 번은 헬스장에 가서 운동하고, 하루에 두 끼만 먹어요. 보통 운동을 마친 후 11시쯤 되어서야 첫 끼를 챙겨요. 이때 하루 중 가장 좋은 영양소를 충분히 저축해 두는 편이에요. 그러면 저녁이 좀 부실해도 버틸 수 있더라고요. 저녁에 약속이 있어 야식을 먹더라도 다음 날까지 최소 12시간 공복을 유지하려고 해요. 출출하면 바나나나 사과 하나 정도 챙겨 먹지, 군것질은 거의 안 해요. 커피도 하루 한 잔 정도만 마시고요. 건강한 습관을 꾸준히 유지하는 게 중요하다고 생각해요.

운동이나 건강 관리의 필요성을 절감했던 순간이 있나요?

살다 보면 뜻대로 안 풀릴 때가 있잖아요. 흥미로운 건, 운동하는 사람들은 삶을 재정비할 때 가장 먼저 헬스장으로 향해요. 저도 바빠서 운동을 거르다가도 '이렇게 살면 안 되겠다' 싶은 순간에는 곧바로 운동화를 신고 나가서 달려요. 운동은 단순한 신체 활동이 아니라 삶의 태도와도 관련이 있어요. 내 삶의 주도권을 쥐겠다는 선언 같은 거죠.

어릴 때부터 운동과 친하셨다면서요. 지금도 다양한 아웃도어 스포츠를 즐긴다고 들었는데, 가장 오랜 시간을 투자한 종목은 무엇인가요?

초등학교 때는 육상 선수였고, 고등학교 때는 유도부였죠. 책을 읽고, 영화를 보고, 음악을 듣는 일을 업으로 삼았지만, 여전히 몸 쓰는 일에서 오는 쾌감을 즐겨요. 등산, 암벽 타기, 복싱 다 해봤는데 그중 스쿠버다이빙을 가장 오래 했어요. 30대 초반부터 했으니 다이빙 횟수로만 따져도 300번은 넘을 거예요. 처음 배울 때 강사님한테 "왜 스쿠버다이빙을 해야 하나요?"라고 물었더니 재미있는 이야기를 해주셨어요. "여행 좋아하세요? 지구의 70퍼센트는 물입니다. 죽기 전에 한번 탐험해 보시죠." 그 말이 정말 인상적이더라고요. 그렇게 수면 아래 펼쳐진 야생의 세계에 완전히 매료됐죠.

매년 여름마다 파도를 타러 떠나신다고요. 서핑은 어떤 계기로 시작하게 된 거예요?

다시 태어난다면 명랑한 돌고래로 환생하고 싶을 정도로 물을 좋아해요. 도시에 살면서도 늘 바다를 동경했죠. 파도가 높은 날엔 스쿠버다이빙을 할 수 없으니 뭘 해야 할지 고민하다가 '서핑을 배우면 되겠네' 싶었어요. 단순한 마음으로 시작했는데 어느덧 제 라이프스타일이 되었죠. 서퍼가 된다는 건 자연주의자로 살아가는 것과 같아요. 무엇보다 보드 위에서 파도를 기다리다 보면 구도자의 마음이 되곤 하죠. 바다는 제가 조종하거나 통제할 수 있는 존재가 아니잖아요. 그 점이 위로되기도 하고, 인생을 다시금 바라보게 만들죠.

운동이란 신체를 컨트롤하는 법을 배우는 일이기도 하죠. 하지만 몸이 마음처럼 움직이지 않을 때도 있잖아요. 특히 서핑은 바다의 변화에 기민하게 반응해야 하는 스포츠라 더 어렵지 않나요?

한 패션 모델에게 '운동을 왜 그렇게 열심히 하냐'고 물었더니 '인생에서 내 마음대로 되는 건 내 몸뚱이 뿐이다'라고 답하더라고요. 저도 그 말에 전적으로 동의해요. 그렇지만 서핑하면서는 오히려 '포기하는 법'을 더 많이 배운 것 같아요. 마음 같아서는 저도 실력자들처럼 영화에서나 볼 법한 거대한 파도를 타고 싶지만, 거기까지 가지는 않아요. 제 나이에 그렇게 무모하게 뛰어들었다가는 죽을 수도 있거든요(웃음). 그 대신 내가 감당할 수 있는 범위 내에서 파도를 즐기는 법을 터득하는 거죠.

취미를 살려 해설까지 도전하셨어요. 직접 파도를 타는 것과 경기를 해설하는 건 전혀 다른 영역일 텐데요. 어떻게 시도하게 되었나요?

서핑을 마흔 넘어 시작하다 보니 감을 잡기가 쉽지 않았어요. '왜 안 될까?' 싶어 답답한 마음에 관련 영상과 책을 열심히 찾아봤어요. 사실 운동 잘하는 사람들은 이론 공부를 거의 안 해요. 그 시간에 몸으로 익히면 되니까요. 하지만 저는 늦게 시작했으니 그렇게라도 원리를 이해하고 몸에 적용해 보려고 했죠. 배운 대로 했는데도 안 되면 집에 돌아와 왜 실패했는지를 다시 분석하고, 해결 방안을 끊임없이 연구했어요. 그걸 계기로 월드 서프리그가 국내에서 개최되었을 때 해설을 맡게 된 거죠. 잘 타지는 못해도, 반복 학습한 것을 바탕으로 전문가와 대중 사이의 중간 다리를 놓는 역할은 할 수 있겠다 싶었거든요.

중년이 된 후에 시작하셨다니 정말 놀라워요. 유튜브에서 "나이 50에 서핑? 눈치 보지 마세요!"라고 말씀하신 것이 떠오르네요. 많은 분에게 용기를 주는 메시지가 아닐까 싶었거든요.

많은 사람이 타인의 시선을 지나치게 의식하는데, 사실 남들은 저에게 그렇게까지 관심이 없어요. 잠깐 쳐다볼 수는 있어도 고개를 돌리면 누가 있었는지 기억도 못 해요. '저 사람들은 나한테 별 관심이 없는데, 왜 나는 그들의 시선을 신경 쓰며 살아야 하지?' 싶어요. 혹여나 누군가 '나잇값 해라. 니 나이에 뭔 서핑이냐!' 이야기해도 귀담아들을 필요 없어요. 규칙을 어기는 것만 아니라면 내가 원하는 대로 살아도 된다고 봐요.

서핑에도 여러 가지 룰과 문화가 있을 텐데요. 최근 2030 세대가 서핑 신에 유입되면서 이런저런 변화가 있었을 것 같아요.

서핑의 제 1 원칙은 무조건 한 파도에 한 명만 올라탈 수 있다는 거예요. 그러므로 피크(Peak)* 가까이에 있는 서퍼에게 우선권이 주어지죠. 서울에서 온 외지인들은 바다에 가면 파도를 선점한 지역 사람들에게 예의를 지키려고 노력해요. 왜냐하면 서핑에서 가장 중요한 게 '로컬리즘'이거든요. 쉽게 말해 그 지역에 사는 사람들이 바다의 주도권을 갖는다는 의미죠. 지역민들에게 바다는 삶의 터전이잖아요. 누군가 내 안방에 들어와서 마음대로 휘젓고 다니면 예의에 어긋나는 일이듯, 서핑도 마찬가지예요. 사실 이게 기본적인 룰인데, 초심자들은 잘 모르다 보니 안 지키는 경우가 많아요. 그로 인해 문제가 생기거나 사고가 발생하는 걸 보면 안타깝죠.

다양한 세대가 조화롭게 서핑을 즐기기 위해 특별히 신경 써야 할 점이 있을까요?

저는 2030 친구들이 노는 쪽에는 가지 않으려 해요. 서핑을 하는 이유 중엔 또래끼리 어울리며 즐거운 시간을 보내려는 목적도 있을 텐데, 거기에 자꾸 나이 든 사람이 눈치 없이 끼어들려고 하면 서로 불편해지는 거죠. 많은 사람이 착각하는 것 중 하나가 나이 든 사람들도 젊은 친구들과 어울리면서 뭔가를 배워야 한다는 거예요. 저는 제 또래 친구들에게 항상 이렇게 말해요. "우리가 쫓아다니면 꼰대고, 그 친구들이 먼저 우리한테 다가와 뭔가 물어봐야 멘토가 되는 거야." 그러니 젊은 친구들의 문화는 그 자체로 존중하되, 우리는 우리끼리 즐기자는 얘기를 자주 하죠.

*피크(Peak) : 파도의 가장 높은 부분

최근에 새롭게 시도한 운동이 있는지도 궁금해요. 이를 통해 자신에 대해 새롭게 발견한 점이 있을까요?
요즘 일이 좀 많아서 쉬고 있지만, 두 달 정도 롯데백화점 문화센터에서 원정혜 선생님 요가 클래스를 들었어요. 나이가 들어가는데 계속 격렬한 운동만 하기엔 무리가 있겠다 싶었거든요. 이제껏 운동 신경이 나쁘지 않은 편이라고 생각했는데, 요가는 정말(웃음). 제가 얼마나 몸치였는지 새롭게 깨달았어요. 이렇게나 안 되는 동작이 많다니. 여러 사람과 함께 수업을 듣다 보면 다들 열심이구나 싶어요. 심지어 요가에 인생을 건 사람들도 있잖아요. 그렇다면 분명 이 운동에 무언가가 있지 않을까, 그걸 알아보자는 마음으로 임하고 있어요. 아직 어디 가서 요가한다고 자신 있게 말할 수준은 전혀 안 되지만요. 죽기 전에 영화 〈올드보이〉에서 유지태 배우가 했던 전갈 자세 한번 성공해 보고 싶네요.

문득 우리의 삶에 신체 활동이 꼭 필요한 이유가 무엇인지 궁금해지네요.
웨이트 트레이닝을 하려면 '무겁다'와 '힘들다'라는 감각을 구분할 줄 알아야 해요. 무거우면 내가 들 수 있는 무게로 바꿔야죠. 무거운 걸 억지로 들다가 다치면 내가 좋아하는 걸 할 수 없게 되니까요. 힘든 건 당연한 일이니까 그냥 견뎌야 하고요. 이걸 삶에도 적용해 볼 수 있어요. 내 앞에 놓인 어떤 상황이 나에게 무겁기만 한지, 아니면 힘들지만 견딜 만한 것인지를 판단할 줄 알아야 해요. 운동하는 과정에서 이 두 감각을 깨우치게 되는 거죠. 찰리 채플린이 남긴 명언 중 "우리는 너무 많이 생각하고, 너무 적게 느낀다."라는 말이 있어요. 저는 운동이 삶의 감각을 복원하는 방법 중 하나라고 생각해요. 내가 어제까지는 4키로미터 밖에 못 뛰었는데 오늘은 5키로미터를 뛰었다면 그 변화가 얼마나 대단하게 느껴지겠어요. 서핑도 그래요. 내가 탈 수 없다고 생각했던 파도 위에 딱 올라선 순간 한 단계를 뛰어넘었다는 기쁨이 샘솟죠. 그래서 그런지 운동하면 우울한 생각이 별로 안 들어요.

그렇다면 오늘부터 건강하게 살기로 결심한 누군가에게 쉽게 해볼 만한 운동 하나를 추천해 주신다면요?
이런 질문을 받으면, 하루에 세 번 아파트 꼭대기 층까지 올라갔다 오라고 해요. 계단 오르기가 실은 제일 좋은 운동이거든요. 예전에는 27층 정도 되는 아파트 계단을 한 번에 오르기가 그렇게 힘들었어요. 그런데 몇 번 하다 보니 한 번도 안 쉬고 꼭대기 층까지 가는 순간이 오더라고요. 그런 소소한 변화를 체감하는 것이 가장 중요하다고 봐요.

태훈 님의 이야기를 듣다 보니, 결국 웰니스란 '어떻게 즐겁게 살 것인가'라는 고민과 닿아 있는 것 같네요. 어떻게 생각하시나요?
저는 아침에 눈 뜨는 게 즐거우면 좋겠어요. 그러려면 내가 내 인생의 주인이 되어야 해요. 내 분수에 맞게 살면 인생이 그보다 자유로울 수가 없어요. 제가 프리랜서로 살면서 가장 많이 들었던 질문은 '그렇게 살면 불안하지 않아요?'였어요. 우리의 어깨 위에 올라탄 불안이라는 곰은 죽을 때까지 내려오지 않아요. 우리가 할 수 있는 건 이 곰을 너무 뚱뚱하게 만들지 않는 거예요. 무게에 짓눌리지 않게끔요. "인생이 왜 행복할 거라고 생각하냐? 인생은 원래 힘들어. 이게 기본값이야." 쇼펜하우어는 그렇게 말해요. 만약 정말 인생이 힘든 거라면, 그 속에서 우리가 찾아낼 수 있는 즐거움이 뭔지 고민해 봐야 하지 않을까요? 저는 고양이를 좋아해서 길 가다가 동네 고양이를 만나면 꼭 말을 걸어요. 가끔 여유가 되면 편의점에서 캔을 사 와 건네는데 맛있게 먹는 걸 보면 기분이 좋아져요. 그런 즐거움이 주변에 꽤 많아요. 볕 좋은 날 걷고, 뜻이 맞는 친구들과 소소한 농담을 주고받고, 한 끼 맛있는 걸 챙겨 먹고. 생각해 보면 행복이 도처에 널려 있는데 우리는 왜 몇 평짜리 아파트와 엠블럼이 박힌 차에 그렇게 사활을 거냐는 말이죠. 그건 자본주의가 만든 미신에 불과해요. 제 궁극적인 삶의 목표는 여행용 가방 하나에 들어갈 만한 짐을 가지고 사는 거예요. 필요 없는 것들을 욕망하느라 인생을 낭비하고 싶지 않아요. 그 시간에 낮잠을 자고, 커피를 마시고, 산책하러 다니는 편이 훨씬 좋죠.

오늘의 마지막 질문입니다. 태훈 님의 라이프스타일을 한 단어로 정의한다면요?
저는 그냥 물 흐르듯 살고 싶어요. 굳이 나 자신이랑 싸우고 싶지 않아요. 세상도 나를 괴롭히는데, 나라도 스스로를 좀 너그럽게 봐줘야죠(웃음). 내 한계를 넘어서는 일은 젊은 날의 특권이고요. 저는 이제 뭘 더 해야 한다고 생각하지 않아요. 대신 뺄셈을 할 줄 알아야죠. 내가 할 수 없는 것을 하나씩 지우고, 할 수 있는 것에만 동그라미를 치면서 사는 거예요. 이건 앞서 말했듯 파도가 가르쳐 준 것이기도 해요. 내 실력과 마음에 맞는 파도를 타기 위해서는 우선 내 파도가 올 때까지 기다릴 줄 알아야 한다는 거요.

단양군 제공, 단양 관광사진 공모전 수상작

Move

여름이 머무는 길 위에서

에디터 오은재 **자료 제공** 단양군청, 전주시청, 한국관광공사, 포토코리아, 교래리마을축제, 3355trail

트레킹족에게 여름은 태양을 온전히 즐기며 땀 흘릴 수 있는 계절이다. 쏟아지는 열기 속에서 부지런히 움직이다 보면 온몸의 세포가 깨어나는 듯하다. 두 다리가 묵직해질 무렵, 때맞춰 불어오는 바람이 잠시 숨 고를 시간이라고 일러준다. 끝없이 이어진 길 위에는 결승선이나 제한 시간이 존재하지 않는다. 규칙에 얽매일 필요 없이 나의 속도에 맞춰 걸으면 그만이다. 머무르고 싶은 풍경 앞에서 마침표를 찍을지 쉼표를 남길지 고민하는 사이, 어느새 녹음 짙은 이 계절에 마음을 빼앗기고 만다. 각기 다른 매력을 지닌 트레킹 코스 세 곳을 소개한다.

느림의 미학을 배우며

느림보 강물길

단양

단양군 제공, 단양 관광사진 공모전 수상작

천천히 걸으면 운동이 되지 않는다는 속설이 있다. 효과를 보려면 보폭은 넓게 조절하고, 이마에 땀이 맺힐 정도로 경쾌한 속도를 유지해야 한다. 하지만 멋진 길 위에서는 이를 잊게 된다. 부러 걸음을 늦추며 내가 속한 풍경을 온전히 경험하는 일. 단양의 느림보 강물길은 그런 느림의 미덕을 일깨운다. 이름처럼 유유히 걷기에 적합한 이 길은 휘휘 도는 남한강 줄기를 따라 이어지며, 다섯 가지 테마로 나뉜다. 총 16.1키로미터에 달하지만 대부분의 코스가 야트막한 산허리나 강변로를 따라 조성되어 있어 남녀노소 부담 없이 즐길 수 있다. 무엇보다 길을 따라 펼쳐지는 경관이 압권이다. 중간중간 무지개 모양을 닮은 돌기둥 석문을 비롯해 도담삼봉, 금굴, 잔도 등 단양팔경이라 불리는 명승지를 지나니 지루할 틈이 없다. 단시간에 단양의 운치를 만끽하고 싶다면 1코스 삼봉길이 제격이다. 삼봉대교에서 단양강 상류 방향으로 거슬러 오르자 정도전이 풍류를 즐겼던 도담삼봉이 모습을 드러낸다. 이향정에 올라 시야를 가득 채운 풍경을 바라보면 그 웅장함에 절로 감탄이 나온다. 이대로 발걸음을 멈추고 이를 그림으로 남겼다던 단원 김홍도처럼 이 순간을 오래도록 간직하고 싶어진다. 한편, 5구간 수양개 역사문화길은 절벽을 따라 잔도를 걷는 이색적인 코스다. 선사 문화의 보물창고라 불리는 수양개선사유물전시관을 비롯해 만천하 스카이워크, 수양개빛터널 등 단양의 대표 명소를 아우르는 이 길은 2019년 한 해에만 32만 명이 넘는 방문객이 찾았다. 허공을 가로지르는 나무 데크를 조심스레 밟으며 아찔한 스릴을 즐기다가도 고개를 들어 저만치 앞서 흘러가는 수려한 단양강을 바라본다. 조급해지는 마음을 달래가며 걸음을 내딛다 보면 유유자적 걷는 일에도 섬세한 근육이 필요하다는 사실을 새삼 깨닫는다. 그리고 그 여유 속에서 걷기의 진가를 발견하게 된다.

A. 충북 단양군

H. durunubi.kr

두 발로 기록한 도시의 모든 순간

전주

한옥마을-기린봉-아중호수

ⓒ한국관광공사 포토코리아-김지호

낯선 여행지에 가면 하루를 온전히 채우고 싶은 마음에 여정이 길어진다. 전주를 찾은 여행자들도 마찬가지다. 두 발로 도시의 모든 순간을 기록하고픈 이들을 위해 전주의 역사와 자연을 하루에 톺아볼 수 있는 걷기 좋은 길을 소개한다. 한옥마을에서 기린봉을 거쳐 아중호수까지 이어지는 이 코스는 욕심 많은 여행자뿐 아니라 리드미컬하게 걷고 싶은 탐방객에게도 만족스러운 여정을 선사한다. 전주종합관광안내소에서 출발해 기와집이 늘어선 정겨운 골목길을 뒤로하고 걷다 보면 자연으로 이어지는 길이 펼쳐진다. 나긋한 커피 향이 감도는 로스터리 카페에서 잠시 카페인을 충전한 뒤 6·25 전쟁 희생자를 기리는 군경 묘지에 들러 묵념의 시간을 갖는다. 후백제의 숨결이 서린 동고산성까지 둘러보고 나니 몸이 조금 풀린 듯하다. 신발끈을 고쳐 매고선 본격적으로 기린봉에 오른다. 산세가 마치 기린이 달을 토해내는 모습과 닮았다고 하여 이름 붙여진 이곳은 전주 10경 가운데 하나로 꼽힌다. 각자의 페이스에 맞춰 어렵지 않게 정상에 닿을 수 있다. 꼭대기에 올라 조밀한 전주의 모습을 눈에 담는다. 지나온 길을 돌아보면 그곳을 걷는 내내 나만의 방식으로 도시의 시간을 소유한 것만 같아 넉넉한 기분이 든다. 이쯤에서 여정을 마무리해도 좋지만, 걸음이 쉬이 떨어지지 않는다면 내친김에 아중호수까지 둘러보기를 권한다. 전주의 숨은 맛집에서 든든하게 배를 채운 다음, 넓게 펼쳐진 호수 데크길을 걸어보자. 고요한 물결을 감상하며 여정을 복기하다 보면 서서히 해가 기운다. 저물어 가는 하루 끝에서 시공간을 넘나드는 동안 차곡차곡 쌓인 이야기들을 정리해 본다. 완벽한 마무리 덕분에 마치 한 편의 환상곡을 완주한 듯한 충만함이 남는다.

A. 전북 전주시

H. tour.jeonju.go.kr

맑은 숲이 내어준 깊은 품 안에서

삼다수 숲길

제주

교래리마을축제 3355trail

제주 중산간에는 비자림, 사려니숲길, 서귀포자연휴양림 등 아름다운 숲길이 많다. 그중에서도 교래리에 위치한 '삼다수 숲길'은 상대적으로 발길이 닿지 않아 청정한 자연을 누릴 수 있는 곳이다. 숲길 초입에 들어서자 '물 홍보관'이 눈에 띈다. 이곳이 어째서 '삼다수 마을'이라 불리게 되었는지 다시금 떠올리게 된다. 교래리는 국민 생수라 불리는 '삼다수'의 수원 발생지다. 삼다수 숲길은 과거에 지역 주민들이 이용하던 임도였으나, 2018년 제주특별자치도개발공사와 주민들이 힘을 모아 걷기 좋은 길로 재정비하면서 지금의 모습이 되었다. 사시사철 맑은 물이 흐르는 이곳은 사람과 자연이 조화롭게 공존하는 다정한 장소다. 초입부터 이어지는 삼나무 군락지는 짙푸른 그늘을 드리워 한여름에도 서늘한 공기가 감돈다. 발 아래엔 야자 매트가 깔려 있어 한결 편안하게 거닐 수 있다. 끈덕진 더위에서 벗어나 가벼워진 마음으로 더 깊은 자리로 들어선다. 이윽고 자연의 손길이 고스란히 깃든 지질 트레일 코스가 모습을 드러낸다. 숲 곳곳에는 붓순나무와 황칠나무 같은 희귀종이 군락을 이루고 있다. 오랜 세월에도 훼손 없이 보존되어 온 이 숲은 '생태의 보고'라 불리며, 2018년 제주 13번째 유네스코 지질 공원 대표명소로 지정되었다. 화산섬만의 독특한 지형과 태고의 신비에 매료되어 숲을 맴돌다 보면 30분이 훌쩍 지나간다. 체력이 남았다면 아야 용암 단면과 조릿대 오솔길이 기다리는 2코스 테오리길까지 탐방해 보자. 3코스 사농바치길에서는 나무 사이로 울려 퍼지는 박새의 노랫소리를 감상할 수 있다. 전체 코스를 완주하는 데는 약 3~4시간이 소요되지만, 자연의 품에서 깊은 숨을 들이쉬고 온몸으로 빛을 만끽하다 보면 시간의 흐름을 잊게 될 것이다.

A. 제주 제주시 조천읍 교래리 산70-1

O. 월~금요일 09:00~17:00 (토~일요일 휴무)

H. 3355trail.com

Treat

아침을 여는 든든한 한 끼

밝은 햇빛과 뜨끈한 기온이 반겨주는 여름이다. 다른 계절보다 왠지 모르게 벌떡 일어나 하루를 더 활발하게 살아내고 싶은 마음이 든다. 그러기 위해서는 내 몸을 단단하게 채워줄 연료가 필요한 법. 힘찬 하루를 응원하며, 단백질을 활용한 세 가지 레시피를 소개한다.

에디터 정현지 **글** 서정아 **일러스트** 느효 @neuhyo

서정아 @sweetpeapot
건강요리 연구가이자 저자, 칼럼니스트, 유튜브 크리에이터, 행복한 아내이자 두 아이의 엄마. 자연에서 식탁으로 이어지는 단순하고 건강한 요리를 통해 행복한 삶을 위한 영감을 나누고 있다.

두부채 덮밥

날렵하게 매무새를 고치고 자전거에 오른다. 오르막에서는 등줄기에 땀이 흐르고, 내리막에서는 시원한 바람이 스며드는 라이딩. 속도를 올려 바람을 가르다 보면 머릿속이 맑아지고, 가쁘게 내쉬는 숨결 사이로 새로운 한 주를 채울 에너지가 채워진다.

집에 돌아오니 작은 아이의 원서와 주물팬, 물을 담아 올려둔 반찬통 아래로 수분이 빠져 단단해진 두부가 반긴다. 그레이터로 쓱쓱 채를 쳐서 에어프라이어에 바삭하게 구워내고, 양념장에 쓱쓱 버무리면 불 없이도 근사한 아침 한 끼가 완성된다.

따끈하게 지은 현미밥 위에 아삭한 오이를 또각또각 썰어 올리고, 에너지를 가득 품은 바삭한 두부채를 소복이 얹어 한 그릇을 채운다. 큼직하게 떠서 한 입, 오이의 시원한 아삭함과 짭조름하게 양념된 두부의 고소한 바삭함이 입안 가득 퍼지는 아침이다. 단백질 가득한 두부로 몸도 마음도 힘차게 깨워보면 어떨까.

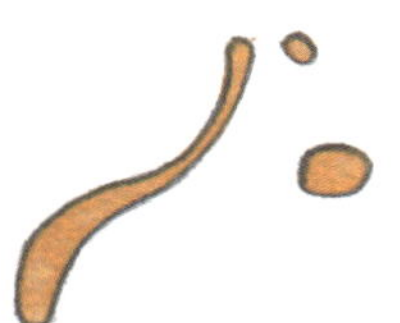

필요한 재료

단단한 두부 1모
미니 오이 1~2개
파 2줄기
통깨 약간

소스용 재료

간장 1~1.5스푼
고추장 1스푼
다진 마늘 2개
다진 양파 2스푼 분량
조청 또는 시럽 1스푼
참기름 1스푼
후추

만드는 방법

1. 두부는 그레이터에 갈거나 얇게 채를 썬다.
2. 에어 프라이어 175도(화씨 350도)에 넣고 13~15분간 굽는다.
3. 분량의 재료를 섞어 소스를 만든다.
4. 구운 두부를 양념에 넣고 골고루 섞는다.
5. 밥 위에 먹기 좋게 썬 오이와 구운 두부를 얹는다.
6. 잘게 썬 파와 통깨를 뿌려 낸다.

돌돌이 만두

돌돌돌 말아서 굽고, 돌돌돌 말아서 굽고. 재미있는 놀이라도 하듯 돌돌이 만두를 만드는 일에 폭 빠졌다. 내 손으로 직접 음식을 만드는 일은 단순히 허기를 달래기 위한 일이 아니다. 신선한 재료를 고르고, 불필요한 첨가물은 피하고, 손으로 다양한 감각을 느끼면서 나 자신과 따뜻하게 소통하는 과정이다.

두부는 콩으로 만든 훌륭한 단백질 공급원이다. 우리 몸이 활력 있게 살아 움직이는 데 필요한 양분을 제공할 뿐 아니라, 소화가 잘되고 부담이 적어 누구에게나 좋다. 간단하게 만든 두부소를 라이스페이퍼에 돌돌돌 말아 바삭하게 굽고 양념장에 콕 찍어 먹으면 입안 가득 활력이 넘친다.

무더운 여름, 불필요한 감정을 덜어내듯 복잡한 첨가물은 걷어내고 단순하게 만든 두부소를 또르르 말아보자. 반복적인 동작이나 섬세한 조리 과정에서 일종의 명상 효과도 얻을 수 있다. 매일매일 균형 잡힌 식단을 재미있게 만들어 간다면 세상은 얼마나 더 건강하고 행복해질지 기대가 된다.

필요한 재료 *6개 분량

단단한 두부 반 모

마늘 2알

다진 양파 2큰술 분량

파 2줄기

소금 2~3꼬집

참기름 1스푼

후추 약간

라이스페이퍼 6장

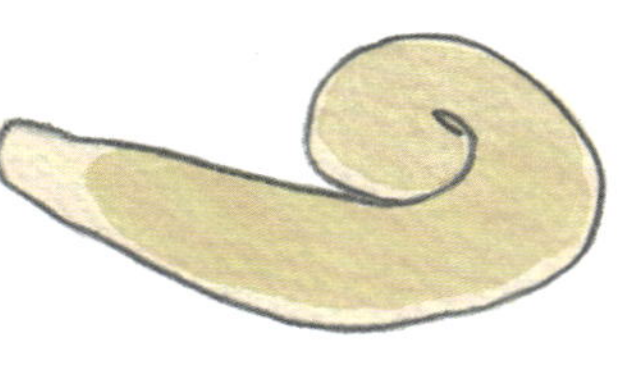

만드는 방법

1. 적당한 볼에 두부를 넣고 으깬다.
2. 다진 마늘, 잘게 썬 양파와 파를 넣는다.
3. 소금, 참기름, 후추로 간을 한다.
4. 물에 적신 라이스페이퍼의 절반에 두부소를 고르게 편다.
5. 또르르 길게 말고, 다시 둥글게 돌돌돌 만다.
6. 기름 두른 팬에 돌돌이 만두를 넣고 앞뒤로 노릇하게 굽는다.
7. 양념장을 곁들여 먹는다.

검은콩 두유

얼마전 친정엄마가 다녀가셨다. 엄마는 나를 보자마자 코를 찡긋하더니 엄마의 머리카락을 휙 들어 보였다. 머리숱이 많아지고 검은색 머리카락이 나기 시작했다는 엄마의 어깨가 하늘 높은 줄 모르고 봉긋 솟았다. 하얀 머리 사이사이로 희끗희끗 보이는 검은 머리에 엄마의 행복도 급 상승했다.
콩은 '밭에서 나는 고기'라고 불릴 만큼 풍부한 단백질과 비타민 B군, 뼈를 튼튼하게 하는 비타민 K와 각종 미네랄이 들어있는 식재료다. 안토시아닌까지 가득한 검은콩을 깨끗하게 씻어서 충분히 불리고 삶아서 부드럽게 갈아낸다. 적당한 병을 모아 깨끗하게 소독하고 한 병 한 병 쪼르륵 담으면 하룻밤의 수고로움이 투명한 병 안에서 하나둘씩 결실을 본다.
검은콩 호두 두유라고 이름을 붙인 후 뿌듯함을 감추기 어려워, 남편을 불러 내 수고와 노력이 담긴 예쁜 두유병을 스윽 내민다. 그러고는 두유 용기 앞면에 작은 글씨로 적어 둔 메시지, "잊지 말고 잘 흔들어서 마셔."라고 말해준다. 콩이 주는 부드러움과 담담함에 상한 내 머리카락도, 엄마와 남편을 생각하는 내 마음도 스르르 채워지는 아침이다.

필요한 재료 *1컵=200ml 1큰술=15ml

검은콩, 서리태 2컵
호두 0.5컵
잣 1큰술
검은깨 1큰술
소금 0.5큰술

만드는 방법

1. 검은콩은 깨끗하게 씻어서 2~3배의 물과 함께 냉장칸에서 12시간 동안 불린다.
2. 넉넉한 냄비에 붓고 센 불에서 15~20분간 삶는다.
3. 살짝 식힌 후 블랜더에 담고 물을 붓는다.
4. 호두, 잣, 검은깨를 넣고 곱게 간다.
5. 적당한 용기에 소분해 보관한다.

Create

삶의 균형을 지키는 움직임

발레무용가 김주원

에디터 현예진 포토그래퍼 Hae Ran

Femme, 1946
Henri Matisse

코끝을 통과하는 숨을 감각한다. 가만히 호흡을 반복하다 보면, 바닥과 닿아 있는 살갗의 접촉면이 느껴지면서 지금 내가 여기 있음을 생경하게 알아차린다. 그때 피어나는 내면의 작은 빛이 몸과 마음의 연결이다. 물리적인 움직임에 집중하다 보니 마음의 문제는 한결 가벼워진다. 이런 명상적 수련을 몸으로 체화하는 예술이 발레다. 발레무용가이자 대한민국 발레 축제 및 부산 오페라하우스 발레단의 예술감독 김주원은 몸과 마음의 연결을 말한다. 매일의 단련이 춤이 되는 발레는 나의 중심을 쌓아가는 일과 닮아 있다.

발레와의 첫 만남을 기억하시나요?

초등학교 5학년 때 시작했어요. 보통 발레를 아홉 살쯤 시작하는 게 좋다고들 하는데, 저는 조금 늦은 편이죠. 부모님이 예술을 좋아하기도 하셨고, 고모가 발레를 하셨어요. 저희 집은 4남매인데요. 어린 시절 언니, 오빠, 여동생과 함께 발레 수업에서 함께 스트레칭했던 기억이 선명해요. 사실 처음부터 특별한 순간이 있었던 것은 아니에요. 다만, 당시 접한 많은 예술 활동 중에 가장 즐거웠어요.

발레의 어떤 면모에 매료되었는지 궁금해요.

당시 저는 무엇이든 쉽게 싫증 내는 아이였어요. 피아노, 성악, 바이올린, 테니스, 그림 등 다양한 분야를 경험했지만 모두 오래 하지 못했거든요. 그런데 발레는 아무리 해도 지겹지 않더라고요. 어릴 때는 왜 그런지 모르고 그냥 계속했는데요. 지금 생각해 보면 아직도 새로운 '나'를 만나기도 하고, 누군가와 경쟁하는 것이 아닌 자신의 한계를 마주하는 예술이라 그랬던 것 같아요. 정해진 외부의 기준이 아닌, 스스로 몸의 라인을 계속 가다듬어야 한다는 점이 적성에 맞았나 봐요.

주원 님은 비교적 빠르게 자신의 길을 찾으셨지만, 자신이 좋아하는 것을 찾는 데 어려움을 겪는 사람도 많아요. 좋아하는 것을 찾기 위해서는 무엇이 필요할까요?

최근 제가 자주 하는 말인데요. 내가 누구인지 알아야 무엇을 좋아하는지 알 수 있다고 생각해요. 나를 알기 위해 필요한 것이 문화예술 교육이고요. 예를 들면, 내 손가락은 어떻게 생겼는지, 나는 어떤 음악을 좋아하는지, 나는 그림을 그릴 때 어떤 색을 쓰는지, 내 발가락을 어떻게 움직일 때 자연스러운지 등은 물리적인 경험과 육체적인 감각으로 느끼는 거지만, 사실 몸과 정신은 연결되어 있잖아요. 문화예술 교육을 통해 내가 누구인지를 알면 내가 무엇을 좋아하고, 무엇을 선택해 위로받고 치유할 수 있는지 알게 돼요.

발레는 정확성과 감정을 동시에 요구하는 예술이잖아요. 이 두 가지 요소의 균형을 어떻게 유지하시나요?

발레는 굉장히 과학적이고 균형을 중시하는 예술이에요. 앞에서 시작하면 뒤에서 돌아와야 하고, 오른쪽을 하고 나면 왼쪽도 하는 것처럼 몸의 균형을 맞춰가거든요. 그렇게 해야만 토슈즈 위에서 중심을 잡을 수 있어요. 다리의 각도가 조금 내려가거나, 바퀴 수가 줄어들면 틀렸다고 표현할 만큼 엄격하고요. 다른 장르의 예술보다 고되고 다람쥐 쳇바퀴 도는 듯한 생활을 해야 하죠. 하지만 발레는 예술이잖아요. 완벽한 틀 안에서 자유로워야 해요. 그렇기 때문에 규칙적이고 절제된 삶을 살면서도 감정을 표현하기 위해 부단히 노력하는 편이에요. 발레는 언어가 없는 예술이에요. 그러나 동시에 이야기를 전달해야 하기 때문에 예술적 영감과 경험, 노력도 중요해요. 저는 영화를 보고, 다양한 장르의 음악을 듣고, 좋아하는 전시와 박물관에 가고, 다른 장르 예술가와 협업해 영감을 얻기도 해요. 다양한 예술적 경험을 통해 밀도를 높이는 방법을 택했어요.

몸의 언어를 다룰 때 가장 중요하게 생각하시는 것은 무엇인가요?

제 삶과 자신을 진정성 있게 담으려고 해요. 무대는 거짓말을 할 수도, 숨을 수도 없는 곳이거든요. 그래서 준비되어 있지 않은 상태거나, 캐릭터를 제대로 설명하지 않으면 다 들켜요. 저는 진정성 있는 무대를 위해 진솔한 모습을 담고자 하죠. 김주원이 아닌 캐릭터로 무대에

설 때도 있지만, 제 모든 걸 담지 않으면 거짓말처럼 느껴져요. 무엇보다 진심을 담아 춤을 추는 것이 중요하죠. 무용수의 진심은 그대로 느껴져요. 무용수가 고민하고 노력하고 치열하게 만들었다면 확실히 다르게 전달돼요. 테크닉 안에서 진정성이 담겨야 한다고 생각해요.

삶과 무대가 뒤섞이는 부분이 있을 것 같은데요. 무대와 삶은 어떻게 상호작용을 하나요?
어릴 때는 발레리나 김주원과 인간 김주원을 구분해서 봐 주는 사람과 사랑하고 싶었어요. 그런데 살다 보니 전혀 분리가 안 되더라고요. 제 일상이 춤과 무대와 공연을 위한 구조로 되어 있어 삶 자체가 그렇다는 걸 깨달았어요. 늘 몸을 무대에 설 수 있는 가장 훌륭한 상태로 만들어야 하기 때문에 무용수들은 공과 사를 구별할 수 없거든요. 예를 들어 오늘 저녁 7시 공연이라면, 모든 일과가 가장 좋은 신체 컨디션을 만드는 것에 맞춰져 있어요. 그런데 저는 그 사실이 행복해요. 제 나이가 이제 마흔아홉이다 보니, 체력에도 한계가 있잖아요. 작품을 위해 예전보다 더 몸을 컨트롤하고 집중하는 시간이 많이 필요하기도 해요.

주원 님의 일과가 궁금해요.
제 일과에서 꼭 지키려고 하는 것은 몸을 움직이는 시간이에요. 기본적으로 아침에 짧으면 두 시간 길면 세 시간 정도 운동해요. 일이 있거나 발레단 일정을 소화할 때는 아침 10시부터 6시까지 바쁘죠. 공연이 있을 때는 계속 연습을 하기도 하고요. 또 일주일에 세 번은 2만 보 정도 걸어요. 지금은 예전처럼 1년에 150회씩 공연하지 않지만, 언제든 무대에 오르기 위해 지구력을 유지하고 있어요. 심장을 두 시간 내내 뛰게 하기 위해서죠.

발레의 리듬은 몸을 움직이는 다른 예술과 어떻게 구분되나요?
저희는 멈추면 안 돼요. 얼마나 꾸준하고 진실하게 하루를 담느냐에 따라 달라지니까요. 하루를 쉬면 내가 알고, 이틀을 쉬면 옆 사람이 알고, 사흘을 쉬면 관객이 안다는 말이 저는 발레에서 나왔다고 생각해요. 그만큼 몸 관리를 철저히 해야 해요. 발레는 육체적으로 힘들어서 마흔 전에 커리어를 끝내는 경우가 많아요. 〈백조의 호수〉가 축구 한 경기보다 에너지 소모가 크다는 이야기도 있고요. 빠르지도, 느리지도 않은 규칙적인 템포를 유지하는 건 쉬운 일이 아니죠. 하지만 무대에서 토슈즈를 신고 관객을 만나는 마지막 순간까지 템포를 늦출 수 없어요.

그 템포가 때론 고단하게 느껴질 수 있을 것 같아요. 이를 지속하게 하는 동력은 무엇인가요?
사실 매일 힘들어요(웃음). 그런데 춤이 좋고, 발레가 좋아요. 이제 발레 없이는 저도 없는 것 같아요. 어느새 힘든 것도 숨 쉬는 것처럼 당연한 삶의 일부가 됐어요. 저는 토슈즈 보면 지금도 너무 예쁘거든요. 이제는 후배의 무대를 만들면서 제 춤만큼이나 그들의 춤을 애정하고 집중하는 걸 보면, 아무래도 발레를 사랑할 수밖에 없는 운명인가 싶어요. 사랑하기 때문에 발레리나로서의 고된 시간도 기꺼이 감당하게 되고요.

심리적인 혹은 물리적인 한계에 부딪힐 때는 어떻게 이겨내시나요?
저는 도망가지 않아요. 슬프면 그저 슬퍼하고, 상처받았다면 그저 상처받아요. 나이 든다고 면역이 생기는 건 아니더라고요. 이겨내려고 하기보다 상황의 원인을 찾고, 상처가 자양분이 되게끔 만드는 데 집중해요. 좋았다면 추억이고 나빴다면 좋은 경험이라는 말처럼, 상처를 통해 배움을 얻어야 한다고 생각하는 편이에요. 중요한 것은 상처로부터 도망가지 않고, 외면하지 않는 거죠.

최근 가장 인상 깊었던 무대 경험을 소개해 주신다면요?
작년에 진행한 〈김주원의 사색 여정〉이 가장 기억에 남아요. 사계절 동안 제가 사랑하는 아티스트와 무대를 만드는 공연이었어요. 소리꾼 이자람 님, 소프라노 황수미 님, 무용가 김매자 님, 국수호 님, 이정윤 님, 반도네오니스트 고상지 님과 함께했죠. 저처럼 각 장르에서 오랜 시간 예술 활동을 해오신 분들의 삶을 진솔하게 조명하고, 함께 공연을 만들었어요. 그분들이 가진 예술적 철학 안에 저를 조금 넣어 보기도 하고, 제 안으로 그분들이 들어와 보기도 한 시간이었죠. 예술가로서 많은 공부를 할 수 있었던 한 해였어요.

대한민국 발레 축제와 부산 오페라하우스 발레단에서 예술감독으로 활동하시지만, 여전히 무대에 서고 계시죠.
저는 무대에서 클래식 발레를 공연할 수 있는 나이는 지났어요. 〈호두까기 인형〉, 〈지젤〉 같은 작품은 더는 못 해요. 그런데 여전히 토슈즈를 신고서 김주원이 할 수 있는 춤은 추고 있어요. 발레 트레이닝도 계속하고 있죠. 후배 무용가들을 위한 작품과 공간을 만드는 사람이기도 하지만, 무대에서 관객을 만나는 건 제게 너무 중요한 일이에요. 소홀히 하거나 게을러질 수 없어요. 무대를 놓지 않는 건

행복하기 때문이에요. 앞으로 무대에 서서 관객과 만나는 순간이 얼마 남지 않은 것 같아요. 매 순간 마지막이라는 생각으로 무대에 서다 보니, 하나하나 더 소중하게 느껴져요. 돌이켜 보면 마지막 지젤인지도 모르고 지젤과 이별했던 순간이었어요. 무대에 설 수 있는 동안 최선을 다하고 싶어요.

예술감독으로서 활동은 발레리나 시절과 어떻게 달라졌나요?

가장 크게 달라진 점은 시선이죠. 무용수일 때는 늘 무대 위에서 춤을 췄지만, 감독으로서는 무대 아래에서 많은 시간을 보내야 해요. 객석에서 무용수와 무대를 바라보고, 무대 옆과 뒤에서 뛰어다니고, 연습실에서도 무용수들과 소통해야 하죠. 감독이 되어 보니 무용수일 때는 몰랐던 스태프들의 노력이 더 많이 보이고, 그들이 저를 위해 얼마나 애썼는지 깨달았어요. 그래서 우리 후배 무용수들도 제가 느꼈던 무대의 감동을 느낄 수 있도록 좋은 환경을 만들어 주고 싶다는 마음으로 더 열심히 일하게 돼요.

지금까지 발레와 움직임을 통해 배운 가장 큰 지혜가 있다면 무엇인가요?

아주 어릴 때부터 매일 거울을 통해 저를 바라봐야 했어요. 저의 가장 보기 싫은 것을 계속 보면서 더 나은 저를 만들어 가야 했죠. 처음에는 몸의 라인이었지만, 나중에는 내면도 같이 들여다보게 되더라고요. 지난해 출간한 책 제목이 《나와 마주하는 일》인데요. 발레를 통해 제가 배운 것은 '나 자신과 진정으로 마주하는 법'이에요. 요즘 세상을 보면 소통이 잘 되지 않는 것 같은데, 원활한 소통을 위해서는 가장 먼저 내가 누구인지 명확하게 알아야 해요. 자신을 솔직하게, 그리고 건강하게 인정하고 받아들이지 않으면 상대방과 진정으로 소통하기 어렵더라고요. 저 역시 예전에는 스스로를 잘 받아들이지 못했던 시기가 있었는데, 발레 덕분에 저 자신을 건강하게 인정하고 사랑할 수 있게 되었어요. 그래서 많은 분이 저처럼 자신을 진정으로 사랑하고 받아들이는 힘을 가졌으면 좋겠어요. 물론 쉬운 일은 아니지만요.

자신을 잘 알기 위해 추천하는 첫 번째 방법이 있을까요?

예술을 하나 시작해 보라고 권하고 싶어요. 춤이든, 노래든, 그림이든 어떤 것이든 좋습니다. 스스로 뭘 좋아하고 싫어하는지 하나씩 발견할 수 있거든요. 예를 들어 '나는 곡선을 그리는 게 싫고 직선이 좋다', '정물화보다는 디자인을 좋아한다', '배에 힘을 주는 건 어렵지만 턱을 들 때 기분이 좋아진다'처럼 작은 발견부터 시작해 보는 거예요. 이런 식으로 자신을 알아가면서 자연스럽게 인정하게 되는 순간들이 생기거든요.

문화예술 교육에도 열의가 남다르시다고요. 현재 어떤 활동을 하고 계시나요?

한국문화예술교육진흥원과 4년째 여러 프로젝트를 진행하고 있어요. '꿈의 무용단'을 통해 아이들이 꿈꾸도록 도와주는 활동을 하고, 전국 초등학교 1~2학년을 위한 '늘봄 학교'의 김주원 발레 교실 영상도 제작해서 배포하고 있어요. '멈춤 프로젝트'라는 활동으로 사람들에게 예술의 가치를 전하는 일도 하고 있어요. 앞으로도 평생 발레를 통해 사람들을 위로하고 더 부드러운 소통이 이루어지는 세상을 만드는 데 이바지하고 싶어요.

사회에 이바지하고 싶고, 사람들에게 위로가 되고 싶은 마음은 발레가 준 선물인가요?

맞아요. 지금까지 정말 많은 사랑을 받으면서 살았거든요. 발레를 하면서 많은 관객과 팬들에게 받은 사랑 덕분에 행복하게 살 수 있었어요. 이제 저도 받은 사랑을 누군가에게 돌려주고 싶어요. 저를 사랑해 주셨던 분들처럼, 저도 각자 삶의 주인공인 분들에게 사랑을 담은 관객이 되어 드리고 싶어요.

앞으로 이루고 싶은 목표가 있으신가요?

저는 특별히 큰 목표를 세우기보다는 매 순간 주어진 일에 최선을 다하며 살고 있어요. 다만 인생이 살 만한 가치가 있다는 것을 사람들이 느낄 수 있도록 돕는 예술가로 계속 살고 싶어요. 이렇게 살 수 있는 지금의 삶에 감사하고 있어요.

주원 님의 라이프스타일을 한 단어로 정의한다면 무엇일까요?

아무리 생각해 봐도 '발레'밖에 떠오르지 않네요. 사람을 배려하고 사랑하는 법을 배운 것도 발레고, 발레를 통해 삶을 배웠거든요. 발레가 제 인생의 리허설 같다는 생각도 들어요. 이제는 발레와 제 삶을 분리해서 생각하기 어려워요. 자연스럽게 하나가 되어 버렸죠. 제 삶을 표현하는 단어는 발레 그 자체예요.

Think

탄탄한 근력을 가진 할머니가 되려면

글 최윤미 일러스트 최종본 @choijongbon

걷는다는 게 대수가 되는 날은 꼭 온다. 경험으로 알아차릴 즈음엔 너무 늦다. 운동을 권할 때 나는 '내 발로 걷고 싶은지, 네 발로 걷고 싶은지'를 종종 묻는다. 이제라도 운동을 시작하는 이와, 시종일관 망설이는 사람의 노후는 분명 다르다는 것. 모음자 하나의 차이가 이토록 크다는 사실을 나중이 되면 누구도 부인하기 어렵다. 그래서 오늘도 외친다. 일단 하자. 운동!

우리 부모님은 50대를 살아보지 못했다. 아빠는 몸이 무너져서, 엄만 마음이 부서진 탓이었다. 비자발적 이별에 고단한 유년기를 겨우 살다 보면 자발적으로 건강 수명을 최대 관심사로 삼고 살게 된다. 몸과 마음의 긴밀함을 알아차릴 나이, 이제 나도 마흔이 되었다. 몸이 필요로 하는 음식을 잘 먹고, 몸에 필요한 만큼 잘 자고, 운동하는 일이 마음 건강까지 이끌어 낸다는 것을 모르지 않는 누군가를 '제발 움직이게' 하고 싶었다. 마흔이 되니 더 그렇다. '너도 나처럼 본의 아니게 귀한 이들을 떠나보내게 되면 그땐 운동 안 할 수 없을 거야.'라는 식으로 접근했다면 협박조라 조금 더 효과적이었을까? 상대가 아이든 어른이든 '부적 강화(불쾌한 결과를 미리 피할 수 있게 함으로써 행동 빈도를 증가시키는 것)'보다는 '정적 강화(긍정적인 강화로 행동 발생 빈도를 높이는 방식)'를 선호한다. 그러다 보니 이 좋은 걸 나만 하기 아까워 당신도 하라고 권하고자 계획에도 없던 출간을 하게 된 셈이다.

운동의 유익은 누구나 알지만 모두가 운동하진 않는다. 어째서? 십중팔구 '비장함' 때문이다. 시간 운용은 물론 비용, 효과, 가성비까지 따져볼 게 한두 가지가 아니라 바쁘다. 시작도 하기 전에 마음이 한껏 소란해지기 마련이다. 아직 몸은 미동도 없으나 벌써 피곤해진다. 운동하지 못할 이유를 다각도로 마련해 걸림돌로 삼을 턱이 셀 수 없이 많다. 그놈의 '운동 방지턱' 탓에 숨이 턱턱 막힐 수밖에. 대단한 작심을 하고서야 비로소 시작할 수 있는 사람들에게 운동이란 그렇다. 이왕 시작했으면 남들보다 적게 하면 안 될 것, 덜 힘들면 안 될 것, 그럼에도 불구하고 다른 과업보다 우선되면 살짝 꺼림칙한? 뭐 그런 것. 이토록 대단하게 어제와 오늘의 일상이 달라져야 실행이 가능하다는 마인드로 운동과 척을 질 바엔, 차라리 하루 한 번 계단 오르기만으로 '오.운.완'을 외치는 편이 낫겠다.

"요즘 운동하고 있어?" '운동? 팔자 좋은 소리 하고 있네. 먹고 살기도 바빠 죽겠는데 운동은 무슨.' 시간을 내어줄 마음부터 챙겨야겠지만, 종종 운동은 겨우겨우 자투리 시간을 쥐어짜 어쩌다 하는 가욋일이 돼 버린다. 우리가 영위하는 건강, 노화 속도는 쉽게 얘기해 약 30퍼센트는 유전자, 즉 타고난 팔자에 의해 결정된다. 요즘은 건강에도 빈부격차가 심하다는데 반갑게도 나머지 70퍼센트가 생활 습관에 의해 결정된다는 의미다. 70 대 30. 내가 바꿀 수 있는 부분과 그렇지 않은 것의 비율이 이렇다면 타고난 유전자가 다소 취약하더라도 남은 70을 오직 나의 선택으로 팔자 좋은 삶을 살 수 있다는 의미니 반길 수밖에. 팔자 좋은 소리? 다시 보니 적확한 표현이다. 운동하는 삶, 근력 챙기는 삶, 이왕이면 유익한 음식을 먹고 사는 삶, 이보다 더 팔자 좋은 삶이 어디 있겠는가. 팔자 좋은 거 맞다.

건강한 이기는 다정한 이타를 불러온다는 말을 나는 믿는다. 오로지, 오롯이 나를 위해 시작한 운동이 놀랍게도 나 이외 귀한 이들을 위한 일이 된다. 해가 갈수록 글쓰기가 혼자만의 일이 아님을 절절히 알게 된다는 작가 이슬아의 깨달음은 어쩌면 운동을 두고 한 말이 아닌가 한다. 나의 건강은 내 것이기만 한 게 아니니까. 엄마가 건강할 때 그 체력을 에너지 삼아 아이에게 칭찬과 격려를 한마디라도 더 건네듯, 팀장이 건강할 때 팀원들에게 꼰대 짓을 덜 할 여유가 생기며, 탄탄한 근력을 가진 할머니만이 손주 손에 오래도록 간직해 볼 만한 경험을 선물한다. 용돈 대신 할머니 손을 쥐어주고 함께 걷고 뛰었다는 기억 말이다. 보통의 조부모라면 사양했을 움직임 덕에 다정한 이타를 자신 있게 발휘해 볼 요량이 생기는 거다. 누구 덕에? 근육 덕에!

노년층에게만 좋다면 '살짝 좋은 일'쯤으로 글을 마무리했겠지만 운동 효과란 청년들에게도 유효하다. 중년층 이상의 언어였던 노화가 Z세대의 일상에 어마어마한 영향을 발휘하고 있다는 소식이 사뭇 반갑다. 너나 할 것 없이 통곡물과 콩으로 구성된 저속노화 식단을 인증한다. 시키는 공부는 마다하던 이들조차 이리 자발적일 수 있는 건지. 어젯밤의 식단을 반성하는 글에 마라탕, 탕후루 등 형편없던 한 끼를 실수였다고 고백하며 어제와 다른 라이프스타일을 다짐하는 이들. 100세 시대라는 키워드에 눈 하나 꿈쩍하지 않을 것 같던 청년들이 만들어 낸 트렌드다. '식사를 한다'라는 표현보다 '끼니를 떼운다(심지어 대충)'라는 표현을 자랑삼아 흘리는 어른, 게으른 게 아니라 바빠 죽겠다며 자기변호로 일관하는 선배라 부끄럽다. 그들이 한 수 위다. '역시 인류는 세대를 거듭하며 진화하는 게 맞는구나. 얘들이 나보다 낫네'라며 두 아이의 엄마로서 긴장의 끈을 놓을 수가 없다. 그런 내게 피트니스 센터에서 마주치는 20대(심지어 신장만 허락한다면 10대도 많아지는 추세)와 60~70대 회원들은 차고 넘치는 활력을 준다.

공부가 누구에게나 통용되는 적기랄 게 따로 없듯 운동도 매한가지다. 20대라면 연부조직이 튼튼할 때일수록 내 몸의 가동성을 높여 걷고 뛰면 될 일이고, 근 손실이 본격적으로 시작된 30~40대라면 본인의 대사 이상 여부를 따져본 후 근력운동을 놓지 말자. 나는 50대라 무릎이 아프다고 스스로 진단하기 보다는 전문가의 진단을 취하고, 소문에 휘둘릴 바엔 귀를 닫자. 만 보 걷기보다 제대로 '배워서 하는 운동'을 택하길 적극적으로 권한다. 30대에 시작된 근손실은 종료 시점이랄 게 없기에 60대 이후에도 근력운동은 놓지 않는 편이 낫다.

운동을 시작해도 한동안은 참 별일 없다. 이 점 때문에 잔소리를 늘어놓을 염치가 사실 없다. 아무 일도 일어나지 않는 이 시간을 무던히 견디고 '그냥 하기'란 사실 쉽지 않다. 오래도록 별일없는 게 운동이고, 근력이라는 게 워낙 더디게 자라는 법이라 근력 좀 생겼다는 소리를 들으려면 한참 먼 것처럼 들릴 것이다. 다만 그렇게 쌓인 근육은 우리를 실망시키는 법이 없다. 운동으로 챙긴 근육은 돌연 침상에 눕지 않는 한 하루 아침에 닳아 없어지지 않고 기꺼이 우리의 일상을 지탱해 주니까. 누구나 늙지만, 누구도 늙지 않기를 바라는 마음에서 이 글을 썼다. 그러니 하자, 운동. 어떻게? 그냥!

최윤미 @orosi_yum

거실보다는 교실 살림에 더 신이 나는 뼛속까지 천직인 17년 차 초등 교사. 죽으려던 사람 기꺼이 살려주는 근력운동의 가치를 남들에게도 전해 모두가 잘 살기를 고대하는 '홍익인간형 운동 전도사'다. '누구나 늙지만 누구도 늙지 않도록' 운동 가치와 유익한 식습관을 담아 건강 수명 연장을 도우려 책 《마흔부터, 인생은 근력입니다》를 썼다.

Take

찌뿌드드한 일상을 펼치는 스트레칭

ⓒ(주)엣나인필름, 세미콜론 스튜디오

ⓒ(주)엣나인필름, 세미콜론 스튜디오

몸을 움직일 때 따라오는 해방감을 느껴본 적 있는가. 팔과 다리를 아무렇게나 뻗고, 일상에서 잘 쓰지 않는 근육을 동원하다 보면 낯선 감각이 머리 위로 쏟아진다. 감각의 이름은 자유로움. 때로 이것은 부단히 몸을 움직이지 않아도, 무언가를 보거나 듣는 것만으로 내 것이 되곤 한다. 손바닥을 활짝 펼치듯 감각의 외면을 확장하는 콘텐츠를 모았다. 각각의 이야기가 정수리를 짓누르는 더위에 굴하지 않고 나만의 리듬을 찾도록 도와줄 것이다.

- BOOK
- FILM
- MUSIC
- DOCUMENTARY
- PERFORMANCE
- FESTIVAL

에디터 현예진

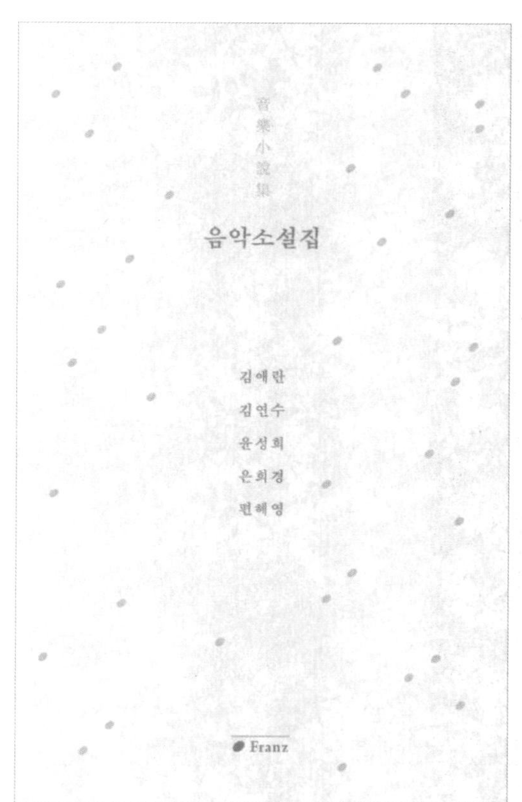

©프란츠

BOOK

음악소설집

김애란, 김연수, 윤성희, 은희경, 편혜영 | 프란츠

삶의 한 귀퉁이에는 언제나 음악이 있다. 특별한 순간에 우연히 흐르는 음악, 의미를 곡해해서 의미 있는 음악, 가사마저 선명히 기억하는 오래된 음악, 함께 부르거나 들어서 각별한 의미가 담긴 음악. 수많은 선율에 깃든 저마다의 의미는 시간이 흘러도 보존된다. 심지어 음악은 감상자를 특정한 순간으로 성큼 데려간다. 그때마다 우리는 번번이 웃거나 울고, 누군가를 떠올리거나 그리워한다. 누구나 한 번쯤 일상에서 음악이 남긴 흔적을 더듬어 본 적 있을 테다. 《음악소설집》을 펴낸 출판사 프란츠는 음악이 지닌 일상적인 힘에 주목했다. 우리나라를 대표하는 다섯 명의 소설가를 모으고, 그들에게 음악과 함께 기억되는 이야기를 요청했다. 다섯 편에 담긴 음악 이야기는 모두 낯설지 않다. 읽다 보면 내가 찾던 표현임을 여실히 깨닫게 되는, 삶에서 한 번쯤 경험해 봤을 음악적 경험이기 때문이다. 다섯 편의 이야기를 통과하면 작가들과 편집자가 함께 인터뷰한 내용이 나온다. 어떤 순간에서 떠올린 이야기인지, 각 이야기에 담긴 마음을 세밀히 들여다볼 수 있다. 책을 덮고 나서는 흥얼거리게 될 것이다. 내 삶에 가장 짙은 잔상으로 자리한 선율을.

©(주)엣나인필름, 세미콜론 스튜디오

FILM

레토

키릴 세레브 렌니코프 | 엣나인필름

여름의 발산하는 에너지 때문일까. 청춘의 장면들은 여름을 배경으로 구현되곤 한다. 영화 〈레토〉 역시 1980년대 소련의 억압 받던 청춘들을 여름 풍경 속에 담아냈다. 영화는 상당 부분이 일어나지 않은 장면을 한 편의 뮤직비디오처럼 그려내지만, 근간을 이루는 것은 실화다. 영화의 주인공은 영국의 비틀즈처럼 러시아 록 음악의 아이코닉한 인물 중 하나인 빅토르 최다. 그러나 영화는 인물들이 처한 상황이나 시대적인 배경을 구체적으로 드러내지 않고, 일련의 사건을 나열하며 그저 짐작하게 한다. 당시 소련은 서방의 문화인 록 자체를 금기시했고, 해방을 꿈꾸는 젊음은 억눌린 열정을 음악으로 표현했다. 영화의 두드러지는 특징 중 하나는 흑백 영화라는 점. 영화 속 뮤지션들의 분출하는 에너지와 대비되는 흑백 화면은 모든 것이 통제되었던 시대상을 여실히 보여준다. 그들이 열망했을 자유가 음악으로, 일러스트를 덧입힌 영상으로 표현된다. 분명한 언어로 설명되지 않아도 인물의 내면과 표정을 따라 그들이 온 마음 다해 바랐을 자유를 감각할 수 있다. 러시아어로 '여름'을 뜻하는 '레토'. 끓어오르는 청춘을 닮은 여름의 영화다.

음악을 듣고 싶지만 목소리는 듣고 싶지 않은 순간이 있다. 가사가 있는 음악은 설령 그 의미를 해석할 수 없다고 해도 보컬에 귀 기울이게 되니까. 결국 찾아 듣게 되는 음악은 피아노나 기타 독주곡. 하지만 경쾌함이 필요한 여름에는 이조차 무겁게 느껴지기 쉽다. 즐거워지고 싶지만 산만해지고 싶지는 않은 순간, 소울 딜리버리의 음악은 공간에 잔잔한 활력을 불어넣는다. 이들의 음악에서 대부분 사람이 낯설게 느끼는 부분은 보컬이 없는 연주곡이라는 점이다. 그렇기 때문에 새롭게 발견할 수 있는 것은 드럼, 베이스, 키보드, 기타의 선명한 존재감이다. 노랫말을 흥얼거리지 않아도 몸을 움직이게 하는 매력을 지녔다. 지난 2월 발매한 세 번째 정규 앨범 [NEW WAVE]에는 음악적 여정을 넘어 새로운 흐름을 만들겠다는 밴드의 야심이 담겨 있다. 이들은 현장에서 받은 영감을 토대로 즉흥 연주곡을 선보인 바 있는데, 이번 앨범에도 공연차 방문한 지역에서 느꼈던 감정을 곡에 담아냈다. 소울 딜리버리의 음악을 이미 알고 있는 사람은 물론, 처음 듣는 사람도 곡에서 느껴지는 현장감과 경쾌함에 몸을 들썩이게 될 것이다.

MUSIC

NEW WAVE

Soul delivery

©Soul delivery

DOCUMENTARY

팝 역사상 가장 위대한 밤

넷플릭스

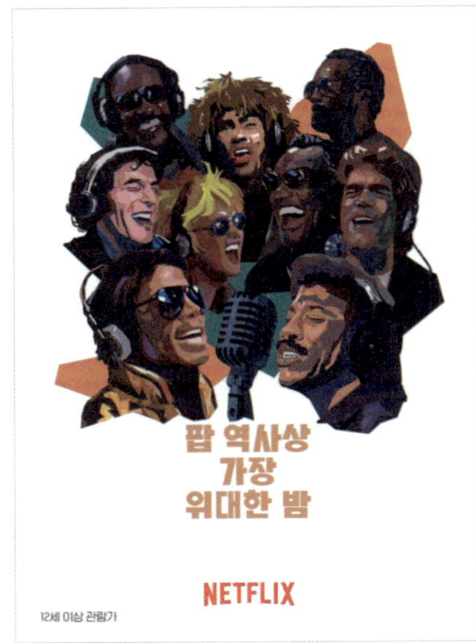

ⓒ넷플릭스

커다란 변화는 생각보다 작은 생각 혹은 행동에서 시작한다. 음악이 세상에 이바지하는 방식처럼. 1985년 1월의 어느 밤, 로스앤젤레스에 위치한 A&M 스튜디오에서 당대 팝스타들이 역사적인 만남을 가졌다. 마이클 잭슨, 라이오넬 리치, 신디 로퍼, 스티비 원더, 브루스 스프링스틴 등 전설적인 스타들이 아프리카 기근 구호 프로젝트 'USA for Africa'를 위해 한자리에 모인 것이다. 단 하루, 단 하나의 곡을 위해 마련된 녹음 현장은 지금까지도 음악 역사상 가장 아름답고 감동적인 순간으로 손꼽힌다. 넷플릭스의 〈팝 역사상 가장 위대한 밤〉은 바로 이날의 감동을 재현한 다큐멘터리다. 당시 현장을 기록한 영상과 아티스트, 관계자 인터뷰를 통해 '위대한 밤'의 숨겨진 이야기를 전한다. 서로 다른 개성과 방향성을 지닌 뮤지션이 음악과 기부라는 목적 아래 하나로 어우러지는 모습은 감동을 넘어선 울림을 선사한다. 자신의 목소리로 세상에 이바지하고자 하는 45명의 마음을 쌓아 올린 곡의 이름은 'We Are The World'. 이들은 '우리에게 필요한 건 오직 사랑뿐'이라며, '너와 내가 함께라면 더 나은 세상을 만들 수 있다'고 노래한다.

PERFORMANCE

베니스의 상인들

국립극장 | 국립창극단

ⓒ국립극장

여름의 더위가 지난하게 느껴질 때, 우리 소리는 단번에 분위기를 전환시킨다. 청각을 넘어 몸 구석구석에 시원한 숨을 불어넣는 장르는 우리 소리밖에 없지 않을까. 이번 여름에도 극장으로 향해야만 하는 핑계가 늘었다. 낭만적이면서도 유쾌한 창극, 국립창극단의 〈베니스의 상인들〉이 2년 만에 관객을 찾았기 때문. 〈베니스의 상인들〉은 셰익스피어의 대표 희극인 〈베니스의 상인〉을 현대적 창극으로 재해석한 작품이다. 초연 당시, 서양 고전과 전통 판소리의 낯선 어우러짐이 색다른 매력과 공감을 불러일으키며 화제가 된 바 있다. 베니스 상인 안토니오가 고리대금업자 샤일록에게 자신의 살 1파운드를 담보로 돈을 빌리는 원작의 이야기를, 국립창극단은 대자본에 맞서는 젊은 상인의 이야기로 풀어낸다. 원작보다 부각되는 요소가 있다면 공동체적 연대와 사랑. 이번 공연은 부조리와 불평등을 날카롭게 풍자하면서도 비관보다 희망을 보는 이야기다. 국내 공연계 실력자들이 의기투합해 만들었다는 점 역시 주목할 만하다. 창극의 새로운 가능성을 보여 주는 〈베니스의 상인들〉과 함께 창조적인 공연의 매력을 느껴보길 권한다.

FESTIVAL

아시안 팝 페스티벌 2025

APF COMPANY

©APF COMPANY

지난해 페스티벌 신에 눈에 띄는 지각 변동이 있었다. 게임 체인저는 혜성처럼 등장하며 주목받은 '아시안 팝 페스티벌'. 인천 파라다이스 시티 호텔에서 펼쳐지는 축제로, 첫 회부터 놀라운 라인업을 자랑하며 페스티벌 팬들의 발길을 사로잡았다. 아시안 팝 페스티벌의 장점 중 하나는 놀라운 쾌적함이다. 5성급 호텔 시설을 활용하기 때문에 땡볕에 허덕이지 않고 아티스트의 음악을 즐길 수 있다. 올해 발표된 라인업에 따르면 견고한 팬층을 보유한 한국 인디 뮤지션부터 일본을 대표하는 시티팝 아티스트, 인도네시아와 중국 밴드까지 아시아 각국의 다채로운 음악으로 채워질 예정이다. 익숙한 이름과 생소한 이름이 혼재하지만, 새로운 발견 자체가 페스티벌의 묘미 아닌가. 알고리즘에 최적화된 플레이리스트에 갇혀 있을 때, 세계를 확장해 줄 보석 같은 음악이 준비돼 있다. 야외에서 두 발을 구르며 노는 페스티벌에 지쳤다면, 파라다이스 시티에서 휴양하듯 아시아 각국의 선율을 즐겨보자. 오래도록 2025년 여름을 기억하게 될 음악을 찾게 될지도 모르니. 페스티벌은 6월 21일부터 22일까지.

제43회
롯데 어린이 미술대회

접수기간	[얼리버드] 2025.4.23(수) - 4.27(일) *혜택 : 모바일상품권 5천원권 1매 (선착순 5,000명) [일반접수] 2025.4.28(월) - 5.4(일)
제출기간	2025.5.1(목) - 5.25(일)
신청방법	롯데백화점 APP 접수 페이지

※ 접수 및 유의사항

대 상

유치원부	5세 - 7세
초등 저학년부	초등학교 1학년 - 3학년
초등 고학년부	초등학교 4학년 - 6학년

시상발표 2025.6.30(월) | 롯데백화점 APP 및 홈페이지(예정)

집에서 그림그리기

제출장소/방법

롯데백화점 및 쇼핑몰
▶각 점 문화센터 방문제출

아울렛
▶안내/사은데스크 방문제출

참 가 비
무 료

SUPER HAPPY DAY 현장에서 그림그리기

일정/제출방법

2025.5.17(토), 10:30 - 17:00
당일 현장제출

진행장소

아울렛	동부산 / 파주 / 이천 / 부여 / 김해
쇼핑몰	타임빌라스 수원 / 김포공항

참 가 비
6,000원

문 의	070-4423-8101 (평일 10:00 - 18:00, 점심시간 및 공휴일 제외)
주 최	롯데백화점 롯데아울렛
후 원	사단법인 한국미술협회 KOREAN FINE ARTS ASSOCIATION / 한국청소년미술협회
협 찬	홍이장군 MiNiMAX 어린이 가그린 FRANG FRANG

KiNDER UNiVERSE

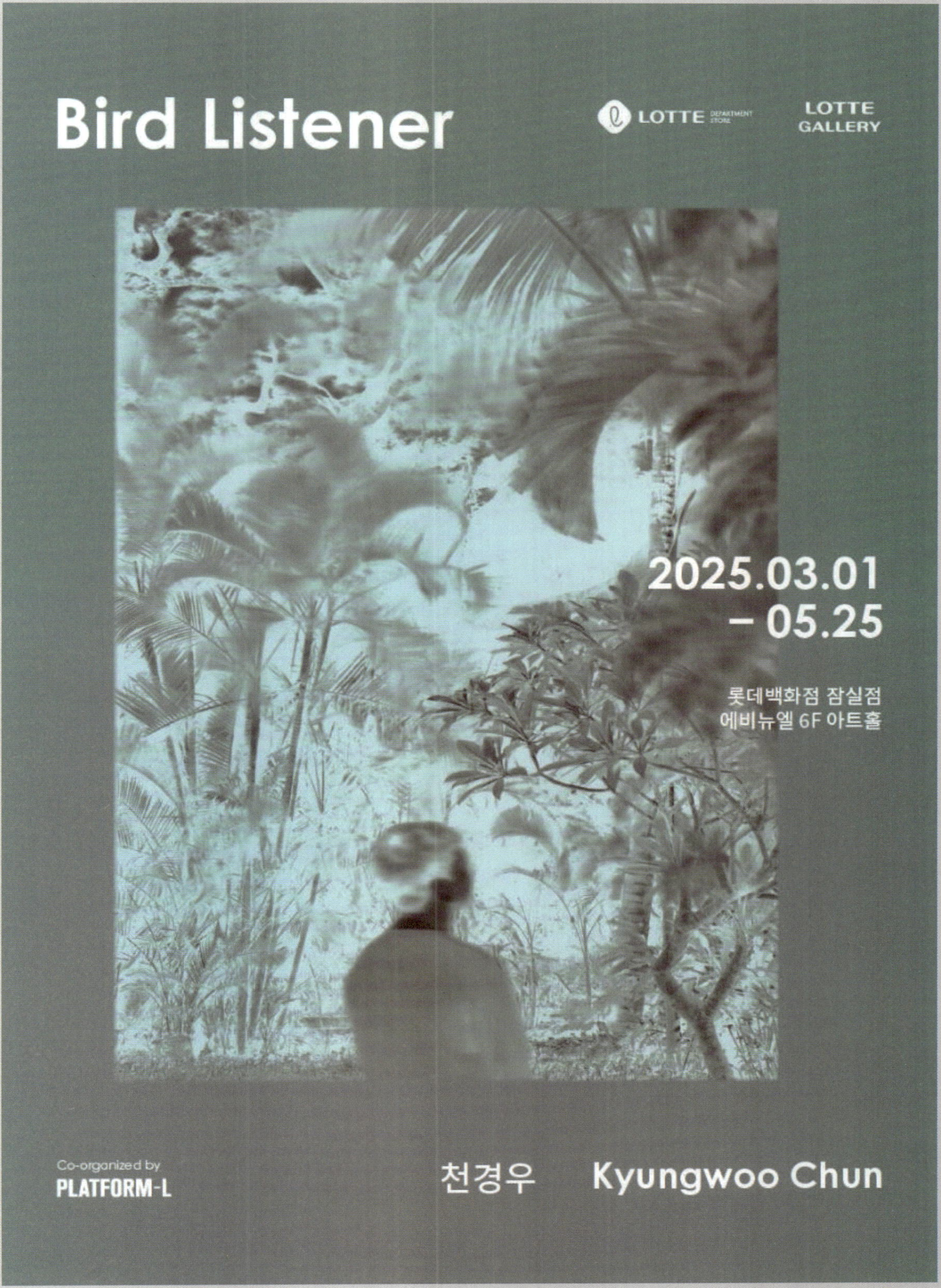

Bird Listener
LOTTE DEPARTMENT STORE
LOTTE GALLERY
2025.03.01
- 05.25
롯데백화점 잠실점
에비뉴엘 6F 아트홀
Co-organized by
PLATFORM-L
천경우
Kyungwoo Chun

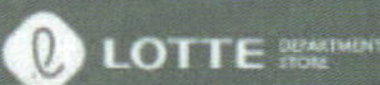

Credit

LIFESTYLE LAB

발행
롯데백화점 라이프스타일랩
culture.lotteshopping.com

프로젝트 디렉터
최현철
김수민
사화영
이준혁
최이라

여름학기 접수일정
2025년 4월 23일(수)부터

AROUND

기획·편집·제작
어라운드
a-round.kr

편집장
김이경

기획 및 편집
이정현
정현지

프로젝트 에디터
오은재
현예진

디자인
윤원정

표지
규하나

사진
Hae Ran

그림
느효
최종본

교정·교열
김민지

AROUND